Friederike Mauritz · Nikola Stiefelhagen
Der große Hochzeitsratgeber

Friederike Mauritz · Nikola Stiefelhagen

Der große Hochzeitsratgeber

So gelingt der schönste Tag

Stressfreie Organisation durch
Checklisten und Zeitpläne

Empfohlen vom Bund
deutscher Hochzeitsplaner

Mit Film:
Der Hochzeitstanzkurs für zu Hause

Bibliografische Information der Deutschen Nationalbibliothek
Die Deutsche Nationalbibliothek verzeichnet diese Publikation in der Deutschen National-
bibliografie; detaillierte bibliografische Daten sind im Internet über http://dnb.ddb.de abrufbar.

ISBN 978-3-86910-022-7 (Print)
ISBN 978-3-86910-130-9 (PDF)

Die Autorinnen: Friederike Mauritz leitet eine erfolgreiche Hochzeits- und Eventagentur in Frankfurt. Sie ist Gründerin und 1. Vorsitzende des Bundes deutscher Hochzeitsplaner. Im beliebten
Internetforum hochzeitsplaza.de berät sie in ihrem eigenen Blog „Frag Friederike". Nikola Stiefelhagen ist Inhaberin einer erfolgreichen Agentur für Hochzeitsplanung in Köln. Zudem betreibt sie
in der Kölner Innenstadt ein Geschäft für Hochzeitsartikel. Als 2. Vorsitzende des Bundes deutscher Hochzeitsplaner setzt auch sie sich für die individuelle und qualitativ hochwertige Beratung
von Hochzeitspaaren ein. Beide Hochzeitsplanerinnen haben bereits unzählige Paare bei der Planung und Durchführung ihrer Hochzeit betreut.

Ein herzliches Dankeschön gilt unseren Fotografen für die in diesem Hochzeitsratgeber
abgebildeten Fotos:
Marco Bräunig, www.marcobraeunig.de
Stephan Pick, www.pickfotografie.de
Sandra Hauer, www.nahdran.com
BILDFEST, www.bildfest.de

Originalausgabe

© 2013 humboldt
Eine Marke der Schlüterschen Verlagsgesellschaft mbH & Co. KG,
Hans-Böckler-Allee 7, 30173 Hannover
www.schluetersche.de
www.humboldt.de

Lektorat: Dateiwerk GmbH, Nathalie Röseler, Pliening
Covergestaltung: DSP Zeitgeist GmbH, Ettlingen
Innengestaltung: akuSatz Andrea Kunkel, Stuttgart
Titelfoto: fotolia/gudrun
Fotos: Marco Bräunig, Sandra Hauer, Stephan Pick, BILDFEST, Celebrations,
                     HOCHZEITSTRAUM
Grafiken: Bernd Nieschalk, Frankfurt
Video: Alexander Spiering, hybrid.film, Hannover
Satz: PER Medien+Marketing GmbH, Braunschweig
Druck: Grafisches Centrum Cuno GmbH & Co. KG, Calbe

Hergestellt in Deutschland.

Inhalt

Vorwort

„Ja" – mit diesen bedeutungsvollen zwei Buchstaben beginnt für viele Paare ein neuer Lebensabschnitt. Immer wieder gibt es wundervolle romantische, fantasievolle, kreative oder auch eher simplere Heiratsanträge, die mit dem eindeutigen Wörtchen „Ja" beantwortet werden. Danach beginnt für die Brautpaare oft eine lange Zeit der Hochzeitsplanung mit unendlich vielen Entscheidungen, viel Arbeit, häufig Problemen und Rückschlägen sowie zerplatzten Träumen, dann folgt schließlich wieder ein eindeutiges „Ja" und eine Hochzeitsfeier.

Um Paare auf diesem manchmal sehr widrigen Organisationsweg zu begleiten, gibt es eine Vielzahl an Angeboten sowohl im Internet als auch in den Printmedien. In Buchhandlungen reihen sich die Werke nur so aneinander. Als erfahrene Hochzeitsplaner waren wir in den vielen Jahren unserer Organisationstätigkeit immer wieder enttäuscht, dass viele Bücher und Fachzeitschriften oft nur an der Oberfläche der Organisation entlangstreichen. Uns fehlen dabei häufig die Tiefe und das konkrete Ansprechen von möglichen Problemen sowie deren Lösungsmöglichkeiten. Immer wieder werden wir von unseren Brautpaaren gefragt, welche Abläufe sie wie planen sollen. Brautpaare suchen Checklisten, einen roten Faden, und sie wünschen sich, dass wir ihnen mit Rat und Tat zur Seite stehen, dass wir ihnen das scheinbar einfache Thema Hochzeit näherbringen.

Sicherlich informieren die aktuell auf dem Markt vorhandenen Bücher über viele Punkte, die zu beachten sind. Doch unserer Meinung nach nicht detailliert genug, um ausreichend Hilfe zu geben. Ein Grund hierfür ist wahrscheinlich, dass viele Hochzeitsratgeber und Magazine von Journalisten geschrieben wurden, die sich zwar hervorragend ausdrücken können, aber nicht aus eigener Erfahrung die Vielzahl an Möglichkeiten zu heiraten mit den dazugehörigen Aufgaben und Problemen aus der Praxis kennen. Die Erkenntnisse aus der Organisation der eigenen Hochzeit können nicht gleichgesetzt werden mit dem

Know-how, das man sich nach einer fundierten Ausbildung sowie Hunderten von für andere organisierten Hochzeiten angeeignet hat.

Nun möchten wir Ihnen, liebes Brautpaar, diese vielen Erfahrungen und unser Know-how weitergeben, um Ihnen eine möglichst entspannte Hochzeitsorganisation zu ermöglichen. Wir Autoren sind Hochzeitsplaner und stehen Ihnen in diesem Ratgeber mit hilfreichen Insidertipps zur Seite. Unser Ziel ist, Sie von Ihrem „Ja", einander heiraten zu wollen, bis zur Danksagung hilfreich zu unterstützen. Genießen Sie Ihre Zeit der Verlobung, es ist eine magische Zeit im Leben eines Paares. Ihre Vorfreude auf Ihre Hochzeit und Ihre weitere gemeinsame Zukunft sollten Sie aktiv genießen. An dieser Stelle gratulieren wir Ihnen nun herzlich zur Verlobung. Haben Sie viel Freude auf dem Weg zu Ihrem offiziellen „Ja" zueinander.

Herzlichst

Ihre

Einleitung

Ob Sie nur acht Wochen Zeit für die Organisation Ihrer Hochzeit zur Verfügung haben oder aber achtzehn Monate, ob Sie „nur" eine standesamtliche und/oder eine kirchliche Trauung bzw. eine freie Zeremonie wünschen – in jedem Fall werden Sie diesen Hochzeitsratgeber sinnvoll nutzen können. Er ist so aufgebaut, dass Sie ihn von vorne bis hinten vollständig oder aber in einzelnen Kapiteln zu einem bestimmten Thema lesen können. Nutzen Sie dabei auch die Querverweise in andere Kapitel.

In allen Kapiteln finden Sie Hinweise zu Tipps und auch Spartipps. In Infokästen mit hilfreichen Checklisten weisen wir Sie speziell auf wichtige Themen hin. Das Register am Ende dieses Ratgebers können Sie als Hilfestellung für die Suche spezieller Schlagworte nutzen.

Berufsbezeichnungen, wie unter anderem der Begriff Hochzeitsplaner, werden allgemein in diesem Buch als männliche Form verwendet. Immer ist damit auch die weibliche Form gemeint. Auf vom deutschen Recht abweichende Regelungen in Österreich und der Schweiz werden wir Sie an den entsprechenden Stellen jeweils hinweisen.

Sämtliche Tipps, Erklärungen und Ratschläge dieses Buchs sind lediglich Vorschläge, um Ihnen die Organisation und Planung zu erleichtern, damit Sie Ihren Hochzeitstag mehr genießen können. Die tatsächliche Umsetzung sollten Sie selbstverständlich individuell auf Ihre Bedürfnisse anpassen.

Hochzeits- & Ablaufplanung: die ersten Schritte

Die ersten Schritte Ihrer Hochzeitsplanung sind besonders wichtig. Versuchen Sie diese bei aller Vorfreude auf die Organisation und die Hochzeit überlegt anzugehen. Gerne helfen wir Ihnen dabei mit dem nachfolgenden Kapitel.

Denken Sie immer daran: Es ist Ihre Hochzeit. In erster Linie soll die Hochzeit Sie beide widerspiegeln und Ihnen gefallen. Oftmals vertreten Eltern, Großeltern und andere nahe Verwandte und Freunde die Einstellung, dieses oder jenes mache man aber so oder so, und dies oder das müsse man erfüllen. Unsere Meinung ist, dass es sich bei Ihrer Hochzeit in erster Linie um Sie beide dreht und nicht um die Erfüllung irgendwelcher Konventionen oder Gesellschaftszwänge. Wenn Sie Rocker sind, dann würde eine Cinderella-Märchenhochzeit in einem noch so hübschen rosa Wasserschlösschen einfach nicht den richtigen Rahmen geben – auch wenn Ihre Mutter sich das noch so sehr wünscht. Das soll nicht heißen, dass es sich nicht manchmal lohnt, auch Eltern und Freunde anzuhören. Vielleicht haben sie doch gute Tipps oder Ideen zu schönen Familientraditionen.

Ablauf des Planungszeitraumes/Zeitplan

In den vielen Jahren als Hochzeitsplaner haben wir zwei verschiedene Arten von Paaren erlebt: Die einen meinten, von vornherein eine klare Vorstellung über die bevorstehende Organisation zu haben. Sie wurden aber in der Regel im Laufe der Planung dann überrascht, wie viele Hürden es doch zu überwinden gibt, wie viel Zeit die Planung in Anspruch nimmt und wie viele Widrigkeiten auftreten können.

Die anderen sahen sich vor einem riesigen Berg an zu erledigenden Aufgaben und befürchteten, vieles zu vergessen oder aus sonstigen Gründen nicht bewältigen zu können.

Beides ist völlig normal. Aber es ist für alle sinnvoll, sich frühzeitig eine Struktur zu machen, die hilft, alles rechtzeitig und gut planen zu können. Dann lassen sich die Aufgaben viel leichter bewältigen.

Da jedes Brautpaar individuelle Wünsche und Vorstellungen hat und seine Feier unterschiedlich aufwendig gestalten möchte bzw. einen unterschiedlichen Zeitrahmen für die Organisation zur Verfügung hat, muss es für sich einen individuellen Plan aufstellen. Wir geben Ihnen hier einige Hilfestellungen und Beispiele, damit Ihnen die Umsetzung dieses Planes bestmöglich gelingt.

Hinsichtlich des Zeitrahmens ist zu beachten, dass es hierbei sowohl um die Anzahl der Monate oder sogar nur Wochen bis zur Hochzeit geht als auch um die Zeit, die Ihnen als Paar effektiv zur Verfügung steht. Manche sind abends und auch am Wochenende so verplant mit beruflichen und/oder privaten Aktivitäten, dass wenig effektive und gemeinsame Zeit bleibt.

Gemeinsam

Gerne möchten wir an dieser Stelle noch mal das Wort *gemeinsam* besonders betonen. Wir sagen immer, der wichtigste Teil der Organisationsentscheidungen findet zu zweit auf dem Sofa sitzend statt. Alternativ kann das natürlich auch am Küchentisch oder in einem netten Café stattfinden. Die fortwährende Organisationsarbeit ist dann ein weiteres großes Thema, das mit vielen Stunden der Recherche, Telefonaten, E-Mails usw. einhergeht.

Viele meinen, die Wünsche des Partners zu kennen, wenn es allerdings in die Details geht, sind alle immer wieder überrascht, welche besonderen Wünsche und Vorstellungen der Partner doch an der einen oder anderen Stelle hat. Das hat nichts damit zu tun, dass man als Paar nicht zueinanderpasst oder sich nicht genug unterhält. Bei der Hochzeitsplanung kommen Themen auf den Tisch, die in der Regel nicht auf der Tagesordnung stehen. Daher sollten Sie diese Themen jetzt zu Anfang der Hochzeitsplanung angehen.

Über andere Hochzeiten sprechen

Hilfreich ist dabei zum Beispiel, über andere Hochzeiten zu sprechen, die Sie erlebt haben. An diesen müssen Sie nicht zwangsläufig gemeinsam teilgenommen haben. Es hilft, dem Partner detailliert über den Ablauf, die Lokalitäten (Trauung, Empfang, Feier, Übernachtung etc.), die Musik und sonstiges Entertainment, das Essen, die allgemeine Stimmung, die Dekorationen, die Einladungen, besondere Highlights etc. zu berichten. Dabei können Sie dann gemeinsam festhalten, was Sie sich für die eigene Hochzeit wünschen, bzw. auch, was Sie auf keinen Fall haben möchten. Oftmals kommen einem danach neue Ideen, und anschließend sieht man die bevorstehende Feier wesentlich klarer. Sollten Sie bisher an noch keiner Hochzeit teilgenommen haben, können auch die Erinnerungen an ganz andere besondere Feiern wie runde Geburtstage oder auch Firmenfeste helfen.

Zusätzlich kann auch auf das Internet zurückgegriffen werden, oder Sie versuchen, anhand der vorab genannten Punkte Ihre eigenen Ideen und Wünsche zu entwickeln. Im Internet gibt es diverse Plattformen und Foren zum Thema Hochzeit, auf beziehungsweise in denen man sich umfangreich informieren und auch austauschen kann.

Erst nach dem ersten ausgiebigen und gemeinsamen Austausch über die Ideen startet man gut vorbereitet in die erste Runde der Organisation.

Aufstellung einer Gästeliste

Bevor Sie sich an die Suche nach einer Lokalität machen und Ihr Budget sinnvoll planen können, sollten Sie sich im Klaren darüber sein, wie viele Gäste Sie wirklich erwarten. Bevor man nicht alle Personen samt Partnern und Kindern notiert hat, hat man oft eine falsche Schätzung im Kopf. Hier sollten sich also Braut und Bräutigam hinsetzen und all ihre Freunde, Verwandten und Bekannten durchgehen, die sie gerne dabeihaben möchten. Vergessen Sie auch nicht den neuen Lebensgefährten von Tante Else oder die „große Liebe" Ihres Neffen. Sollten es danach zu viele Gäste für den gewünschten Rahmen der Feier sein oder das Budget die Gästezahl nicht zulassen, kann man immer noch Gäste streichen oder auch diese zum Beispiel zu einem Polterabend und/oder einem größeren Empfang nach der Trauung einladen. Weitere Ausführungen zur Gästeliste finden Sie im Kapitel „Drucksachen – von der Einladung bis zur Danksagung".

Aufstellung eines Budgets

Überlegen Sie sich zunächst, wie viel Sie ausgeben können und möchten. Dann erstellen Sie einen ersten Kostenplan. Ganz wichtig ist dabei, diesen detailliert mit allen möglichen Einzelposten aufzustellen. Gerade der Kleinkram summiert sich gerne.
Mehr zum Thema Budgetplanung finden Sie im Kapitel „Budget & Kalkulation".

Festlegung des Hochzeitsdatums

Die einen Paare haben ein Datum, das eine besondere Bedeutung für sie hat oder sich einfach aus schönen Zahlen zusammensetzt. Die anderen setzen das Datum eher pragmatisch fest, wann sie und ihre Gäste wohl Zeit haben oder wann das Wetter gut sein könnte.
Wenn Sie noch etwas freier in der Wahl des Datums sind, ist es in der Regel einfacher, einen Festort zu finden. Manche beliebte Lokalitäten und Dienstleister sind schon ein Jahr im Voraus an vielen Samstagen ausgebucht.
Beachten Sie bei der Planung Ihres Festes Feiertage und Urlaubszeiten. Gerade die Samstage nach Feiertagen wie zum Beispiel Fronleichnam oder Christi Himmelfahrt sind oft sehr beliebt. Sie eignen sich wunderbar für ein bequemes Brückenwochenende mit mehr Zeit zum Feiern und Anreisen. Daher sind sie natürlich auch bei den Lokalitäten, Lieferanten und Dienstleistern oft als Erstes vergeben.

Überlegen Sie sich ganz individuell, welcher für Sie bzw. Ihre Gäste der beste Zeitpunkt ist.

Wenn Sie „nur" standesamtlich heiraten, bedenken Sie, dass nicht alle Standesämter eine Samstagstrauung anbieten und wenn ja, dann oft nicht an jedem Samstag im Monat. Auch sind Termine für eine standesamtliche Trauung am späten Samstagnachmittag eher selten.

Sobald Sie ein Datum gefunden und die Trauung samt der Feierlokalität gebucht haben, informieren Sie Ihre Gäste baldmöglichst (siehe auch „Save the Date – die moderne Verlobungs- oder Hochzeitsanzeige").

||| Eine Anmerkung zu Helfern

Schon jetzt möchten wir auf die diversen möglichen Helfer hinweisen. Lassen Sie sich ruhig helfen und beraten. Freunde und Verwandte oder auch ein professioneller Hochzeitplaner unterstützen Sie gerne.

||| Hochzeitsordner

Ob dies ein romantischer Ordner mit Rosen und Schleifen oder ein simpler grauer Büroordner ist, ist Ihrem Geschmack überlassen. Wichtig ist, dass Sie an einer Stelle alle wichtigen Unterlagen abheften. Dieser Ordner sollte in Rubriken unterteilt sein (z.B. Lokalität, Essen und Getränke, Fotograf, Musik, Ringe, Dekoration ...). Alles, was Sie zu den jeweiligen Rubriken gesammelt haben – ob Angebote, Bilder aus Hochzeitszeitungen, Ideen oder wichtige Korrespondenz –, legen Sie hier ab. Diesen Ordner sollten Sie zu allen Terminen mitnehmen. Je mehr Ordnung Sie in Ihrer Organisation haben, desto mehr Zeit sparen Sie und vermeiden, wichtige Dinge zu vergessen.

Zeit- und Ablaufplan

Erstellen Sie einen detaillierten Ablaufplan, bis wann Sie welchen Teilbereich der Organisation erledigt haben möchten. Teilen Sie die Aufgaben untereinander auf, damit jeder gemäß seiner Zeit und seinen

Möglichkeiten etwas zu tun hat. Setzen Sie sich auch immer wieder Termine, an denen Sie sich gemeinsam hinsetzen und zusammentragen, was Sie bisher organisiert haben, an denen Sie die weitere Planung und das Budget aktualisieren.

Immer wieder werden wir gefragt, wie viel Zeit man für eine Hochzeitsorganisation einplanen muss. Dies lässt sich nicht allgemeingültig beantworten. Fünfzehn Monate setzt sich der eine, um eine tolle Hochzeit auf die Beine zu stellen, dem anderen bleibt weniger Zeit. Daher ist für jeden ein anderer Zeitrahmen wichtig.

Sie finden nachfolgend einen möglichen Zeitplan. Dieser Ablaufplan soll nur als Richtlinie dienen und Ihnen helfen, Ihren eigenen Ablaufplan zu erstellen, den Sie eventuell immer wieder anpassen müssen. Vieles können Sie schon früher, manches auch später noch erledigen. Einiges müssen Sie für Ihr Fest vielleicht gar nicht beachten.

Optimalerweise erstellen Sie sich Ihren eigenen persönlichen Zeitplan. Grundsätzlich gilt bei vielen Lieferanten und Dienstleistern: Je früher Sie diese kontaktieren, desto besser. Gerade Hochzeitsprofis in allen Bereichen sind oft schon frühzeitig ausgebucht. Vielleicht aber auch nur an Ihrem Wunschdatum.

12 bis 6 Monate vorher

(zu Beginn der Organisation, je früher, desto besser!)
Überlegen Sie sich den allgemeinen Rahmen Ihrer Hochzeit:

- Soll die Trauung „nur" standesamtlich oder auch kirchlich beziehungsweise freikirchlich sein?
- Wie soll der Rahmen des Festes sein: festlich, ländlich, klein, groß etc.?
- Wie viele Personen möchten Sie einladen? Erstellen Sie eine erste Gästeliste.
- Soll es einen Polterabend geben?
- Legen Sie das Hochzeitsdatum oder zumindest einen Zeitraum fest, in dem die Feier stattfinden soll.
- Überlegen Sie sich, ob Sie Trauzeugen haben möchten, und wenn ja, wen. Fragen Sie sie, ob sie das Amt übernehmen möchten.

- Kalkulieren Sie, wie hoch Ihr Hochzeitsbudget ist.
- Um alle zukünftigen Unterlagen ordentlich aufzubewahren, empfehlen wir, jetzt schon einen „Hochzeitsordner" anzulegen.
- Überlegen Sie sich, ob Sie einen Hochzeitsservice beauftragen, der Ihnen die ganze Arbeit oder zumindest Teilbereiche abnimmt.
- Suchen Sie eine Lokalität für das Fest und buchen Sie sie möglichst bald.
- Planen Sie die Übernachtung für sich und Ihre Gäste.
- Sie sollten den Termin in der Kirche fixieren, wenn möglich.
- Planen und versenden Sie Save-the-Date-Karten.
- Stellen Sie die Papiere für das Standesamt zusammen.
- Denken Sie über Ihr Hochzeitsoutfit nach. Bedenken Sie, dass Sie Ihr Brautkleid unter Umständen und je nach Anbieter mehrere Monate im Voraus bestellen müssen.

6 bis 4 Monate vorher

- Melden Sie sich zur standesamtlichen Trauung an.
- Planen Sie den Polterabend oder Begrüßungsabend (wenn Sie einen feiern möchten).
- Planen Sie Ihren Junggesellinnen-/Junggesellenabschied.
- Vereinbaren Sie ein Probeessen in Ihrer Festlokalität, bei dem Sie möglichst mit einem Ansprechpartner vor Ort alle aktuell offenen Punkte besprechen.
- Falls Sie nicht in einer Lokalität mit eigener Gastronomie feiern, holen Sie sich jetzt Angebote von Partyservices/Caterern und evtl. von Zeltverleihern ein.
- Überlegen Sie sich, ob Sie bei der Organisation oder am Tag selbst Hilfe möchten, und kontaktieren Sie die entsprechende/n Person/en. Das können Freunde und Verwandte sein, aber auch ein professioneller Hochzeitsplaner.
- Holen Sie Angebote von Fotografen und Videografen ein und treffen Sie sich mit jenen, die in die engere Wahl kommen. (Für besonders beliebte Fotografen und Videografen ist es eventuell sechs Monate vorher schon zu spät.)

- Planen Sie Musik für Kirche, Nachmittag und/oder Festabend. (Für besonders beliebte Musiker, DJs und Bands ist es eventuell sechs Monate vorher schon zu spät.)
- Überlegen Sie sich, ob Sie sich weitere Unterhaltung wünschen, zum Beispiel Feuerwerk, Zauberer, Ballonaktionen etc. Holen Sie Angebote ein und buchen Sie.
- Holen Sie Angebote für das Hochzeitsfahrzeug ein. Lassen Sie sich Offerten von Druckereien für die Einladungskarten erstellen und informieren Sie sich über eventuell längere Lieferzeiten.
- Beantragen Sie bei Ihrem Arbeitgeber Sonderurlaub oder gleich den Urlaub für die Hochzeitsreise.
- Holen Sie Angebote für die Hochzeitsreise ein und buchen Sie diese.
- Bringen Sie regelmäßig Ihren Kostenplan auf den aktuellen Stand, damit Sie immer wissen, ob Sie sich auch noch alles leisten können. Machen Sie eine Tabelle mit den bereits getätigten und den noch zu tätigenden Ausgaben.

3 bis 4 Monate vorher

- Suchen Sie Ihre Hochzeitskleidung und die passenden Accessoires aus. Die meisten Geschäfte bieten an, das Kleid und den Anzug kurz vor der Hochzeit noch einmal genau auf Ihre Figur anzupassen.
- Überlegen Sie sich, ob Sie sich Fürbitten von Ihren Freunden und Verwandten während der Trauung wünschen, dann sollten Sie sie jetzt informieren.
- Bringen Sie die Gästeliste auf den neuesten Stand und versenden Sie die Einladungskarten (bis spätestens zwei Monate vorher).
- Denken Sie über einen Ehevertrag nach und gehen Sie gegebenenfalls zum Notar.
- Möchten Sie Blumenkinder? Dann informieren Sie deren Eltern rechtzeitig auch über spezielle Kleiderwünsche (bei besonderen Kleiderwünschen empfiehlt es sich, sich an den Kosten zu beteiligen).
- Suchen Sie die Trauringe aus oder lassen Sie Ihre Verlobungsringe gravieren.

■ Buchen Sie Ihr Hochzeitsfahrzeug.

■ Sind Impfungen für die Hochzeitsreise notwendig? Dann sollten Sie die jetzt angehen.

■ Bringen Sie regelmäßig Ihren Kostenplan auf den aktuellen Stand.

1 bis 2 Monate vorher

■ Prüfen Sie den Rücklauf der Einladungen. Stimmt die Gästezahl noch mit der ursprünglich geplanten überein?

■ Denken Sie an Termine beim Pfarrer, Fotostudio etc.

■ Bestellen Sie die Blumen für Kirche, Lokalität, Brautstrauß, den Anstecker für den Bräutigam, Blumenkinder, Fahrzeug.

■ Entwerfen Sie das Programmheft für die Trauung und drucken Sie es bzw. geben Sie den Druck in Auftrag.

■ Besprechen Sie mit dem Festort die letzten Details zu Ablauf, Essen und Getränken.

■ Bestellen Sie Ihre Hochzeitstorte.

■ Vereinbaren Sie einen Probetermin mit dem Friseur. Überlegen Sie, ob Sie am Tag selbst in den Friseursalon gehen können, oder erkundigen Sie sich, ob der Friseur evtl. zu Ihnen kommen kann. Gleiches gilt für Make-up.

■ Fangen Sie rechtzeitig damit an, regelmäßig ins Sonnenstudio zu gehen, wenn Sie wollen.

■ Besorgen Sie Gästebuch und Einwegkameras (mit Blitz) für die Tische, wenn Sie dies wünschen.

■ Bestellen Sie Ihre Gastgeschenke, wenn Sie gerne welche bei Ihrer Hochzeit verteilen möchten.

■ Überlegen Sie sich, wer am Tag selbst hilft, vielleicht zu Hause bleibt, um Geschenke anzunehmen, etc.

■ Legen Sie eine Liste an, auf der Sie festhalten, von wem Sie welches Geschenk bekommen haben. Viele schenken schon vorab. Das ist wichtig für die Danksagungen.

■ Bringen Sie regelmäßig Ihren Kostenplan auf den aktuellen Stand.

2 Wochen vorher

- Checken Sie die aktuelle Gästeliste anhand der Rückantworten. Fragen Sie evtl. telefonisch bei den Gästen nach, die sich noch nicht abschließend gemeldet haben.
- Beginnen Sie mit der Tischordnung. Besprechen Sie mit dem Restaurant/Partyservice final, wie die Tische stehen sollen.
- Erstellen Sie eine Sitzordnung und aktualisieren Sie diese immer wieder.
- Vereinbaren Sie einen finalen Termin mit der Location, bei dem Sie alle wichtigen Details noch einmal besprechen.
- Überlegen Sie sich, ob Sie eine Anzeige in der Tageszeitung haben möchten, und geben Sie diese auf.
- Probieren Sie Ihre Hochzeitskleidung an und prüfen Sie, ob noch kleine Änderungen vorgenommen werden müssen.
- Laufen Sie die Hochzeitsschuhe ein und tragen Sie auch Ihr Brautkleid für kurze Zeit (prüfen Sie, ob Sie sich darin gut bewegen können: sitzen, aufstehen, tanzen, zur Toilette gehen etc.).
- Haben Sie an die Strumpfhosen gedacht, haben Sie auch ein Ersatzpaar?
- Fahren Sie die Route vom Standesamt/von der Kirche zum Festort ab. Gibt es evtl. Parkplatzprobleme oder Baustellen auf dem Weg?
- Machen Sie die letzten Reisevorbereitungen für die Flitterwochen: Denken Sie an zum Beispiel Sonnencreme, Reiseversicherung, Kreditkarten, Travellerschecks, ausländische Währung etc.
- Besorgen Sie kleine Aufmerksamkeiten für die Blumenkinder.
- Versenden Sie an alle beteiligten Helfer den Ablaufplan für Ihren Hochzeitstag.
- Rufen Sie noch einmal alle gebuchten Zulieferer an und prüfen Sie, ob alles in Ordnung ist (Fotograf, Videograf, Musiker, DJ, Fahrzeug, Blumen, Restaurant, Hochzeitstorte etc.). Wissen alle, wo die Lokalität ist, wie sie dort hinkommen und wann sie da sein müssen?
- Bringen Sie regelmäßig Ihren Kostenplan auf den aktuellen Stand.

1 Woche vorher

- Stellen Sie die Sitzordnung fertig und drucken Sie sie aus beziehungsweise lassen Sie sie ausdrucken zwecks Aushang oder Aufstellen am Festabend.
- Vereinbaren Sie einen Friseurtermin für den Bräutigam und evtl. auch einen Termin im Nagelstudio für beide oder nur für die Braut (die Hände werden an der Hochzeit viel betrachtet und fotografiert).
- Informieren Sie Ihre Nachbarn über den Polterabend/Festabend wegen evtl. Lärmbelästigung, falls Sie im eigenen Haus und Garten feiern.
- Gehen Sie die Gästeliste durch und teilen Sie dem Restaurant die genaue Personenzahl mit.
- Packen Sie die Koffer für Ihre Hochzeitsreise.

1 Tag vorher

- Bereiten Sie Geldumschläge vor für: Blumen- und Geschenkboten, Kollekte, Musiker/DJ (wenn sie direkt Ort bezahlt werden), Trinkgelder für das Restaurant, den Kutscher/Chauffeur etc.
- Packen Sie eine Nottasche für die Braut (Ersatzstrumpfhosen, Make-up, Nähzeug, Kopfschmerztabletten, Pflaster, Deo, Kamm etc.).
- Legen Sie Ihre Hochzeitskleidung bereit.
- Legen Sie die Ringe und die Papiere bereit.
- Endkontrolle!
- Entspannen Sie sich am Vorabend Ihrer Hochzeit und schlafen Sie gut!

Am großen Tag

- Genießen Sie Ihren Tag, er geht schneller vorbei, als Sie denken. Sie haben alles gut geplant, kleine Fehler werden Ihren schönsten Tag nicht trüben und sind menschlich.

Bis 6 Wochen nach der Hochzeit

- Lesen Sie hierzu das Kapitel „Nach der Hochzeit".

Ablaufplanung der Feierlichkeiten

Was wird wann gefeiert?

Bereits zu Beginn Ihres Planungszeitraumes sollten Sie festlegen, welche Feierlichkeiten Sie in die Hochzeit einbeziehen möchten.

Die folgende Auflistung der unterschiedlichen Möglichkeiten soll Sie an dieser Stelle zunächst auf die verschiedenen Feierlichkeiten aufmerksam machen. Zu allen genannten Feiern gehen wir dann in den folgenden Kapiteln jeweils gesondert in die Tiefe.

- Verlobung
  (Kapitel „Notwendiges & Rechtliches" und „Weitere Feste rund um die Hochzeit")
- Junggesellenabschied
  (Kapitel „Weitere Feste rund um die Hochzeit")
- Polterabend/Begrüßungsabend
  (Kapitel „Weitere Feste rund um die Hochzeit")
- Die Trauung – standesamtlich, kirchlich oder eine freie Trauung
  (Kapitel „Die Trauung")
- Hochzeitsempfang
  (Kapitel „Die Trauung")
- Hochzeitsfeier
  (Die Hochzeitsfeier finden Sie in diesem Ratgeber in diversen Kapiteln immer wieder, da sie einer der organisatorischen Hauptbestandteile Ihrer Hochzeitsplanung sein wird.)
- Hochzeitsbrunch
  (Den Hochzeitsbrunch finden Sie in diesem Ratgeber in diversen Kapiteln immer wieder.)
- Rahmenprogramm
  (Kapitel „Weitere Feste rund um die Hochzeit")

Ihre Entscheidung, welches Fest Bestandteil Ihrer Hochzeitsfeierlichkeiten wird, sollten Sie von den folgenden Faktoren abhängig machen:

- dem Ihnen zur Verfügung stehenden Zeitfenster bis zu Ihrem Hochzeitstag sowie der verfügbaren Zeit um Ihren Hochzeitstag herum;
- der Möglichkeit Ihrer Gäste, an den unterschiedlichen Feiern teilnehmen zu können. Dies hängt unter anderem von der Entfernung ab, die Ihre Gäste auf sich nehmen müssen;
- dem Ihnen zur Verfügung stehenden Budget, mit dem Sie Ihre Feierlichkeiten ausrichten können beziehungsweise möchten.

Machen Sie sich frühzeitig Gedanken, welche Feierlichkeiten Ihnen besonders am Herzen liegen.

Auch sollten Sie rechtzeitig überlegen, welche Mahlzeiten Sie Ihren Gästen im Rahmen Ihrer Feier anbieten möchten. Denkbar sind zum Beispiel: Sektempfang, Mittagessen, Kaffee & Kuchen, Abendessen, Mitternachtssuppe oder -imbiss. Auch könnte eine Cocktailbar als Highlight gewählt werden. In diese Entscheidung sollte natürlich auch Ihr verfügbares Budget einfließen. Denn die Verköstigung von 100 Gästen kann sich pro Mahlzeit inklusive Getränken schnell zu einer größeren Summe addieren.

So laufen die Feierlichkeiten reibungslos ab

Eine reibungslose Ablaufplanung beginnt bereits mit der Festlegung Ihres Hochzeitstermins. Früher galt für das Heiraten der Monat Mai als absoluter Wonnemonat. Inzwischen hat sich dies etwas verändert. Die Hochzeitshochsaison läuft oft bis in den September hinein, da das Wetter meist noch sehr schön ist. Auch der Oktober ist häufig noch ein goldener Monat und bietet sonnige Herbsttage.

||| **SPARTIPP:** Feiern Sie Ihre Hochzeit in einem der Wintermonate. Dann haben Sie nicht nur die größere Auswahl hinsichtlich der Dienstleister. Sie haben auch bessere Karten, Preisverhandlungen zu führen.

Hinsichtlich der Auswahl Ihres Hochzeitsdatums sollten Sie möglichst an ein Wochenende, im besten Fall einen Samstag, denken. So können Ihre Gäste entspannt anreisen, eventuell sogar ohne hierfür Urlaub nehmen zu müssen. Denken Sie darüber nach, ob es ein bestimmtes Datum (mit einem besonderen Zusammenhang) werden soll. Vielleicht soll es der Tag Ihres Kennenlernens oder ein anderes prägnantes Datum sein? Oder favorisieren Sie ein Datum mit einer Schnapszahl? Ihre wichtigsten Gäste sollten Sie in die Planung des Hochzeitsdatums einbeziehen. Zumindest Ihre Eltern, Geschwister und nächsten Verwandten sowie Ihre Trauzeugen sollten an dem Termin Zeit haben. Haben viele Ihrer Gäste schulpflichtige Kinder? Dann sollten Sie die Schulferien für Ihren Wunschtermin außen vor lassen oder eventuell sogar extra nutzen, damit sich Ihre Gäste unter Umständen mehr Zeit rund um Ihren Hochzeitstag nehmen können.

Wenn Sie Ihre Hochzeit über mehrere Tage strecken möchten, bietet sich eventuell auch ein langes Wochenende an. Beispielsweise können Sie eines der langen Feiertagswochenenden im Mai oder Juni aussuchen. So können Sie von Polterabend über die standesamtliche und kirchliche Trauung samt Hochzeitsfest ein Rahmenprogramm bis zum Hochzeitsfrühstück oder -brunch organisieren.

||| **TIPP:** Prüfen Sie, ob rund um Ihr Wunschdatum in Ihrer Region andere größere Veranstaltungen, Feste, Messen usw. stattfinden. Dann könnten Hotels teurer oder gar ausgebucht und Straßen gesperrt sein. Taxis sind unter Umständen ebenfalls nicht so verfügbar wie sonst.

Wenn Sie die Planung Ihrer Feierlichkeiten beginnen, lassen Sie die Ihnen zur Verfügung stehende Zeit wie in einem Film vor Ihrem inneren Auge ablaufen. Mit welchen Feierlichkeiten rund um Ihren schönsten Tag im Leben fühlen Sie beide sich am wohlsten? Wo sehen Sie sich und wo mit Ihren Gästen? Je eher Sie sich über Ihre Wünsche im Klaren werden, desto schneller können Sie deren Umsetzung in Angriff nehmen.

Sie würden gerne die Familie und Freunde miteinander bekannt machen, möchten aber von einer Verlobungsfeier Abstand nehmen? Dann wäre vielleicht ein ungezwungener Begrüßungsabend am Vorabend Ihrer Hochzeit das Passende. Ihre Gäste können einander in lockerer Umgebung kennenlernen und verbringen so nicht nur einen Tag, sondern direkt eineinhalb Tage miteinander, an denen sie sich immer wieder sehen.

Sie möchten Ihren Gästen, die von weiter angereist sind, die Umgebung näherbringen? Dann können Sie zum Beispiel eine Stadtführung oder eine Rundfahrt als Rahmenprogramm anbieten.

Gehören Sie selbst zu den Langschläfern? Dann ist der Hochzeitsbrunch wahrscheinlich das erste Event, auf das Sie verzichten sollten.

Auch empfiehlt es sich, sich über die Uhrzeit der Trauung mit den daraus folgenden Konsequenzen rechtzeitig Gedanken zu machen. Wenn Sie die Trauung für 12 Uhr planen und anschließend zu einem Empfang bitten, werden Ihre Gäste voraussichtlich um die Mittagszeit hungrig sein. Bedenken Sie, dass Ihre Gäste vielleicht nur wenig Zeit zum Frühstücken hatten aufgrund der Anfahrtszeit zur Trauung. Somit sollten Sie zum Empfang zumindest eine Suppe oder deftige Häppchen reichen. Wenn Sie die Mittagsmahlzeit umgehen möchten, bietet sich für die Trauung eine Uhrzeit am Nachmittag an, zum Beispiel um 15 Uhr. Dann können Sie davon ausgehen, dass Ihre Gäste zu Mittag essen konnten und Sie können nach der Trauung Kaffee und Kuchen – zum Beispiel die Hochzeitstorte – reichen, ehe es dann am Abend mit deftigeren beziehungsweise sättigenderen Speisen weitergeht.

Für welche Feierlichkeiten Sie sich auch immer entscheiden: Je mehr Programmpunkte und auch Mahlzeiten Ihr Hochzeitstag hat, umso mehr Arbeit wird hiermit verbunden sein. Ihr Hochzeitstag wird für Sie umso entspannter, je mehr Aufgaben Sie abgeben und delegieren und je detaillierter die Beteiligten Helfer und Dienstleister über die Einzelheiten des Tages informiert sind. Sie sollten daher allen Beteiligten wie DJ, Fotograf usw. die Informationen möglichst frühzeitig in schriftlicher Form weitergeben. So können Sie auch sicher sein, dass der Fotograf nicht den Brautstraußwurf oder das Aufsteigenlassen der Luftballons verpasst. Ebenso sollte der DJ oder die Band über die geplanten Reden informiert sein, da er die Musik in den gewünschten Situationen leiser drehen und das Mikro reichen kann.

Als Braut und Bräutigam sollten Sie untereinander ebenfalls Aufgaben zu Beginn Ihrer Hochzeitsplanung verteilen. Zum Beispiel könnte der Bräutigam sich um die Kalkulation, Absprachen mit Location und Catering, Organisation von Brautauto, Hochzeitsreise usw. kümmern, während die Braut das Erstellen und Pflegen der Gästeliste, die Dekorationen und den Ablauf der Trauung übernimmt. Wer welche Aufgaben letztlich ausführt, sollten Sie in erster Linie von Ihrer Vorliebe zu einem bestimmten Thema abhängig machen – vorausgesetzt natürlich, Sie haben die Zeit, sich um die Hochzeitsplanung selber zu kümmern. Beziehen Sie ansonsten Ihre Eltern, Geschwister und Freunde ein, sie werden Sie sicher gerne unterstützen. Im Kapitel „Hochzeitsplaner" führen wir Ihnen die Vorteile bei Beauftragung eines Hochzeitsplaners auf.

Wir empfehlen Ihnen, frühzeitig mit der Erstellung eines Ablaufplanes zu beginnen. Einen beispielhaften Ablaufplan finden Sie im nächsten Kapitel.

Wichtig ist, dass Sie Ihren Hochzeitstag nicht zu sehr mit Aktivitäten füllen. Ihr Hochzeitsfest muss für Sie und Ihre Gäste kein Marathon der Highlights werden. Denken Sie daran, dass sowohl Zeit zum Unterhalten, später am Abend natürlich auch zum Tanzen sein sollte. Planen Sie ruhig immer wieder kleine zeitliche Ruheinseln in Ihren Tagesablauf ein.

Denken Sie wieder an den Film vor Ihrem inneren Auge. Versuchen Sie daher auch zu überlegen, welche Risiken auftreten könnten. Benötigen Sie behindertengerechte Wege, damit Ihre Urgroßmutter dabei sein kann? Prüfen Sie, ob am Tag Ihrer Trauung mehrere Hochzeiten in Ihrer Kirche stattfinden. Es ist wichtig, welches Zeitfenster dazwischen liegt. Schließlich müssen Sie die Kirche umdekorieren und die Kirchenhefte auslegen lassen usw. Und eine andere Braut möchten Sie an diesem Tag auch nicht unbedingt treffen.

Reden und Spiele sollten am Festabend möglichst vor der Eröffnung des Tanzes abgeschlossen sein. So können Sie den Tanzteil des Abends in Schwung bringen. Wenn nach eineinhalb Stunden Tanz doch noch eine zwanzigminütige Diashow mit den Kindheitsfotos gezeigt wird, ist die Gefahr groß, dass sich ein Großteil der Gesellschaft verabschiedet oder nicht wieder so leicht den Weg zum Schwingen des Tanzbeines findet. Auch für den DJ wird es dann schwieriger, die Gesellschaft erneut zu begeistern – wobei dies ein professioneller DJ sicher schaffen wird.

Die Theke sollte zur Hochzeitsparty unbedingt in demselben Raum aufgebaut werden, in dem die Tanzfläche ist, wenn die Location das zulässt. Gäste werden so in der Nähe der Musik gehalten, wenn sie etwas trinken möchten, und der Weg zurück auf die Tanzfläche ist nicht mehr so weit. Wenn Sie die Theke hinter dem Ausgang aufbauen, fällt der Weg zurück viel schwerer.

Planen Sie immer wieder zeitliche Puffer ein. Denn sonst kann eine kurze Verzögerung den kompletten Tages- oder Abendablauf ruinieren. Berechnen Sie die Wege am Tag der Hochzeit.

||| **TIPP:** Fahren Sie Strecken vorher ab. Gerade wenn Sie einen Shuttlebus einsetzen, sollten Sie prüfen, ob dieser auch durch die geplanten Straßen passt.

Wenn Sie sich – auch mithilfe von Freunden oder Verwandten – um den Aufbau vor Ihrer Hochzeit kümmern, sollten Sie genügend Zeit hierfür einplanen. Es ist in jedem Fall hilfreich, auf Unterstützung zurückzugreifen, nehmen Sie Hilfe dankend an.

Denken Sie daran, dass Raucher während Ihrer Feier immer wieder rausgehen werden und für Reden hereingebeten werden müssen. Dies benötigt Zeit. Stellen Sie Aschenbecher draußen auf, damit während des Essens nicht im Saal geraucht wird. Erst mit Beginn der Party sollten Sie Aschenbecher in den Räumen verteilen, sofern das Rauchen nicht zum Beispiel aus Gründen des Denkmalschutzes verboten ist.

||| Hinweis

Inzwischen gibt es von wenigen Anbietern Hochzeitsversicherungen, die bei Eintreten bestimmter Fälle einen Großteil Ihrer Kosten übernehmen. Leider decken diese Versicherungen aber nicht alle Eventualitäten ab. Prüfen Sie die Angebote sorgfältig und lesen Sie die Versicherungsbedingungen vor Abschluss des Vertrages gründlich durch.

Ablaufplanung des Hochzeitstages

Strukturieren Sie Ihren Hochzeitstag anhand eines Ablaufplanes schon frühzeitig. Wer übernimmt welche Aufgaben? Wer ist Ansprechpartner für Fragen? Es mag Ihnen vielleicht merkwürdig vorkommen, Ihren Hochzeitstag durchzutakten. Wenn Sie ihn aber mit der richtigen Mischung aus Highlights, Reden, Essen und Freiraum für Gespräche mit Ihren Gästen usw. planen, sehen Sie, wie schnell fünfzehn bis zwanzig Stunden vergangen sind. Auf diese Weise erkennen Sie zudem schneller, ob Sie auch an die wichtigsten Dinge gedacht haben. Beachten Sie, dass die Ablaufplanung ein laufender und dynamischer Prozess ist. Im Laufe der Wochen und Monate wächst aus einem Grundgerüst schnell ein ganzes Tagesprogramm. Wenn Ihre Hochzeitsfeierlichkeiten über mehrere Tage andauern, sollten Sie den Ablaufplan entsprechend übersichtlich in die unterschiedlichen Tage unterteilen, damit sich die Beteiligten schnell einen Überblick verschaffen können.

Ablaufplan: Planung und Gestaltung des Hochzeitstages

Folgende Inhalte sollten Sie im Ablaufplan unbedingt berücksichtigen:

||| **Inhalte Ablaufplan**

- Hochzeit
- Namen des Brautpaares
- Hochzeitsdatum
- Name und Mobilnummer des Festtagsbetreuers
- Auflistung der Aktivitäten von Braut und Bräutigam sowie der unterschiedlichen Dienstleister (mit Start- und Endzeiten ihrer Einsätze)
- Adressen von Standesamt, Kirche, Locations (Polterabend/Begrüßungsabend, Empfang, Hochzeitsfeier, Party, Hochzeitsbrunch)
- Namen und Mobilnummern aller Dienstleister und Lieferanten
- Künstleressen (Sie sollten Ihre Dienstleister, die über viele Stunden an Ihrem Hochzeitstag für Sie im Einsatz sind, zum Beispiel DJ, Fotograf, Videograf, Hochzeitsplaner, ebenfalls verkösten. In der Regel reichen Softdrinks sowie ein Tellergericht – selbstverständlich je nach Einsatzdauer.)
- Bei Geldübergaben an Dienstleister, die am Tag bar bezahlt werden: Wer übergibt die Umschläge an wen?

Beginnen Sie bei der Aufstellung des Ablaufplanes für Ihren Hochzeitstag mit dem Wichtigsten: Ihrer Trauung. Zu welcher Uhrzeit möchten oder werden Sie heiraten?

Nachfolgend können Sie alle weiteren Feierlichkeiten, Vorbereitungen und auch die Nachbereitungen um diesen wichtigsten Akt – Ihre Trauung – spinnen. Werden Sie sich also darüber im Klaren, welche Festakte und auch welche damit verbundenen Aufgaben an diesem Tag anfallen werden. Denn nur wenn Sie wissen, was alles in den Tag gehören soll, können Sie die Zeiten für den Ablauf genau berechnen.

Ausgehend von der Uhrzeit Ihrer Trauung rechnen Sie zurück, um zu entscheiden, wann Sie das Haus verlassen müssen, wann Sie mit dem Styling beginnen sollten, sodass Sie sich noch in Ruhe anziehen und auch etwas essen können.

Für eine zeitliche Detailplanung sollten Sie zur Erstellung eines genauen Ablaufes die Wege vorher in etwa berechnen. Planen Sie auch bei den Fahrtzeiten Puffer ein, da es immer mal zu einem Stau kommen kann. Auch für den unerfreulichen Fall einer Panne auf dem Weg zur Trauung sollten Sie über einen Plan B nachgedacht haben.

||| **TIPP:** Gerade als Braut und Bräutigam sollten Sie sich am Morgen vor Ihrer Hochzeit mit einem ausgiebigen Frühstück stärken. Da Sie beide die Hauptpersonen des Tages sind und jeder Ihrer Gäste mit Ihnen reden möchte, werden Sie am wenigsten Gelegenheit zum Essen haben.

Bei einer kirchlichen Trauung besprechen Sie mit dem Geistlichen, wie lange diese in etwa dauern wird. Überlegen Sie, wo und wie lange Sie den Empfang vorsehen und wie die Verpflegung geregelt wird. Planen Sie hier Zeit für die Gratulationen ein. Ob Sie 20 oder 200 Gäste begrüßen, macht einen Unterschied.

Bei den Redezeiten und Überraschungen für Sie als Brautpaar sollten Sie die dafür vorgesehene Zeit eintragen. So kann jeder Redner sehen, welches Zeitfenster Sie ihm einräumen. Selbstverständlich sollten Sie dies auch im Vorfeld schon klären.

||| **TIPP:** Reden und andere Beiträge sollten maximal zehn Minuten andauern. Danach lässt die Aufmerksamkeit Ihrer Gäste nach.

Denken Sie immer wieder daran: Sämtliche Helfer und Dienstleister, Redner, Trauzeugen sollten im Vorfeld einen Ablaufplan erhalten. So weiß jeder der Beteiligten, wann er seinen „Auftritt" hat. Fragen können im Voraus besprochen werden. DJ und Fotograf sowie Brauteltern und Trauzeugen sollten einen Ablaufplan erhalten – natürlich immer nach vorheriger Absprache und mit Zustimmung des Brautpaares. Denn Ihre Helfer werden Ihnen den Rücken freihalten und schenken Ihnen als Brautpaar kostbare Zeit, auch mit Ihren Gästen.

||| **Ablaufplan des Hochzeitstages einer standesamtlichen Trauung mit 100 Personen**

8.00 Uhr	Aufstehen und frühstücken
9.30 Uhr	Brautstyling
10.00 Uhr	Abholung des Brautstraußes durch den Bräutigam
10.00 Uhr	Dekoration der Location (Florist)
12.45 Uhr	Fahrt zum Standesamt
13.15 Uhr	Ankunft Fotograf am Standesamt
13.30 Uhr	Aufbau DJ: Licht und Ton in der Location
13.30 Uhr	Trauung im Rathaus; Raum: Rathauskammer
13.50 Uhr	Gratulationen und Fotos vor dem Rathaus
14.20 Uhr	Fahrt vom Rathaus zur Location
14.30 Uhr	Sektempfang mit Häppchen auf der Terrasse der Location Hintergrundmusik vom DJ Fotoaktion Bilderrahmen: Gäste werden paarweise mit einem goldenen Rahmen fotografiert
15.00 Uhr	Anlieferung der Hochzeitstorte
15.30 Uhr	Anschneiden der Hochzeitstorte
16.00 Uhr	Überraschungsaktion Trauzeugen: Aufstieg von Luftballons
16.45 Uhr	Fotoshooting des Brautpaares
18.00 Uhr	Brautstraußwerfen
18.30 Uhr	Gäste werden aufgefordert, Platz zu nehmen, Getränkeservice
19.00 Uhr	Rede des Bräutigams (5 Minuten)
19.15 Uhr	Beginn des Hochzeitsmenüs
19.15 Uhr	1. Gang: 1. Vorspeise
20.00 Uhr	Rede des Brautvaters (10 Minuten)
20.15 Uhr	2. Gang: 2. Vorspeise
21.00 Uhr	Rede der Eltern des Bräutigams (10 Minuten)
21.15 Uhr	3. Gang: Hauptgericht
22.00 Uhr	Überraschung Trauzeugen: kurze Ansprache und Diaschau (10 Minuten)
22.15 Uhr	Dessertbuffet
22.30 Uhr	Tanzeröffnung durch das Brautpaar und Beginn der Hochzeitsparty
0.00 Uhr	Mitternachtsimbiss

Hilfestellung für Festtagsbetreuer und Dienstleister

Der Ablaufplan soll dazu dienen, Ihre Wünsche für Ihren Tag umzusetzen, ohne dass Sie sich selbst um Details kümmern müssen. Ein Ablaufplan des Festes könnte so wie auf der Seite zuvor beispielhaft beschrieben aussehen. Beachten Sie aber bitte, dass es sich hierbei nur um eine Möglichkeit handelt. Sie sollten ihn nach Ihren eigenen Wünschen und Vorlieben ausrichten.

Der „rote Faden" – Teil I

Möchten Sie Ihrem Hochzeitsfest Ihr individuelles Gesicht geben und einen roten Faden durch den schönsten Tag Ihres Lebens ziehen? Über Ihr eigenes Hochzeitsdesign sollten Sie auch schon am Anfang Ihrer Planungszeit nachdenken. Denn dadurch können Sie Ihrem Fest das individuelle Erscheinungsbild geben.

Inwieweit Sie einen roten Faden durch Ihre Hochzeit ziehen möchten, bleibt ganz Ihnen überlassen. Wir möchten Ihnen im Rahmen dieses Ratgebers lediglich Anregungen geben, die Ihnen das Weben des roten Fadens erleichtern sollen, und Ihnen gerne Vorschläge für Ihre Dekorationen machen. Natürlich ist ein roter Faden kein Muss. Wenn Sie darauf verzichten möchten, werden Sie Ihr Hochzeitsfest auch genießen.

Was könnte Ihr roter Faden, Ihr Grundmotiv sein? Welchen Inhalt, welches Ziel möchten Sie nach außen zeigen und als Ausdruck Ihrer Persönlichkeiten in Ihrer Hochzeit wiederfinden? Welches Hochzeitsdesign passt zu Ihnen und drückt den Charakter von Ihnen beiden treffend aus?

So ziehen Sie den roten Faden durch Ihre Planung

Zu Beginn Ihrer Hochzeitsplanung lohnen sich die Zeit und Mühe, über den roten Faden Ihrer eigenen Hochzeit nachzudenken. Welchen Stil wünschen Sie sich? Welche Farben lieben Sie und möchten Sie immer wieder sehen?

Haben Sie ein besonderes Element, Logo oder Monogramm, das Sie wiederkehrend durchziehen möchten? Gibt es etwas, das die Verbindungsstelle sein könnte und Sie beide bezüglich Ihrer Vorlieben oder Ihres Charakters widerspiegelt? Gerade hinsichtlich der Farben und Elemente können Sie schon bei der Save-the-Date-Karte oder der Einladung auf Einheitlichkeit achten. Diese zieht sich dann über die Kirchenhefte, Menükarten und Gastgeschenke bis zur Dekoration der Location und schließlich zur Danksagung durch. Vielfach beliebte Elemente sind Schmetterlinge, Doppelringe, Herzen, Scherenschnitte, bestimmte Blüten usw. Vielleicht verbindet Sie auch seit Beginn Ihrer Beziehung ein gemeinsames Hobby. Warum nehmen Sie dieses nicht als Grundlage in Ihr Konzept auf?

Im Abschnitt „Der ‚rote Faden' – Teil II" im Kapitel „Dekorationen" gehen wir detailliert auf die Umsetzung ein und geben Ihnen Ideen und Tipps an die Hand, wo Sie den roten Faden überall durch Ihre Hochzeitsdekorationen ziehen können.

Notwendiges & Rechtliches

Verliebt, verlobt, verheiratet: Wie oft haben Sie als Kind dieses Spiel gespielt? Dass die durch eine Hochzeit einge-gangene Ehe mit Rechten und Pflichten verbunden ist, weiß schon bald jedes Kind. Dass aber auch eine Verlobung be-reits ein Vertrag ist, wissen selbst viele Erwachsene nicht. Der Gesetzgeber hat die unterschiedlichen Eherechte und -pflichten im Gesetz verankert.

Rechtliches

Verlobung

Die Verlobung ist das gegenseitige Versprechen zwischen Mann und Frau, zukünftig miteinander die Ehe einzugehen, das sogenannte Eheversprechen. Analog kann dies auch bei Begründung einer Lebenspartnerschaft gesehen werden, eine rechtliche Grundlage gibt es hierfür aber nicht. Die Verlobung ist in Deutschland zwar im Bürgerlichen Gesetzbuch (BGB §§ 1297–1302) geregelt, allerdings nicht rechtlich bindend. Das heißt, auf die Eingehung der Ehe kann nicht geklagt werden.

Löst einer der beiden Verlobten die Verlobung ohne wichtigen Grund, kann der andere sich aber einen dadurch entstandenen Schaden ersetzen lassen. Dies ist zum Beispiel gegeben, wenn er bereits Kosten für die Hochzeitsfeier hatte oder eine gemeinsame Wohnung finanziert hat. Auch verpflichtet die Auflösung der Verlobung zur Rückgabe von Verlobungsgeschenken oder des Verlobungsringes (siehe hierzu das Kapitel „Weitere Feste rund um die Hochzeit").

In Österreich führt eine Verlobung nicht zur Erfüllung gegenseitiger Pflichten, auch nicht im Falle des Rücktritts eines Verlobten. Kann der andere allerdings einen Schaden beweisen, begründet dies einen Schadenersatzanspruch.

In der Schweiz ist das Verlöbnis im Zivilgesetzbuch geregelt, jedoch kann ebenso wenig auf Eingehung der Ehe geklagt werden.

Traditionell ist das Schreiten der Verlobten innerhalb eines Jahres vor den Traualtar üblich. Heute wird dies aber lockerer gesehen, und von dieser Zeitspanne müssen Sie sich nicht beeinflussen lassen.

Voraussetzung für die Eheschließung ist, dass beide Partner volljährig, unverheiratet (beziehungsweise nicht in einer eingetragenen gleichgeschlechtlichen Lebenspartnerschaft lebend) und im Besitz ihrer geistigen Kräfte sind. Eine Heirat unter 18 Jahren ist nur erlaubt, wenn einer der Partner das achtzehnte Lebensjahr erreicht, der andere Partner mindestens 16 Jahre alt ist und das Familiengericht zustimmt, während der gesetzliche Vertreter keinen Widerspruch einlegt. Außerdem darf keine geradlinige Verwandtschaft zwischen den Partnern bestehen. Dies gilt auch für Halb- oder Adoptivgeschwister und -kinder.

Eherechte und Ehepflichten

Mit Ihrem Jawort bekennen Sie sich nicht nur Ihrer Liebe zueinander. Gleichzeitig gehen Sie auch gegenseitige verbindliche Rechte und Pflichten ein. Ihr Ja zueinander begründet einen Vertrag. Sie übernehmen nicht nur Verantwortung füreinander, sondern auch gegenseitige Unterhaltspflichten im Falle der Bedürftigkeit.

Grundsätzlich gehen Sie beide mit Ihrem Jawort per Gesetz eine Zugewinngemeinschaft ein – es sei denn, Sie haben einen Ehevertrag geschlossen, der anderes besagt (siehe hierzu das Kapitel „Ehevertrag"). Kommt es ohne Ehevertrag später doch zu einer Scheidung, wird Ihr Zugewinn des Vermögens, den Sie in Ihrer Ehe erwirtschaftet haben, hälftig zwischen Ihnen aufgeteilt. Bei der Bewertung Ihres Vermögens werden Geld, Grundbesitz und Mieteinnahmen, Renten, Aktien usw.

zugrunde gelegt. Ein Versorgungsausgleich findet im Scheidungsfall statt, indem die während der Zeit Ihrer Ehe erworbenen Anwartschaften auf Altersversorgung (Renten) oder verminderter Erwerbsfähigkeit hälftig wie der Zugewinn aufgeteilt werden. Nicht einbezogen in den Zugewinn werden Ihr Anfangsvermögen sowie Schenkungen und Erbschaften während Ihrer Ehe. Im Falle einer Scheidung erfolgt dann ein Zugewinnausgleich. Das heißt, der Partner, der einen größeren Zugewinn während der Ehe erwirtschaften konnte, muss die Hälfte an den anderen Partner abgeben. Diese Schutzvorschriften sollen den Schwächeren im Falle des Scheiterns der Ehe absichern.

Gleichgeschlechtliche Ehe/Lebenspartnerschaft

Seit Einführung des Lebenspartnerschaftsgesetzes können gleichgeschlechtliche Paare eine Lebenspartnerschaft, auch „Homo-Ehe" genannt, eingehen. Sie kann der Ehe bis auf einige Ausnahmen beispielsweise in puncto Verfassungsrecht und Einkommenssteuerrecht gleichgesetzt werden und den Partnern die rechtliche Absicherung ihrer Beziehung geben. Der Lebenspartnerschaft kann das Versprechen auf Eingehen einer Lebenspartnerschaft vorausgehen, sozusagen eine „Verlobung". Hieraus entstehen allerdings noch keine Ansprüche. In der Schweiz existiert die gleichgeschlechtliche Ehe parallel zur Ehe heterosexueller Partner.

Die Lebenspartnerschaftsbegründung müssen Sie bei dem Standesamt Ihres Wohnortes anmelden. Die Lebenspartnerschaft können Sie begründen, wenn Sie beide das gleiche Geschlecht haben, keiner von Ihnen eine eingetragene Lebenspartnerschaft oder Ehe mit einem Dritten führt und wenn zwischen Ihnen kein Verwandtschaftsverhältnis besteht. Allerdings können Sie eine Lebenspartnerschaft erst mit Ihrer Volljährigkeit eingehen. Ist einer von Ihnen Ausländer, müssen Sie Ihre Ledigkeit durch eine Ledigkeitsbescheinigung nachweisen. Lassen Sie sich in dem Standesamt Ihres Wohnortes individuell beraten, da unter Umständen Sonderregelungen gelten.

Wenn Sie eine Lebenspartnerschaft eingehen, lesen Sie im Folgenden bitte auch die Hinweise zu den Bestimmungen einer standesamtlichen Trauung (siehe Kapitel „Standesamtliche Trauung").

Notwendige Papiere und Unterlagen

Die Anmeldung Ihrer Eheschließung bedarf einiger Vorbereitungen, dem Zusammentragen notwendiger Papiere. Nachfolgend geben wir Ihnen den ersten Überblick, weitere Erläuterungen finden Sie im Kapitel „Die Trauung".

Notwendige Dokumente für die Anmeldung zur Eheschließung

||| **Unterlagen für die standesamtliche Trauung**
- Personalausweis oder Reisepass
- beglaubigte Ablichtung des Geburtsregisters
- Geburtsurkunde Ihrer gemeinsamen Kinder
- Aufenthaltsbescheinigung
- Urkunde, wenn Sie Ihren Titel eintragen lassen möchten (Diplom, Promotion, Magister)

In einigen Fällen müssen Sie weitere Unterlagen vorlegen:

- Beglaubigte Kopie des Eheregisters Ihrer letzten Ehe mit Auflösungsvermerk/Partnerschaftsurkunde mit Auflösungsvermerk/ Scheidungsurteil mit Rechtskraftvermerk
- Nachweis der Staatsangehörigkeit
- Vollmacht
- Personenstandsurkunde oder Abstammungsurkunde

Erfragen Sie bitte die notwendigen Papiere in Ihrem Standesamt, wenn einer von Ihnen Ausländer ist.

||| **Unterlagen für die kirchliche Trauung**

- Personalausweis oder Reisepass
- Meldebescheinigung
- Taufbescheinigung und/oder Ledigennachweis
- Firmungszeugnis/Konfirmationsbescheinigung
- Dimissoriale oder Zäsion/Entlassschein oder Traulizenz
- Delegation: die Erlaubnis Ihres Pfarrers, die Trauung von einem anderen Pfarrer durchführen zu lassen

---

Im Falle einer freien Trauung benötigen Sie keine Unterlagen. Rechtlich hat diese Zeremonie keine Konsequenzen.

Notwendiges für den Tag der Eheschließung

Am Tag Ihrer Eheschließung sollten Sie sich rechtzeitig im Standesamt einfinden, da Sie sich noch kurz registrieren lassen müssen. Dafür müssen Sie sich mit Ihrem Personalausweis oder Reisepass ausweisen. Außerdem sollten Sie die Anmeldebescheinigung Ihres Standesamtes mitbringen. Diese haben Sie bei Ihrer Anmeldung zur Eheschließung bekommen. Haben Sie bei der Anmeldung im Standesamt ein Familienstammbuch erworben, sollten Sie daran ebenfalls denken. Weisen Sie Ihre Trauzeugen darauf hin, dass auch sie ihren Ausweis mitbringen, da sie ihn ebenfalls vorlegen müssen.

Namensrecht

Früher war es üblich, dass die Frau mit der Heirat den Nachnamen des Mannes annahm und dieser als gemeinsamer Familienname bestimmt wurde. Das hat sich aber geändert. Sie haben unterschiedliche Möglichkeiten Ihrer Namensführung.

Bei Ihrer Eheschließung können Sie Ihre jeweiligen Namen behalten oder aber einen gemeinsamen Familiennamen bestimmen. Infrage kommt entweder der Name des einen oder des anderen Partners.

Bei Ihrem gemeinsamen Familiennamen muss es sich nicht um Ihren Geburtsnamen handeln. Sie können sich auch für den Nachnamen aus einer früheren Ehe entscheiden.

Einen Doppelnamen kann nur einer der beiden Partner tragen, und zwar derjenige, dessen Name nicht der gemeinsame Familienname ist. Die Bestimmung der Reihenfolge eines Doppelnamens bleibt Ihnen überlassen.

Die folgenden Alternativen sind denkbar, wenn Frau Else Schmidt und Herr Herbert Blümlein heiraten:

||| Alternativen Ehenamen

Else und Herbert Schmidt
Else und Herbert Blümlein
Else Schmidt-Blümlein und Herbert Schmidt
Else Blümlein-Schmidt und Herbert Schmidt
Else Schmidt und Herbert Schmidt-Blümlein
Else Schmidt und Herbert Blümlein-Schmidt

Hat einer der beiden Partner bei der Eheschließung bereits einen Doppelnamen, so können Sie auch diesen als gemeinsamen Familiennamen bestimmen. Beispiel: Frau Else Schmidt-Holla und Herr Herbert Schmidt-Holla. Diesen Doppelnamen können Sie aber nicht mit einem weiteren Namen kombinieren. Möchten Sie den Doppelnamen mit dem neuen Familiennamen verbinden, geht dies nur mit einem der beiden Doppelnamen.

Gemeinsame Kinder bekommen Ihren Familiennamen als Geburtsnamen. Wenn Sie keinen gemeinsamen Familiennamen bestimmt haben, können Sie Ihrem Kind den einen oder den anderen Geburtsnamen geben. Dieser Geburtsname gilt dann auch für alle weiteren Kinder.

Wenn Sie bei Ihrer Eheschließung noch keinen gemeinsamen Familiennamen bestimmt haben, können Sie dies jederzeit bei jedem Standesamt nachholen. Hierfür benötigen Sie Ihren Personalausweis oder Reisepass und eine beglaubigte Ablichtung des Eheregisters.

Ehevertrag

Mit dem Eingehen Ihrer Ehe auf dem Standesamt sind bestimmte Rechte und Pflichten verbunden, Sie gehen einen Vertrag ein. Möchten Sie darüber hinausgehende oder abweichende Regelungen für sich vereinbaren, können Sie einen Ehevertrag schließen. So können Sie zum Beispiel individuelle Abmachungen zu Sorgerecht, Rentenansprüchen und Unterhaltspflichten im Ehevertrag vereinbaren.

Wir empfehlen Ihnen, sich mit einem Rechtsanwalt, Familienanwalt oder Notar in Verbindung zu setzen, um sich hinsichtlich der Pros und Kontras Ihrer individuellen Situation sowie der mit dem Ehevertrag verbundenen Auswirkungen beraten zu lassen. Den Ehevertrag können Sie sowohl vor Ihrem Jawort als auch noch nach Ihrer Hochzeit unterzeichnen. Sogar im Scheidungsprozess können Sie noch einen Ehevertrag schließen. Wichtig ist, dass Sie beide sich über Ihre Vorstellungen und die Konsequenzen offen unterhalten und darüber auch im Klaren sind.

Um spätere Differenzen zu vermeiden und auch von Ihrem schönsten Tag etwas fernzuhalten, empfiehlt sich eine rechtzeitige Klärung Ihrer Meinungen einige Wochen und Monate vor Ihrer Hochzeit. Entscheiden Sie sich für einen Ehevertrag, führt Ihr Weg zum Notar, wenn Ihr Vertrag finanzielle Inhalte hat. Da dies in der Regel immer der Fall ist, führt also kein Weg am Notar vorbei. Er klärt Sie im Rahmen der Beurkundung neutral über die Konsequenzen auf, und in seiner Gegenwart müssen Sie den Vertrag unterzeichnen, damit dieser rechtskräftig wird. Ein Ehevertrag ohne Notar ist nichtig.

Die Kosten der notariellen Beurkundung richten sich nach der Höhe des Vermögens, um das es in dem Ehevertrag geht.

Die grundsätzlichen Möglichkeiten möchten wir an dieser Stelle nur kurz ansprechen, dies ersetzt selbstverständlich keine Rechtsberatung. Vereinbaren Sie eine Gütergemeinschaft, dann werden jeweils das Vermögen und auch die Schulden, die sich während der Ehe ergeben haben, von Ihnen beiden zusammengerechnet. Im Falle einer Scheidung werden Ihr Vermögen und die Schulden, die sich während der Ehe ergeben haben, auch wieder hälftig aufgeteilt. Einigen Sie sich auf eine Gütertrennung, dann verbleiben sowohl Vermögen als auch Schulden bei dem jeweiligen Partner in dem Verhältnis, wie es bereits vor der Eheschließung war. Somit entstehen auch keine Ansprüche im Scheidungsfall – weder hinsichtlich Renten noch sonstiger Vermögenswerte oder Ausgleichszahlungen.

Ist einer der Partner Unternehmer, dann ist diese Form des Ehevertrages eine Möglichkeit, sich für den Scheidungsfall abzusichern. Ebenso kann er vertraglich den Zugewinn ausschließen. Dann bleibt das Vermögen, das er mit seinem Unternehmen während der Ehe erwirtschaftet hat, in seinem Besitz. Gleiches gilt entsprechend für etwaige Schulden.

In der Schweiz gilt ohne den Ehevertrag die Errungenschaftsbeteiligung. Hierbei entscheidet das Gesetz, wie die Vermögensverhältnisse von Mann und Frau geregelt sind. Entscheiden Sie sich für einen Ehevertrag, weil Sie hiervon abweichende Vereinbarungen treffen oder die Gütergemeinschaft oder Gütertrennung wählen möchten, führt Ihr Weg zum Notar, der den Ehevertrag für gültig erklären kann.

In Österreich gilt per Gesetz die Gütertrennung. Das Ehegüterrecht besagt, dass jeder sein Vermögen behält, das er in die Ehe eingebracht hat, und nur für die Schulden aufkommt, die er selbst verursacht hat. Abweichende Regelungen sind im Ehevertrag möglich und müssen notariell geregelt werden.

Budget & Kalkulation

Immer wieder erleben wir Brautpaare, die ungefähr die Kosten des Essens und der Getränke schätzen und dies mit der Anzahl ihrer Gäste multiplizieren, um die Hochzeitskosten zu schätzen. Leider sind das in der Regel nur etwa die Hälfte der zu erwartenden Kosten der eigentlichen Feier.

Wie stelle ich einen Budgetplan auf?

Oft werden wir gefragt, was eine Hochzeit kostet. Diese Frage ist nicht einfach zu beantworten – selbst nicht mit ersten Rahmeninformationen. Gerne nehmen wir hier zum Vergleich den Kauf eines Autos. Vielleicht sind Sie zufrieden mit einem Kleinwagen – oder es muss der schnelle Sportwagen sein? Beide Autos bringen Sie von A nach B. Ob das jeweilige Auto Ihre Anforderungen an Bequemlichkeit, Ausstattung, Schnelligkeit, Sicherheit und Prestige erfüllt bzw. Ihrem Budget entspricht, ist zu klären. Vielleicht gehen Sie am Ende auch einen finanziellen Kompromiss ein. Aber genau so, wie die Summen beim Kauf eines Autos variieren, unterscheiden sich auch die Budgets, die für Hochzeiten verplant werden.

Das tun sie schon deshalb, weil jeder Teilbereich – sei es Essen, Getränke, Dekoration, Einladungen, Entertainment etc. – so viele Möglichkeiten bietet. In jedem Bereich kann man unterschiedlich viel Geld ausgeben, je nach seinen Wünschen, den Möglichkeiten vor Ort, den Verfügbarkeiten der gewählten Lieferanten und natürlich gemäß den jeweiligen Lieferanten und Dienstleistern selbst.

Für Musik (Trauung, Sektempfang, Party) und sonstiges Entertainment (Planwagenfahrten, Zauberer usw.), Fotografen, Dekoration, Drucksachen, Transfer, Gebühren und Mieten etc. wird oftmals noch mal eine ähnliche Summe ausgegeben wie für Essen und Getränke. Kalkuliert hat man dann immer noch nicht die Kleidung, die Ringe und die Hochzeitsreise.

Allein die Kosten für den Fotografen gehen weit auseinander. Unsere Paare zahlen zwischen ca. 300 und über 4.000 Euro. Die Preise unterscheiden sich einerseits durch den Anbieter selbst sowie seine Positionierung, Spezialisierung und Erfahrungen, zum anderen durch die Anzahl der Stunden, die er vor Ort ist. Hinzu kommen dann oft noch Extraleistungen wie besondere Bearbeitung der Bilder, Fotobücher oder Diashows.

Wir haben nachfolgend eine erste Liste aufgestellt, mit einem Teil der Kosten, die in der Regel in einer Hochzeitsfeier enthalten sind, und haben beispielhaft Preise eingefügt, mit denen insbesondere in der Nähe von Großstädten zu kalkulieren ist.

Beispielhaft haben wir hier eine Hochzeit mit 90 Personen in einer Lokalität wie einem Hotel oder Restaurant ohne Raummiete für den Festsaal aufgeführt. Die Gastronomie ist im guten Rahmen, aber nicht besonders luxuriös. Man würde bei einem Hotel etwa von einem Viersternehaus sprechen. Nicht in der Tabelle enthalten sind zum Beispiel Trinkgelder, Gebühren für das Standesamt und die Papiere, Kirchenspende, Flitterwochen, Ringe, Kleidung für Braut und Bräutigam …

Erstellen Sie Ihre eigene ganz individuelle Liste mit den Bereichen Ihrer Feier, die Sie zum jetzigen Zeitpunkt erwarten. Nehmen Sie dabei unsere Liste nur als Anregung. Später im Laufe der Organisation werden Sie Ihre Liste immer wieder anpassen müssen.

Tabelle Budgetplanung

	Stückzahl	Einzelpreis	Gesamtpreis
Fingerfood zum Empfang	90	8,00 €	720,00 €
Getränke zum Empfang (Sekt und alkoholfreie Getränke)	90	8,00 €	720,00 €
Abendessen (Buffet oder Viergangmenü)	90	44,00 €	3.960,00 €
Mitternachtsessen	45	8,00 €	360,00 €
Tellergeld* für die Torte	90	2,00 €	180,00 €
Getränke zum Essen (Weine, Bier und alkoholfreie Getränke)	90	25,00 €	2.250,00 €
Getränke nach dem Essen (Weine, Bier und alkoholfreie Getränke – ohne Spirituosen, Cocktails etc.)	45	16,00 €	720,00 €
Raummiete Garderobe Band	1	250,00 €	250,00 €
Servicemitarbeiter 00.00–03.00 Uhr, 3 Mitarbeiter à 3 h	9	25,00 €	225,00 €
Lokalität			**9.385,00 €**
Band	1	2.500,00 €	2.500,00 €
Sängerin + Organist Kirche	1	500,00 €	500,00 €
Gesamt Musik/Künstler			**3.000,00 €**
Tischdekoration	10	45,00 €	450,00 €
Stehtischdekoration	8	4,00 €	32,00 €
Buffetdekoration	1	80,00 €	80,00 €
Fackeln im Garten	10	4,00 €	40,00 €
Brautstrauß	1	50,00 €	50,00 €
Anstecker für Bräutigam	1	6,00 €	6,00 €

* Ein Tellergeld (in manchen Regionen auch Krümelgeld genannt) wird in der Regel in Hotels und Restaurants erhoben, wenn die Torte von einem externen Konditor geliefert wird. Damit werden Teller, Besteck und Servicemitarbeiter für das Essen bzw. Servieren der Torte bezahlt.

	Stückzahl	Einzelpreis	Gesamtpreis
Altardekoration	1	60,00 €	60,00 €
Kirchenbankdekoration	16	5,00 €	80,00 €
Dekoration am Kircheneingang	1	100,00 €	100,00 €
Fahrzeugdekoration	1	100,00 €	100,00 €
Anlieferung/Abholung	1	80,00 €	80,00 €
Gesamt Dekoration			**1.078,00 €**
Fotograf	1	1.000,00 €	1.000,00 €
Styling der Braut	1	350,00 €	350,00 €
Hochzeitstorte	90	3,50 €	315,00 €
Menükarten	30	2,50 €	75,00 €
Kirchenprogramme	45	2,00 €	90,00 €
Einladungskarten	50	9,00 €	450,00 €
Porto	50	0,90 €	45,00 €
Danksagungskarten inkl. Porto	50	4,00 €	200,00 €
Gesamt diverse			**2.525,00 €**
Gesamtpreis			**15.988,00 €**
Preis pro Person ca.			177,00 €

An dieser Stelle noch einmal der Hinweis, dass dies eine Budgetplanung von vielen, vielen möglichen ist. Lassen Sie sich nicht verführen, dass Ihre Hochzeit genau diese Summen enthalten wird. Lassen Sie sich eher inspirieren von den einzelnen Posten, die darin enthalten sind, und füllen Sie diese mit eigenen Schätzungen oder später konkreten Angeboten von Ihren Lieferanten und Dienstleistern. Jeder einzelne Posten in dieser Budgetplanung kann bei Ihrer Hochzeit wesentlich teurer oder günstiger sein. Vielleicht fällt der eine oder andere

Posten gar nicht an. Vielleicht ist vieles günstiger, aber manche Posten doch wesentlich teurer.

Gerade im Bereich der Dekoration zum Beispiel könnten Sie die vielen Möglichkeiten der Gestaltung verführen, sodass Ihre Budgetplanung an diesem Punkt unheimlich in die Höhe schnellen kann. Auch bietet sich in vielen Lokalitäten und Kirchen noch der eine oder andere zu dekorierende Bereich mehr an (Eingang, Flure und Wege, Nischen etc.).

Sollten Sie noch weitere Feierlichkeiten planen, wie zum Beispiel einen Polterabend, einen Begrüßungsabend am Vortag, einen Brunch am nächsten Tag und, und, und, so müssen diese Feierlichkeiten genauso detailliert kalkuliert werden.

Damit Sie nun Ihre Kostentabelle mit ersten Zahlen füllen können, können Sie selbst schätzen, im Internet recherchieren, Freunde fragen oder einfach erste Angebote einholen.

Die meisten Paare sind erst einmal geschockt, wenn Sie die finale Zahl sehen, die sich aus den vielen vorab erwähnten Teilbereichen der Feier zusammensetzt. Sollten Sie sich dann die errechnete Summe nicht leisten können, gibt es diverse Möglichkeiten:

- die Gästezahl zu reduzieren;
- die Anzahl bzw. Dauer der einzelnen Feierlichkeiten zu reduzieren (z. B. den Sektempfang kürzer zu halten bzw. später mit der Feier zu beginnen, den Brunch am nächsten Tag zu streichen …);
- den grundsätzlichen Stil und die Üppigkeit der einzelnen Teilbereiche simpler zu gestalten, zum Beispiel einfachere Speisen auszuwählen;
- auf einzelne Teilbereiche (z. B. bestimmtes Entertainment, Kaffeetrinken, Videograf …) zu verzichten.

Kostenaufstellungen sind schwierig

Grundsätzlich sei gesagt, dass die erste Kostenaufstellung für einen Laien extrem schwierig ist, da er gar nicht weiß, was die einzelnen Dinge wirklich kosten. Vor allem, wie teuer sie sind, wenn sie dann seinen Wünschen entsprechen würden. Es gibt so viele unterschiedliche

Ausführungsmöglichkeiten, Anbieter und Stilrichtungen, die einem die Budgetplanung und die gesamte Hochzeitsplanung erschweren.

An dieser Stelle sei auch noch das finanzielle Gefälle der Regionen erwähnt. In vielen Großstädten ist zum Beispiel alles um ein Vielfaches teurer als auf dem Land. Manche Städte sind hochpreisiger als andere. Daher sollte man den Vergleich von Kosten aus anderen Regionen nur mit Bedacht angehen.

> An dieser Stelle noch mal der Hinweis, dass Sie bitte immer wieder Ihre Kostenaufstellung im Laufe des Organisationszeitraumes aktualisieren, damit Sie den finanziellen Überblick behalten.

Empfehlung für Trinkgelder

Jeder Ihrer Lieferanten und Dienstleister wird sich über ein Trinkgeld freuen. Es ist auch durchaus üblich, allen einen Bonus zu geben. Wie viel Sie den einzelnen Personen geben sollten, ist sehr schwierig zu sagen. Jeder hat für Trinkgeld ein anderes Gefühl. Sicherlich ist es nicht notwendig, in Ihrer Location (z.B. einem Restaurant) die üblichen 10 % zu geben. Dafür sind die Summen, die Sie ausgeben, zu hoch. Wir empfehlen, im Restaurant oder Hotel nachzufragen, wer in Ihre Hochzeit involviert war. Sei es im Service, aber auch in der Küche, an der Rezeption oder vielleicht auch in der Bankettabteilung. 10 Euro pro Person sind mindestens angemessen für Mitarbeiter, die viele Stunden für Sie gearbeitet haben. Wie viel Sie darüber hinaus geben, bleibt Ihnen, Ihrer Großzügigkeit und Ihrem Portemonnaie überlassen.

Musiker und DJs können hingegen schon etwa 10 % ihrer Gage bekommen.

Empfehlung für die Kirchenspende

Auch das ist ein sehr schwieriges Thema, das jeder unterschiedlich sieht. Manch einer möchte vielleicht auch auf eine Kirchenspende verzichten, weil er ja Kirchensteuer zahlt.

Wir empfehlen eine Kirchenspende, da der Pfarrer samt Kirchenpersonal für Ihre Hochzeit über das Übliche hinaus arbeitet. Allgemein werden hier in der Regel dreistellige Summen gegeben. Geben Sie das Geld in einem Umschlag direkt Ihrem Pfarrer oder fragen Sie, wie er es gerne hätte.

Sollten Sie sich von einem Pfarrer aus einer anderen Gemeinde trauen lassen, empfiehlt es sich, sowohl dem Pfarrer für seine dortige Kirche bzw. ein Projekt, das ihm am Herzen liegt, etwas zu spenden als auch für die Gemeinde, in der er Sie traut.

Kostenfallen

Eine Kostenfalle kann sicherlich auch die Feier im Garten sein (siehe dazu auch das Kapitel „Locations & Orte für die Feierlichkeiten"). Auch wenn man zunächst meint, so Kosten sparen zu können, braucht man dann aber doch eventuell ein Zelt, Toiletten und vieles mehr. Alles muss angeliefert werden, man lässt vielleicht noch eben schnell den Gärtner kommen, um den Garten für die Feier auf Vordermann zu bringen, und, und, und.

Eine weitere Kostenfalle ist die Dekoration bei einer großen Lokalität. Hier gibt es so viele Bereiche, die man dekorieren kann. Hier eine Nische für ein Windlicht, da eine Treppe mit einer Blumengirlande und die schöne Eingangstür soll auch noch einladend mit Dekoration verziert werden …

Spartipps

Das Thema Sparen ist in Sachen Hochzeit für viele ein sehr schwieriges, da sie sich viel schon lange erträumt haben und große Anforderungen an die perfekte Hochzeit haben. Neben den schon vorab genannten Möglichkeiten der

- Reduzierung der Personenzahl sowie
- der Veränderung des Ablaufs

gibt es noch andere Möglichkeiten zu sparen.

Stil der Feier

Wichtig ist hier natürlich auch wieder, wie man Ihre Wünsche und Ihr Budget unter einen Hut bekommen kann. Sind Sie mit dem günstigeren Anbieter zufrieden oder ärgern Sie sich später, weil es nicht ganz so gut in der Zusammenarbeit klappt oder das Buffet doch nicht der Qualität entspricht, die Sie sich gewünscht haben?

Hier noch einmal der Hinweis, dass viele Angebote inhaltlich völlig gleich oder ähnlich klingen können, es aber oftmals einen Grund gibt, warum am Ende ein günstigerer oder ein teurerer Preis darunter steht. Es kann sein, dass Ihnen die günstigere Variante ausreicht. Umso besser, dann nehmen Sie diese auf jeden Fall.

Wo könnte man also reduzieren?

- **Essen**

    Beim Essen ist es oftmals am effektivsten zu reduzieren, da es sich anders als zum Beispiel Musik und Dekoration stärker mit der Anzahl der Gäste multipliziert und dadurch jede Reduktion mehr ins Gewicht fallen kann. In der Regel hilft es, simplere Produkte zu wählen, also zum Beispiel ein Rinderfilet gegen Putenbrust zu tauschen oder bei den Vorspeisen die teuren Krustentiere oder ähnliche hochwertige Produkte zu streichen.

    Nicht oder äußerst wenig hilft es, die Anzahl der Vorspeisen im Buffet zu reduzieren, indem man zum Beispiel einen günstigen Krautsalat und einen preiswerten Kartoffelsalat von der Liste entfernt. Damit die Gäste satt werden, müssen ja dann die Mengen der anderen Vorspeisen erhöht werden.

Das Austauschen der Produkte gilt natürlich auch bei einem Menü. Salate und Suppen sind in der Regel recht günstig, sofern sie keine teureren Lebensmittel wie zum Beispiel Fische, Rinderfilet, Krustentiere o. Ä. enthalten.

Fingerfood zum Empfang ist auch dann teurer, wenn es aus vielen kleinen und aufwendig dekorierten Häppchen besteht. Oftmals reicht zum Beispiel simples Laugengebäck – auch gefüllt oder belegt – oder nur Salzgebäck.

In der Regel ist ein Dessertbuffet etwas teurer als ein serviertes Dessert, weil auf dem Buffet mehr Produkte stehen müssen und diese, wenn sie zum Beispiel in Gläschen aufwendig dekoriert werden, länger bei der Herstellung brauchen. Simpler und günstiger ist das Dessertbuffet, wenn man zum Beispiel einfache Cremes und Grützen in großen Schalen anbietet.

■ **Getränke**

Es muss nicht immer Champagner oder ein Grand Cru sein. Die Gäste (selbst, wenn sie einen Champagner von einem Sekt unterscheiden können) würdigen oftmals bei einer Hochzeit ein so hochwertiges Getränk nicht. Im Vordergrund stehen hier mehr die Unterhaltungen und der gemeinsame Spaß. Behalten Sie hochwertige Getränke wie Champagner lieber für den kleinen Kreis vor, in dem man ihn auch in Ruhe genießen und würdigen kann.

Dennoch sollten natürlich der Wein und der Sekt schmecken. Suchen Sie sich einen Wein aus, der zu Ihnen und Ihren Gästen sowie zu einer fröhlichen Feier und natürlich zum Essen passt. Lassen Sie sich ruhig vom Gastronomen bei der Wahl beraten.

Wenn Sie auf das Geld schauen möchten, raten wir Ihnen von harten Alkoholika wie Schnäpsen ab, da sie schnell Ihre Kosten in die Höhe treiben. Ein Mittelding ist es zum Beispiel, nach dem Essen ein paar günstige Schnäpse bereitzuhalten, die nur ausgeschenkt werden, wenn ein Gast danach fragt. Man kann die Schnäpse auch auf maximal eine Runde pro Gast reduzieren, wenn man dies möchte.

Cocktailbars und sogenannte Digestifwagen leiten die Gäste zum Trinken an und machen sich eher ungünstig auf Ihrer Rechnung bemerkbar.

Fragen Sie vor der Buchung Ihrer Location, ob Sie die Getränke selber organisieren können. Erkundigen Sie sich aber dann auch gleich, ob ein Korkgeld berechnet wird (analog zum Tellergeld für mitgebrachte Kuchen) und wie und wann geliefert und abgeholt werden kann.

- **Dekoration**

Es gibt sehr simple Varianten, wie man eine effektive und günstige Dekoration nutzen kann. Grundsätzlich gilt, je mehr Blüten, desto teurer. Aufwendige Kränze, Gestecke und Sträuße mit vielen Blumen sind daher teurer als solche, die mit günstigen Gräsern, Blattwerk u. Ä. aufgelockert werden. Ebenso sind saisonale Blumen preiswerter als solche, die extra eingeflogen werden müssen. Lassen Sie sich am besten vom Floristen beraten, welche Blumen zu Ihrem Hochzeitsdatum relativ günstig zu bekommen sind. Manchmal reicht für eine schöne, aber günstige Dekoration, ein paar Rosenblütenblätter auf dem Tisch zu verstreuen und ein paar Teelichter dazuzustellen.

Preiswert und obendrein länger haltbar sind beispielsweise auch Blumentöpfe mit Kräutern wie Lavendel oder saisonalen Topfblumen. Diese kann man entweder im Anschluss an die Gäste verschenken oder auf dem eigenen Balkon/im eigenen Garten einpflanzen.

- **Fotograf**

Wenn Sie sparen möchten, überlegen Sie sich genau, wie lange Ihnen die Anwesenheit des Fotografen wirklich wichtig ist und wo eventuell der eine oder andere Gast mit dem notwendigen Können und der richtigen Ausstattung einspringen kann (bitte beachten Sie hierzu auch die Warnungen im Kapitel „Fotograf & Videograf"). Aufwendige Fotobücher und Alben können Sie eventuell auch selbst erstellen, um Kosten zu sparen.

■ **Musik**

In der Regel sind DJs günstiger als Bands. Letztere können schnell zu einer Kostenfalle werden (Miete für Garderobenraum, Übernachtung, Technik, Verpflegung ...) und manche spielen oftmals nur ein paar Stunden. Wenn Sie danach noch Musik wünschen, brauchen Sie eventuell zusätzlich einen DJ, der wieder extra kostet.

© Marco Bräunig

Locations & Orte für die Feierlichkeiten

Je früher Sie sich auf die Suche nach einer passenden Location für Ihre Feier begeben, desto besser. Die besonders schönen und beliebten Lokalitäten sind an vielen Samstagen zwischen Mai und September schon mehr als sechs Monate vorher ausgebucht. Einige Daten sind bereits über ein Jahr im Voraus vergeben.

Es gibt unzählige Varianten, wie Sie Ihre Hochzeit feiern können. Wunderschöne Schlösser, romantische Mühlen, verwunschene Burgen, die Stadthalle um die Ecke, das Lieblingslokal, ein Weingut, ein altes Kloster, das Café oder Foyer eines Theaters, ein Boot oder Schiff, ein Museum, eine ehemalige Scheune usw. Jeder feiert woanders, werden Sie bei Ihrer Suche kreativ! Entscheiden Sie sich für Ihre ganz persönliche Variante, die Ihre Wünsche und natürlich Ihr Budget und die notwendige Kapazität für Ihre Gästezahl bestmöglich vereint.

Wie bereits im Kapitel „Hochzeits- & Ablaufplanung: die ersten Schritte" erwähnt, ist es wichtig, sich vorab detailliert und gemeinsam zu überlegen, welche Wünsche man an die Lokalität hat.

Dazu gehören der genaue Stil und die Ausstattung der Lokalität:

- Welches Mobiliar bzw. welche Einrichtung ist Ihnen wichtig? Bevorzugen Sie zum Beispiel eine moderne Bestuhlung oder lieber etwas, das in historisches Ambiente passt? Möchten Sie an runden Tischen essen oder schweben Ihnen eher lange Tafeln oder sogar eine U-Form bei der Bestuhlung vor? Sind Ihnen helle Räume wichtig oder fühlen Sie sich eher im rustikalen Ambiente wohl?

- Benötigen Sie Nebenräume, zum Beispiel eine Bar für die ruhigere Unterhaltung am späteren Abend oder einen Raum für die Kinderbetreuung?
- Sind behindertengerechte Anforderungen wichtig, weil Ihre Großmutter im Rollstuhl sitzt, aber unbedingt dabei sein soll?
- Möchten Sie Zimmer für die Übernachtung in Babyfonnähe und/oder sind die Kinder der Gäste zum Beispiel alle schon groß und können an einem separaten Kindertisch sitzen?
- Geografisch ist die Lokalität auch zu bedenken: Wie weit ist man bereit, von seinem Wohnort zur Feier zu fahren? In welchem Radius kann die Suche stattfinden? Sind die Gäste alle flexibel und reisen gerne überall hin oder bevorzugen Sie, möglichst nah am eigenen Wohnort zu feiern? Ist eine Location in Flughafennähe wichtig?
- Je weiter man diesen Radius fasst, desto größer ist natürlich die Auswahl an Lokalitäten.
- Ferner sind natürlich die Gästezahl und die erste Budgetplanung (siehe Kapitel „Wie stelle ich einen Budgetplan auf?") entscheidend, um die richtige Lokalität zu finden. Zu schade, wenn man eine zu hochpreisige Lokalität gebucht hat und das Geld für den Fotografen und die Dekoration ausgeht oder man sogar das Essen reduzieren muss. Auch kann die Gästezahl nicht weiter erhöht werden, wenn man eine Lokalität gebucht hat, bei der die Kapazitätsgrenze erreicht ist.

Planen Sie daher in allen Bereichen immer einen Puffer ein.

Nun kann die erste Suche beginnen. Dabei können natürlich das Internet sowie manche Fachzeitschriften hilfreich sein. Ebenso lohnt es sich, sich im Freundes- und Bekanntenkreis umzuhören. Vielleicht kennt ja der eine oder andere einen schönen Ort. Auch viele Hochzeitsplaner bieten eine reine Lokalitätenrecherche an. Vielleicht ist das für Sie der richtige Weg, da nur Fachleute eine solche Vielzahl an Festorten kennen, die zu Ihrem Budget und Ihren Wünschen passen.

Das sollten Sie bei der Angebotseinholung beachten

Wenn Sie nun also die eine oder andere Lokalität ins Auge gefasst haben, fragen Sie am besten schriftlich an.

Folgende Punkte sollte Ihre Anfrage enthalten:

- Art der Feier: Hochzeit
- Wunschdatum oder Wunschdaten
- Anzahl der erwarteten Gäste (Sollten Sie für einzelne Bereiche der Feier eine unterschiedliche Zahl an Gästen erwarten, geben Sie das hier an, zum Beispiel mehr Gäste zum Empfang nach der Trauung, die abendliche Feier im kleineren Kreis.)
- ungefährer Ablauf
- Anzahl der gewünschten Zimmer für die Übernachtung (sofern vorhanden). Hier können Sie auch ruhig schon angeben, ob einige Zimmer eventuell bereits ab dem Vortag oder länger benötigt werden.
- Sollten Sie schon einen besonderen Saal im Haus anvisieren oder sonst besondere Wünsche haben, schreiben Sie dies hier ruhig auf.
- Wünschen Sie ein Menü oder ein Buffet? Fragen Sie nach Menü- und Buffetvorschlägen.
- Möchten Sie eine Tanzfläche im gleichen Raum haben?
- Gibt es Einschränkungen hinsichtlich der Lautstärke der Musik?
- Wünschen Sie Nebenräume für zum Beispiel Kinderbetreuung oder eine Terrasse?
- Fragen Sie genau nach der Kapazität des Raums bei unterschiedlicher Bestuhlung.
- Möchten Sie eventuell noch einen Raum für den Vorabend oder einen Brunch am Folgetag buchen?
- Erkundigen Sie sich, wie lange gefeiert werden darf.
- Ist eine freie Trauung vor Ort möglich (wenn gewünscht)?
- Welche Technik ist vorhanden? Gibt es eine Bühne?

- Gibt es besondere Kosten wie Servicemitarbeiter, die ab Mitternacht berechnet werden, Mindestumsatz, Raummiete …?
- Lassen Sie sich die allgemeinen Geschäftsbedingungen (AGB) zuschicken oder laden Sie diese von der Homepage herunter.

Im Anschluss vergleichen Sie die diversen Angebote und bauen Sie diese möglichst in Ihre erste Kostenkalkulation ein, um zu sehen, welches Angebot Ihnen zusagt. Vielleicht gibt es auch noch ganz neue Kosten, auf die Sie durch die Angebote gekommen sind.

Kapazität der Festsäle

Noch ein wichtiger Punkt ist die Kapazität der Festsäle. In der Regel geben die Lokalitäten die maximale Raumkapazität in ihren Unterlagen an. Hat ein Hotel also einen Saal für 100 Personen, so heißt das, dass bei 100 Gästen der Raum wirklich ganz voll ist und kein Platz mehr für Buffet und Tanzfläche bleibt. In der Regel wird dann auch recht eng bestuhlt. Sollten Sie also Buffet und Tanzfläche wünschen, werden Sie wahrscheinlich mit höchstens 70 bis 80 Gästen in diesem Saal feiern können. Optimal wären vielleicht 50 bis 60 Personen, vor allem, wenn eine Band spielen soll.

Es lohnt sich, auch nach der Bestuhlung zu fragen. Manche Kapazitäten werden mit runden Tischen, manche an eckigen Tafeln angegeben. An runden Tischen passen weniger Gäste in einen Saal als an langen Tafeln. Manche Lokalitäten haben ausschließlich runde oder nur eckige Tische.

Zur Übernachtung lesen Sie bitte auch das Kapitel „Hotelunterbringung".

Was ist bei der ersten Besichtigung zu beachten?

- Vereinbaren Sie auf jeden Fall einen Termin mit jemandem, der Ihnen alles zeigen kann.
- Scheuen Sie sich nicht, sich alle Bereiche des Hauses zeigen zu lassen – wie zum Beispiel auch Zimmer für die Übernachtung –, die für Sie wichtig sein könnten, sowie Nebenräume für Kinderbetreuung, den Begrüßungsabend am Vortag o. Ä.
- Bringen Sie Vorstellungsvermögen zur Besichtigung mit. Auch wenn der Saal nicht möbliert und dekoriert ist, sollten Sie überlegen, ob Sie etwas daraus machen können. Optimalerweise ist der Festsaal bereits ähnlich bestuhlt bei der Besichtigung wie bei Ihrer Hochzeit, sodass Sie sich genauer vorstellen können, wie es aussehen könnte.

© Celebrations

- Stellen Sie alle Fragen, die vielleicht noch bei der Angebotsstellung offengeblieben sind.
- Oft ist es auch hilfreich, die Toiletten anzusehen. Nicht nur in Bezug auf Sauberkeit und Ausstattung, sondern auch in Bezug auf zum Beispiel behinderte Gäste oder die Braut, die mit ihrem Kleid eventuell eine große Toilette benötigt. Wenn Sie vorhaben, in den Waschräumen etwas Dekoration und/oder Hygieneartikel auszulegen, ist es gut zu wissen, wie viel Platz dafür vorhanden ist. In manchen Häusern muss man sich die Toiletten zudem eventuell mit den Gästen des Restaurants oder einer anderen Festgesellschaft teilen.
- Fragen Sie auch vor Ort noch mal genau nach, bei welcher Bestuhlung inkl. Buffet und Tanzfläche wie viele Gäste in den Saal passen.
- Beachten Sie, ob der Festsaal über genügend Lüftungsmöglichkeiten und bestenfalls über eine Klimaanlage verfügt. Für Sie und Ihre Gäste kann das schönste Hochzeitsfest ruiniert werden, wenn es zu warm ist. So können Sie nämlich weder das Essen genießen noch brauchen Sie auch nur einen Gedanken an eine lange und tanzfreudige Party zu verschwenden.
- Ebenso verhält es sich mit Heizmöglichkeiten. Ihre Gäste sollten nicht frieren. Gerade in einer Scheune oder einem historischen Haus sollten Sie dies prüfen und einen Plan B aufstellen (zum Beispiel Heizstrahler oder Wolldecken).

So klappt die Kommunikation

Halten Sie am besten immer alles schriftlich fest. Ganz wichtig ist auch die erste Buchung. Manche Lokalitäten erstellen automatisch einen Vertrag oder zumindest eine schriftliche Bestätigung. Bei manch anderen muss man ein wenig mehr hinterher sein – dann kann man auch selbst eine kurze Bestätigung schreiben und diese vom Ansprechpartner gegenzeichnen lassen.

Wichtig sind hierbei:

- Datum,
- ungefähre Anzahl der Gäste,
- ungefährer Ablauf,
- Welcher Raum bzw. welche Räume sind von wann bis wann reserviert?
- sowie alle weiteren entscheidenden Dinge, die jetzt schon stehen, wie zum Beispiel Zimmer oder andere Absprachen,
- Kosten.

||| **Gleichzeitige Buchungen**

Achten Sie, bevor Sie fest buchen, darauf, dass Sie auch einen Termin für die kirchliche und/oder standesamtliche Trauung am gleichen Tag bekommen. Nutzen Sie die Möglichkeit, die die meisten Lokalitäten bieten, Ihr Hochzeitsdatum für Sie für mindestens eine Woche zu optionieren.

Es wäre doch schade, wenn Sie bereits Ihren Trauungstermin fest gebucht haben und Ihre Lieblingslokalität an diesem Tag ausgebucht ist. Umgekehrt kann es an beliebten Daten und in gefragten Standesämtern oder Kirchen passieren, dass auch diese frühzeitig vergeben sind (manche Standesämter können auch schon früher als sechs Monate vorreserviert/Trauungen können „mit Bleistift eingetragen" werden).

Gibt es „die" Traumlocation?

Abschließend möchten wir Sie darauf hinweisen, dass die Locationsuche ein wenig wie die Wohnungssuche ist. Die absolute Traumwohnung kann man sich oft nicht leisten oder sie ist einfach aktuell nicht frei oder nicht in der richtigen Stadt. Manchmal gibt es das, was man sich erträumt, einfach genau so nicht. Selbiges kann einem leider auch bei den Lokalitäten passieren. Deswegen empfehlen wir Ihnen, dass Sie sich ein wenig frei machen von allzu hochgesteckten Träumen.

Fast jede Lokalität hat gewisse Nachteile. Wichtig ist, dass Sie sich überlegen, welche für Sie gravierend sind und mit welchen Sie vielleicht eher leben können. Bei der Wohnung nimmt man ja dann auch oft zum Beispiel die ohne Balkon zugunsten der Lage oder die etwas kleinere zugunsten des Preises.

Feiern im Freien

Viele Paare träumen davon, unter freiem Himmel zu feiern. Ob im romantischen Apfelhain, im idyllischen Schlosspark oder vielleicht sogar im eigenen Garten. Dabei gibt es ziemlich viel zu beachten.

- Ausweichmöglichkeit für schlechtes Wetter (Zelt oder Innenraum): Auch ein Regen, der bis zum Beginn Ihres Festes aufgehört hat, wird voraussichtlich den Aufbau so beeinträchtigen, dass dieser nicht mehr wie geplant durchzuführen ist. Manchmal reicht schon ein kleiner Schauer und die Tischdecken sind nass und alle Gläser mit Regenwasser gefüllt. Das müsste alles wieder ausgetauscht werden.
- Sonnenschutz/Schattenspender: Wenn Sie und Ihre Gäste lange sitzen müssen, zum Beispiel bei einer Trauung im Freien, ist es angenehmer, wenn Sie das nicht in der prallen Sonne tun müssen. Selbiges gilt aber natürlich auch für Kaffeetrinken, Abendessen etc.
- Schutz vor kühlen Temperaturen: Am späteren Abend kann es empfindlich kühl werden. Denken Sie dann zum Beispiel an ein Zelt, Ausweichmöglichkeiten auf einen Innenraum oder Heizstrahler und Decken.

Gegebenheiten vor Ort

Lassen Sie den Zeltbauer auf jeden Fall die Gegebenheiten vor Ort besichtigen (es sei denn, er kennt sie bereits sehr genau), damit er Anlieferungsmöglichkeiten, Bodenbeschaffenheiten, vorhandenen Platz und weitere Gegebenheiten genau prüfen kann. Anderenfalls riskieren Sie böse Überraschungen, wenn es vielleicht schon zu spät ist. Es gilt sowohl den vorhandenen Platz für das Zelt als auch die Möglichkeiten der Anlieferung und den Platz für die Aufbauarbeiten zu prüfen.

Diese Aufbaubedingungen gelten natürlich nicht nur für das Zelt, sondern auch für die Bestuhlung, das Catering etc.

||| **Zelte frühzeitig buchen**

Oft werden wir gefragt, ob man es auch einfach drauf ankommen lassen und das Zelt für die Feier im Garten erst kurzfristig bestellen kann. Grundsätzlich würden wir Ihnen davon eher abraten. Das Wetter lässt sich in der Regel nur wenige Tage vorher richtig vorhersagen. Dann besteht die Gefahr, dass der Zeltbauer keine Zelte mehr verfügbar oder auch so kurzfristig keine Mitarbeiter mehr für den Auf-/Abbau frei hat.

Timing für den Zeltauf- und -abbau

Fragen Sie vorab nach, ob ein Zeltaufbau erlaubt ist, und koordinieren Sie auch die notwendigen Auf- und Abbauzeiten. Für ein Festzelt sollten Sie mindestens einen Auf- und einen Abbautag einplanen. Manche Zeltbauer bauen nicht an Sonn- und Feiertagen ab oder berechnen dafür hohe Zusatzgebühren, sodass es sich vielleicht lohnt, das Zelt bis zum nächsten Werktag stehen zu lassen. Auch der Aufbau sollte genau geklärt werden. Oft wird für die Einrichtung der Bestuhlung und des Caterings ein ganzer Tag vor dem Fest geplant, sodass das Zelt noch einen Tag früher stehen muss.

Für jeden zusätzlichen Tag fallen in der Regel Zusatzgebühren bei der Lokalität an. Diese sollten frühzeitig geklärt und kalkuliert werden.

Planen Sie für alles immer auch den Abbau mit ein. Dieser wird allzu oft vernachlässigt. Dazu gehören der Abbau und Abtransport aller Materialien und Gerätschaften. Klären Sie genau, wer wann was abholt und wer eventuell vor Ort unterstützend für Fragen zur Verfügung steht.

Platzbedarf

Wenn Sie ein Angebot vom Zeltbauer einholen, lassen Sie sich bei der Größe des Zeltes beraten. Berechnen Sie auch den benötigten Platz für

- Musik (DJ oder Band)
- Tanzfläche
- Bühne
- Geschenketisch
- Bereich mit Stehtischen für zum Beispiel den Sektempfang
- wenn nötig eine Überdachung des Caterings (für Küche, Lager, Aufbau)
- ein Vorzelt als Windfang, damit – falls es kalt wird – die eventuell mühsam mit Heizung geschaffene Wärme nicht so schnell entweichen kann
- Garderobe

Zeltboden

Ein wichtiger Bereich des Zeltes ist der Boden. Je nach Untergrund vor Ort, Wetterbedingungen und Stil des Festes kann man sich diesen aber manchmal sparen.

Weitere Ausstattungen

Oft werden vom Zeltbauer zusätzliche Dinge angeboten oder Sie müssen sich überlegen, diese separat anzumieten, z. B.:

- Fenster bzw. komplett durchsichtige Seitenplanen
- Türen
- durchsichtige Dächer und Giebel
- zusätzliche Verkleidungen für Gestänge und Zeltwände/-decken etc.
- Heizung
- Beleuchtung
- Toiletten

Ob Sie diese benötigen, hängt – wie so oft – vor allem von Ihrem Budget und Ihren Wünschen ab.

Beleuchtung

Wie schon vorab erwähnt, ist das Licht im Zelt, aber auch außerhalb sehr wichtig. Kerzenbeleuchtung alleine reicht in der Regel nicht, wenn es abends dunkel ist. Planen Sie ruhig ein paar hängende Leuchter (optimalerweise dimmbar) und/oder sogenannte Par-Scheinwerfer, auch Floorspots genannt, ein. Diese können am Rande des Zeltes farbig leuchten. Zusätzlich können sie auch sehr schön unter den Bäumen und Büschen stehen und die Blätter anstrahlen. Das gibt dem Außenbereich noch etwas mehr Tiefe und eine schöne Atmosphäre.

Diese Art der Beleuchtung können Sie entweder beim Zeltbauer mieten, eventuell können auch der DJ bzw. die Band hier weiterhelfen.

Man unterscheidet zwei Arten von Floorspots: Die klassischen Par-Floorspots sind groß, werden sehr heiß, benötigen relativ viel Strom und können mit Farbfolien passend zur Dekoration versehen werden, sodass das Licht in der entsprechenden Farbe zum Beispiel die Zeltwand bis zur Decke beleuchtet. Da sie sehr heiß werden, muss man darauf achten, dass sie nicht zu nah an brennbaren Materialien wie Stoffen, Zeltplanen, Blättern von Bäumen o. Ä. stehen.

LED-Leuchten sind wesentlich teurer als die klassischen Par-Floorspots. Dafür sind sie aber viel flexibler einsetzbar. Die Farben können noch genauer der Dekoration angepasst werden, sie nehmen weniger Platz weg, benötigen wenig Strom und werden auch nicht heiß, sodass man diese Beleuchtung näher an Sitzplätzen und Durchgängen aufstellen kann. Allerdings können sie nicht im Freien genutzt werden. Auch haben Sie nicht so viel Power, sodass sie bei höheren Decken nicht bis an die Decke strahlen können.

Heizung

Auch im Sommer wird es abends oft so kühl, dass besonders die Damen in leichter Kleidung schnell frieren. Dann empfiehlt es sich, Heizmöglichkeiten zumindest in Reserve zu halten. Es gibt die bekannten Heizpilze, die mit Gas beheizt werden. Diese sind zwar nicht sehr schön, können aber am besten genutzt werden, um ganz gezielt an

einer Stelle – da wo Tante Anna sitzt und fröstelt oder im Eingangs-
bereich des Zeltes – eingesetzt werden. Da diese Heizstrahler in der
Regel Rollen haben und relativ leicht zu bewegen sind, kann man sie
auch bis zu ihrem Einsatz an einem wenig einsehbaren Ort verstecken.
Viele Servicemitarbeiter können mit Heizpilzen umgehen und diese
bei Bedarf zum Einsatz bringen. Gerade in der kühlen Jahreszeit reichen die Heizpilze oft nicht aus, dann ist eine richtige Heizung ratsam.
Es gibt transportable Heizungsanlagen, die man mieten kann.

Toiletten

Sollte es vor Ort keine Toiletten geben, müssen diese separat ange-
mietet werden. Manche Zeltbauer und Getränkehändler haben sie im
Angebot, auch gibt es Firmen, die sich ausschließlich auf die Vermie-
tung von Toilettenkabinen, Toilettenwagen bzw. Toilettencontainern
spezialisiert haben. Welche Variante für Sie die richtige ist, hängt vor
allem von Ihrem Budget und Ihren Ansprüchen ab.

Strombedarf

Der Strombedarf bei Feiern im Freien oder auch an anderen Orten ist
nicht zu unterschätzen. Klären Sie daher genau vorab, welcher Liefe-
rant wie viel Strom für seine Geräte benötigt und wie viel Strom vor
Ort vorhanden ist.

Mietmobiliar und Geschirr

Es gibt heutzutage fast kein Mobiliar, welches nicht irgendwo zur
Miete erhältlich ist. Von den klassischen Banketttischen über Stehtische bis hin zu orientalischen Sitzgelegenheiten und antiken Tischen.
Immer beliebter sind Loungemöbel, die mit Sesseln und Sofas gemütliche Sitzecken bieten. Wir empfehlen Ihnen, möglichst sämtliches
Mobiliar von einem Lieferanten zu beziehen, um unnötige Transport-
kosten zu vermeiden.
Denken Sie, wenn Sie in einer leeren Lokalität bzw. im Zelt feiern,
auch frühzeitig an alle zusätzlichen Tische wie Garderobe- und

Geschenketisch, Buffettische, eventuell einen Tisch für den DJ sowie Tische für die Vorbereitungen und Lagerhaltungen des Caterers.

Wenn Sie alles zusätzliche Equipment anmieten müssen, gibt es viel zu bedenken und zu kalkulieren. Jeder Tisch, auch der Garderoben-, der Geschenke- und alle Buffettische, benötigt eine Tischdecke.

Geschirr, Besteck und Gläser müssen in ausreichender Menge vorhanden sein. Gerade wenn vor Ort nicht gespült werden kann bzw. keine Zeit zum Spülen besteht, müssen Sie genügend Gläser einkalkulieren. Je nach Länge der Feier und der Trinkgewohnheiten empfehlen wir mindestens drei Gläser pro Sorte. Bedenken Sie alle Getränke, die Sie servieren möchten, vom Softgetränk über Wein, Bier und Sekt bis hin zum Schnaps. Je nachdem, wie oft die Gäste zwischen Sektempfang, Kaffeetrinken, Abendessen und Party ihren Platz wechseln, nutzen sie immer wieder ein neues Glas. Auch aufmerksame Servicemitarbeiter, die regelmäßig die Gläser wegräumen, verursachen mehr Geschirr zum Spülen bzw. die Notwendigkeit eines größeren Vorrats an Gläsern.

Wenn Sie für zum Beispiel ein mehrgängiges Menü oder ein Buffet die Tische eindecken, überlegen Sie, welches und wie viel Besteck pro Gast Sie eindecken möchten bzw. welche und wie viele Teller Sie benötigen. Für ein mehrgängiges Menü fallen schnell Vorspeisenmesser und -gabeln, Hauptgangmesser und -gabeln, Dessertlöffel und -gabeln sowie die entsprechenden Teller für jeden Gang an. Vielleicht gibt es auch eine Suppe und/oder ein Mitternachtsbuffet? Haben Sie Kuchen am Nachmittag samt Kaffee geplant? Für alle diese Speisen und Getränke müssen Sie das notwendige Besteck und Geschirr bereithalten.

Falls Sie keinen Caterer beauftragen, müssen Sie auch an Tabletts, Korkenzieher und sonstiges Equipment für den Service denken. Aschenbecher werden ebenfalls gerne vergessen.

||| **TIPP:** Denken Sie auch an den Platz, an dem diese Mengen an Gläsern, Geschirr und sonstigem Equipment gelagert werden müssen.

Die Trauung

Sie haben sich entschieden zu heiraten und stehen nun vor der Entscheidung, wie und wo Sie sich trauen lassen möchten. Den Kern des schönsten Tages in Ihrem Leben bildet Ihre Trauung. Ihnen stehen unterschiedliche Möglichkeiten offen, sich gegenseitig Ihr Jawort zu geben.

Laut Gesetz müssen Sie sich in einem Standesamt oder einer offiziellen Außenstelle trauen lassen, damit Ihre Ehe rechtlich anerkannt wird. Als gleichgeschlechtliches Paar haben Sie die Möglichkeit, eine Lebenspartnerschaft einzugehen. Im Folgenden wird die gleichgeschlechtliche Lebenspartnerschaft gleichgesetzt mit der standesamtlichen Eheschließung zwischen Mann und Frau. Rechtliche Erläuterungen finden Sie im Kapitel „Notwendiges & Rechtliches".

Um vor Gott als Mann und Frau verheiratet zu sein, muss die Trauung in einer Kirche bzw. auf geweihtem Boden stattfinden, egal ob evangelisch, katholisch oder ökumenisch.

Heutzutage sind Sie nicht mehr verpflichtet, erst standesamtlich und anschließend kirchlich zu heiraten. Nach dem Personenstandsgesetz, das im Januar 2009 in Kraft getreten ist, können Sie Ihre Trauung im Standesamt nun auch nach der in der Kirche feiern. Sie können sich also zuerst Ihr Jawort vor Gott geben und dann später den rechtlichen Part der Trauung begehen. Beide Trauungen stehen rechtlich nebeneinander. Früher war das anders, da musste immer zuerst der Gang zum Standesamt stattfinden. Rechtlich verbindlich ist eine rein kirchliche Trauung allerdings nicht.

In der Schweiz ist die kirchliche Trauung nur möglich, wenn Sie zuvor die Zivilehe auf dem Zivilstandsamt eingegangen sind. In Österreich sind rein kirchliche Eheschließungen zwar möglich, dürfen allerdings nur mit einer bischöflichen Erlaubnis geschlossen werden.

Wenn Sie beide keiner Glaubensgemeinschaft angehören und dennoch eine Zeremonie für Ihr Lebensversprechen wünschen, können Sie sich von einem freien Theologen oder Trauredner begleiten lassen.

Die standesamtliche Trauung

Um rechtlich als Ehemann und Ehefrau verheiratet zu gelten, führt kein Weg am Standesamt vorbei.

Die Wahl des Standesamtes

Grundsätzlich ist für Ihre Eheschließung das Standesamt zuständig, in dessen Stadt zumindest einer von Ihnen seinen Wohnsitz hat.

Früher bestellte man das „Aufgebot", um sich zur Hochzeit anzumelden. Hierbei handelte es sich um die Öffentlichmachung der Absicht zu heiraten. In dem jeweiligen Standesamt wurden Anmeldungen zur Eheschließung öffentlich ausgehängt. Der Grund bestand darin, dass Ehehindernisse ausgeschlossen werden sollten, zum Beispiel eine noch nicht erreichte Volljährigkeit (bei gleichzeitig fehlender Zustimmung der Erziehungsberechtigten), eine bereits geschlossene und noch bestehende Ehe, eine Verwandtschaft oder ein Ordensgelübde. Mit der Bestellung des Aufgebotes ist formal die heutige „Anmeldung zur Eheschließung" gleichzusetzen. Die Überprüfung von Ehehindernissen hat die zuständige Behörde vorzunehmen. Heute geht dies recht schnell, da die Standesämter untereinander gut vernetzt sind. Einen Aushang gibt es nicht mehr.

Zur Anmeldung ist Ihr persönliches Erscheinen erforderlich. Ist einer von Ihnen verhindert, können Sie Ihren Partner bevollmächtigen, die Eheschließung anzumelden. Das Vollmachtsformular können Sie in der Regel von der Homepage Ihres Standesamtes herunterladen.

Ihre Eheschließung können Sie frühestens sechs Monate vor dem von Ihnen gewünschten Termin anmelden.

Folgende Unterlagen sollten Sie bei der Anmeldung Ihrer Eheschließung in der Regel bei sich haben, wenn Sie beide volljährig, im Besitz
der deutschen Staatsangehörigkeit sind und bisher noch nicht verheiratet oder verpartnert waren:

- Gültiger Personalausweis oder Reisepass. Die Vorlage eines gültigen
  Ausweisdokumentes ist sowohl bei der Anmeldung zur Eheschließung als auch bei der Eheschließung selbst nötig. Bitte denken Sie
  auch daran, dass Ihre Trauzeugen sich am Tag Ihrer Trauung ebenfalls ausweisen müssen.
- Eine beglaubigte Ablichtung des Geburtsregisters, die nicht älter
  als sechs Monate ist. Diese können Sie auch telefonisch oder per
  E-Mail anfordern. Zuständig ist die Stadt, in der Ihre Geburt gemeldet wurde.
- Falls Sie bereits gemeinsame Kinder haben, benötigen Sie die Geburtsurkunde Ihrer gemeinsamen Kinder.
- Eine Aufenthaltsbescheinigung Ihres Hauptwohnsitzes. Diese ist
  nötig, wenn Sie nicht in der Stadt des Standesamtes gemeldet sind,
  in dem Sie heiraten. Diese Bescheinigung stellt die Meldebehörde
  Ihres Hauptwohnsitzes aus.
- Eventuell eine Urkunde, wenn Sie Ihren Titel eintragen lassen
  möchten (Diplom, Promotion, Magister).

In einigen Fällen müssen Sie weitere Unterlagen vorlegen:

- Wenn Sie bereits verheiratet oder verpartnert waren, müssen Sie
  zusätzlich eine beglaubigte Kopie des Eheregisters Ihrer letzten Ehe
  mit Auflösungsvermerk beziehungsweise die Partnerschaftsur-
  kunde mit Auflösungsvermerk vorlegen. Ausgestellt werden diese
  Nachweise in dem Standesamt Ihres Heiratsortes. Die Ablichtung
  aus dem Partnerschaftsbuch stellt das Standesamt oder die Behörde
  aus, in dem Ihre Partnerschaft eingetragen wurde.
- Wenn Ihre Ehe oder Partnerschaft noch nicht im Eheregister oder
  Partnerschaftsbuch ausgetragen ist, weil sie erst kürzlich aufgelöst
  wurde, können Sie neben der Kopie des Eheregisters bzw. der Part-

nerschaftsurkunde auch das Scheidungsurteil mit Rechtskraftvermerk vorlegen.

■ Besitzt einer von Ihnen eine ausländische Staatsbürgerschaft, ist eine vorherige persönliche Beratung im Standesamt nötig. Sämtliche Dokumente müssen vor der Anmeldung zur Trauung beglaubigt und ins Deutsche übersetzt werden. Hierdurch kann eine zeitliche Verzögerung eintreten, die Sie unbedingt einplanen sollten.

Das jeweilige Standesamt gibt Ihnen gerne Auskunft, welche Papiere Sie vorlegen müssen. Die meisten Standesämter veröffentlichen die Informationen auch auf ihrer Homepage.

Die standesamtliche Ehe kann nicht an jedem Ort geschlossen werden. Es ist zum Beispiel nicht möglich, einen Standesbeamten in jede beliebige Feierlocation oder zu sich nach Hause zu bestellen. Trauen lassen können Sie sich in einem Raum des Standesamtes oder einer offiziellen Außenstelle. Hierzu mehr im nächsten Kapitel.

Sie können sich aber auch im Standesamt einer anderen Stadt trauen lassen. In dem Fall melden Sie Ihre Trauung in Ihrem zuständigen Standesamt an. Ein Mitarbeiter wird dann mit Ihnen besprechen, wie Sie vorzugehen haben.

||| **TIPP:** Sie haben die Möglichkeit, ab ca. acht Wochen vor der Eheschließung im Standesamt Ihre neuen Pässe zu beantragen. Hierfür benötigen Sie ein biometrisches Passfoto. Sie können sich dann direkt im Anschluss an Ihre Trauung die neuen Ausweise aushändigen lassen. Dies ist insbesondere sehr praktisch, wenn Sie kurz nach Ihrer Trauung unter neuem Namen in die Flitterwochen starten möchten. Beachten Sie daher also unbedingt, unter welchem Namen Sie Ihre Hochzeitsreise buchen. Denn nur mit identischem Namen werden Sie problemlos reisen können.

Die Gebühren

Die anfallenden Gebühren für Ihre standesamtliche Trauung variieren je nach Standesamt, benötigten Urkunden und Variationen wie zum Beispiel spezieller Raumnutzung oder der Uhrzeit der Trauung. Die Anmeldegebühren betragen circa 40 Euro. Ist einer von Ihnen nicht im Besitz der deutschen Staatsangehörigkeit, erhöht sich die Gebühr auf 66 Euro.

Die Kosten für Urkunden und ein Familienstammbuch belaufen sich auf ca. 40 bis 60 Euro. Ein solches Stammbuch können Sie kaufen, müssen es aber nicht. Dorthinein werden die Heiratsurkunde und später die Geburtsurkunden der Kinder abgeheftet (nicht zu verwechseln mit dem Familienbuch, das in dem Standesamt geführt wird, in dem Ihre Eltern geheiratet haben).

Spezielle Raumnutzungsgebühren können anfallen, ebenso wie Gebühren für eine Trauung außerhalb der regulären Öffnungszeiten eines Standesamtes.

Über die zusätzlichen Gebühren für die Trauung in einer Außenstelle sollten Sie sich ebenfalls jeweils gezielt informieren. Hierfür können durchaus mehrere Hundert Euro anfallen. Eine Anmeldegebühr fällt aber auch in Ihrem Standesamt an, wenn Sie an einem anderen Ort heiraten. In diesem Fall zahlen Sie also doppelt.

Am Tag Ihrer Trauung sollten Sie sich rechtzeitig vor Traubeginn im Standesamt einfinden, um sich und Ihre Trauzeugen kurz anzumelden. Planen Sie hierfür ca. zehn Minuten ein.

Trauung in der Schweiz

Frühestens vier Monate und spätestens einen Monat vor Ihrem gewünschten Hochzeitstag reichen Sie die notwendigen Unterlagen bei dem Zivilstandsamt ein. Dort erfolgt dann die Ermittlung der Ehefähigkeit. Ist diese festgestellt und schriftlich bestätigt, können Sie sich frühestens zehn Tage später und spätestens drei Monate später trauen lassen. Wenn Sie außerhalb Ihres zuständigen Kantons heiraten möchten, benötigen Sie eine Trauungsermächtigung. Trauzeugen sind in der Schweiz Pflicht.

Gestaltung und Möglichkeiten der standesamtlichen Trauung

Der Wunschtermin

Bei der Auswahl des Wunschtermins sollten Sie bedenken, dass Schnapszahlen oft sehr beliebte Hochzeitstage sind, so zum Beispiel der 4.4., 10.10. oder 12.12. Einige Brautpaare haben die Nacht vor dem möglichen Anmeldetermin sogar vor dem Rathaus verbracht, um möglichst ihr Wunschdatum samt Uhrzeit reservieren zu können. So zum Beispiel für die Trauung am 11.11.2011 in Köln (Karnevalsbeginn).

Aber auch Freitage und Samstage (wenn sie von Ihrem Standesamt angeboten werden) sind insbesondere in den Sommermonaten heiß begehrt. Aus dem Grund raten wir Ihnen, sich frühzeitig in Ihrem Standesamt zur Anmeldung Ihrer Eheschließung einzufinden.

Bereits kurz vor oder zu den Öffnungszeiten sollten Sie vor Ort sein, wenn Ihnen ein bestimmter Tag am Herzen liegt. Die Möglichkeit an einem Samstag zu heiraten, sollten Sie individuell prüfen, denn nicht alle Standesämter bieten samstags Trauungen an, eventuell auch nur an einem Samstag im Monat.

Die Uhrzeit

Auch hinsichtlich der Uhrzeit sollten Sie sich im Vorfeld Gedanken machen. Eine Trauung bereits um 8 Uhr morgens kann Stress verursachen, bedenkt man den Zeitaufwand für das Styling, die Anfahrt etc. am Hochzeitstag. Wenn Sie die Möglichkeit haben, die Zeit der Trauung mit Ihrer persönlichen Vorstellung der kompletten Tagesgestaltung in Einklang zu bringen, ist es ratsam, für die Anmeldung im Standesamt früh aufzustehen.

Der Trausaal

Prüfen Sie die Größe des Trausaals. Er sollte groß genug sein, um Ihre Gäste unterbringen zu können. Benötigen Sie behindertengerechte Räumlichkeiten? Gibt es ausreichende Parkplätze vor Ort? Können Sie mit Ihrem Brautauto vorfahren? Diese Fragen sollten Sie vorab prüfen. Anderenfalls haben Sie alternativ auch die Möglichkeit, den Service einer Außenstelle oder gar ein ganz anderes Standesamt zu nutzen.

Je nach Stadt gibt es zahlreiche wunderschöne und außergewöhnliche Außenstellen, wie zum Beispiel Schlösser, Burgen, Leuchttürme, städtische Zoos, Schiffe. Eine Liste der möglichen Außenstellen erhalten Sie in dem Standesamt Ihrer Stadt. Gute Informationsmöglichkeiten bietet oftmals auch das Internet.

Bedenken Sie, dass Sie nicht an jedem beliebigen Wunschort heiraten können. Eine standesamtliche Trauung bedarf eines eigens hierfür vorgesehenen Raumes, der notwendigerweise überdacht ist und vier Wände hat. Trauungen unter freiem Himmel sind nur in wenigen Ausnahmefällen erlaubt. Einige Locations organisieren inzwischen solche Trauungen im Freien in Absprache mit dem jeweils zuständigen Standesamt.

Dass ein Pilot eine Trauung vornehmen darf, ist ein Mythos. Ebenso ist die Trauung durch einen Kapitän oder einen Arzt keine rechtlich anerkannte Eheschließung.

Die standesamtliche Trauung

Die Dauer einer standesamtlichen Trauung beträgt in der Regel zwischen zehn und 20 Minuten. Dies variiert je nach Standesbeamtem und Standesamt.

Der Ablauf sieht so aus, dass der Standesbeamte zuerst Ihre Personalien aufnimmt und Sie fragt, ob sich seit Ihrer Anmeldung Umstände ergeben haben, die Ihrer Eheschließung entgegenstehen. Hierauf folgt eine Traurede, in die auch persönliche Details zum Brautpaar einfließen können. Der Standesbeamte fragt Sie nacheinander, ob Sie die Ehe miteinander eingehen möchten. Mit Ihrem Jawort sind Sie dann rechtmäßig verbundene Eheleute. Sie unterschreiben die Heiratsurkunde, ebenso Ihre Trauzeugen (falls Sie welche haben).

Bitten Sie den Standesbeamten vorab um ein Traugespräch, in dem Sie mit ihm einige individuelle Details besprechen, die in der Trauung wieder aufgenommen werden könnten. Erzählen Sie dem Standesbeamten, wann und wie Sie sich kennengelernt haben, nennen Sie Ihre Gemeinsamkeiten, was Sie und Ihre Beziehung ausmacht. Sollte Ihr zuständiges Standesamt zum Beispiel aus Zeitgründen oder Personalengpässen keine Gelegenheit zu einem persönlichen Gespräch bieten können, schreiben Sie Ihrem Standesbeamten eine E-Mail mit den wichtigen Details und Informationen.

Dekoration & Musik

Wenn Sie die Dekorationen des Trausaals selbst mitgestalten möchten, sprechen Sie vorab das Standesamt an, ob und inwiefern dies möglich ist. Hierbei sollten Sie bedenken, dass oftmals mehrere Trauungen zeitlich eng hintereinander getaktet werden, sodass gerade Zeit für den Wechsel der Traugesellschaften bleibt und nicht ausreichend Zeit für die Raumdekoration. Dekorationsanregungen und Ideen finden Sie im Kapitel „Dekorationen".

Auch sollten Sie sich bei Ihrem Standesamt informieren, ob das Streuen bzw. Werfen von Reis, Konfetti oder Blüten erlaubt ist. Eine schöne Alternative bieten auch Seifenblasen (Wedding Bubbles). Beispielsweise könnten sich Ihre Gäste mit einem Rosenspalier aufstellen. Wenn Sie durchgehen, können Wedding Bubbles geblasen werden. Die Effekte auf Fotos sind sehr schön.

So wie Sie sich mit Ihrem Standesamt hinsichtlich individueller Blumendekorationen abstimmen können, sollten Sie auch vorab klären, ob Sie einen Musiker einbringen dürfen. Eine musikalische Einlage wird von den meisten Standesbeamten dann zeitlich in den Ablauf eingeplant.

Wenn Sie einen Sektempfang vor dem Standesamt planen, sollten Sie sich hierzu ebenfalls über die Möglichkeiten vor Ort erkundigen. Beachten Sie, dass bei Stoßzeiten (insbesondere samstags) viele Trauungen hintereinander stattfinden und Sie nicht die einzige Hochzeitsgesellschaft sind, die dieses wunderbare Ereignis feiern möchte.

Die kirchliche Trauung

Das Jawort am Traualtar in der Kirche ist für viele Menschen der wichtigste Teil ihrer Hochzeit. Je nach Konfession sind Sie entweder bereits auf die Glaubensrichtung festgelegt oder aber haben die Wahl zwischen einem katholischen, evangelischen oder ökumenischen Traugottesdienst.

Traditionell wird die Kirche der Heimatgemeinde der Braut für die Trauung ausgewählt. Natürlich können Sie aber auch in der Kirche der Heimatgemeinde des Bräutigams oder einer anderen Kirche heiraten, wenn der ortsansässige Pfarrer seine Zustimmung gibt. Sehen Sie sich so früh wie möglich nach der Kirche um, in der Sie heiraten möchten, und sprechen Sie rechtzeitig mit dem Pfarrer Ihrer Gemeinde. Die Entsendung in eine andere Gemeinde müssen Sie in jedem Fall mit Ihrer Gemeinde abklären. Bei der Wahl einer Kirche für Ihre Trauung sollten Sie auch die Größe der Kirche beziehungsweise die Ihrer Hochzeitsgesellschaft im Auge behalten. Entscheidend für Ihre Planung (siehe auch das Kapitel „Hochzeits- & Ablaufplanung: die ersten Schritte") ist auch der Wochentag, den Sie für Ihre Trauung wählen. In der Regel finden Trauungen samstags statt.

© Marco Bräunig

Voraussetzungen, Anmeldung, Traugespräch, Gottesdienstablauf

Zur Anmeldung Ihrer Trauung wenden Sie sich an den Pfarrer Ihrer Gemeinde. Besprechen Sie mit ihm, welche Unterlagen er von Ihnen im Einzelfall wünscht.

Folgende Dokumente benötigen Sie grundsätzlich für Ihre Eheschließung:

- Gültiges Ausweisdokument: Personalausweis oder Reisepass
- Meldebescheinigung
- Taufbescheinigung und/oder Ledigennachweis (dieser ist in der Taufbescheinigung enthalten, wird sonst auch vom Standesamt ausgestellt)
- Firmungszeugnis/Konfirmationsbescheinigung
- Dimissoriale oder Zäsion (wenn Sie evangelisch sind)/Entlassschein oder Traulizenz (wenn Sie katholisch sind): Hierbei handelt es sich

um die Erlaubnis Ihrer Gemeinde, sich in einer anderen Gemeinde trauen zu lassen.

■ Delegation: Die Erlaubnis Ihres Pfarrers, die Trauung von einem anderen Pfarrer durchführen zu lassen.

Früher war die standesamtliche Eheschließung eine Voraussetzung für die kirchliche Trauung, seit Änderung des Personenstandsgesetzes im Jahr 2009 geht es jetzt auch andersherum.

Das Traugespräch

Wenn Kirche und Termin für Ihre Trauung feststehen, ist es ratsam, mit dem Pfarrer ein persönliches Traugespräch zu führen. Der Pfarrer wird Sie beide als Paar gemeinsam erleben und kennenlernen wollen, mit Ihnen über den Sinn der Ehe und auch über den Ablauf des Gottesdienstes sprechen. Damit der Pfarrer in Ihre Trauung Persönliches über Sie beide einbringen kann, sollten Sie ihm neben Ihrem gewählten Trauspruch auch Wesentliches über sich als Paar erzählen.

Eventuell wird der Pfarrer wünschen, dass Sie ein Ehevorbereitungsseminar besuchen. In diesem Seminar werden Inhalte wie die Ehe, Partnerschaft, Familie oder der Umgang mit Konflikten in der Ehe thematisiert.

Fragen zur Trauung

Besprechen Sie mit Ihrem Pfarrer unter anderem die folgenden Details für Ihre Trauung:

■ Wie stellen Sie sich den Einzug der Braut oder der Brautleute und die Musikauswahl vor?

■ Wird der Organist der Gemeinde die Orgel spielen?

■ Wer gibt dem Organisten das Zeichen für den Beginn?

■ Wünschen Sie – falls katholisch – einen Wortgottesdienst oder eine heilige Messe?

■ Welche Gestaltungsfreiheiten des Gottesdienstes haben Sie als Brautpaar?

- Wie viele Gemeindelieder werden gesungen? Dürfen Sie diese Lieder selbst auswählen?
- Sprechen Sie mit Ihrem Pfarrer über den Trauspruch.
- Möchten Sie eine Hochzeitskerze anzünden?
- Wer liest die Fürbitten und wie viele?
- Werden Sie sich ein Trauversprechen geben?
- Haben Sie Wünsche hinsichtlich Lesungen?
- Möchten Sie einen Ringwechsel in den Gottesdienst einbinden?
- Soll es weitere musikalische Beiträge geben, zum Beispiel einen Chor, Sänger oder sonstige Musiker?
- Wie stellen Sie sich den Auszug als Brautpaar und die Musikauswahl vor?

Den Einzug der Braut beziehungsweise des Brautpaares sollten Sie beide untereinander besprechen und in Abstimmung mit Ihrem Pfarrer festlegen.

Besprechen Sie auch mit Ihrem Pfarrer, wie lange die Trauung in etwa dauern wird. Grundsätzlich sollten Sie für die Trauung an sich ca. eine Stunde Zeit einplanen. Fragen Sie Ihren Geistlichen auch, ob und wenn ja wie viele Trauungen an dem Tag in der Kirche durchgeführt werden und wie groß das dazwischenliegende Zeitfenster ist.

Das Kirchenprogramm

Auf Grundlage der Gespräche mit Ihrem Pfarrer sollten Sie ein Kirchenprogramm erstellen und gestalten. Hierfür bietet der Ablauf Ihrer Trauung (siehe unten) das Grundgerüst. Füllen Sie das Kirchenprogramm in Absprache mit Ihrem Pfarrer mit individuellen Inhalten. Insbesondere bei den Liedern und Lesungen können Sie Einfluss auf das Kirchenprogramm nehmen.

Abgesehen von den inhaltlichen Themen Ihrer Trauung sollten Sie mit der Kirche, möglichst dem Pfarrbüro oder Küster, weitere Fragen besprechen:

- Sind Sie bezüglich Blumendekorationen vollkommen frei?
- Wann dürfen Sie die Kirche dekorieren und bis wann muss der Blumenschmuck nach der Trauung aus der Kirche wieder entfernt sein?
- Darf während der Trauung fotografiert oder gefilmt werden? (Zum Fotografieren und Filmen in der Kirche beachten Sie bitte auch unsere Hinweise im Kapitel „Fotograf & Videograf".)
- Einige Kirchen verbieten das Streuen von Blüten in der Kirche oder das Werfen von Reis auf dem Kirchplatz, weil dadurch Tauben angelockt werden, die den Platz verschmutzen können. Klären Sie vorab die Möglichkeiten.
- Manche Kirchen bieten auf dem Kirchplatz oder in einem Gemeinderaum die Möglichkeit für einen anschließenden Sektempfang. Wenn Sie dies vor Ort wünschen, sollten Sie die Möglichkeit mit dem Pfarrbüro absprechen.

Die Gebühren

Die Kirche verlangt grundsätzlich keine Gebühren für die Trauung. Sie freut sich aber über eine Spende. Planen Sie diese auch in Ihrem Budget ein (siehe Kapitel „Budget & Kalkulation"). Sie erhalten anschließend eine Spendenquittung.

Die Kollekte ist das Geldsammeln für kirchliche oder andere karitative Zwecke während des Gottesdienstes. Die Kollekte können Sie Ihrer Kirche zuführen oder aber an einen anderen sinnvollen karitativen Zweck weiterleiten. Nehmen Sie in Ihrem Kirchenprogramm auf, an wen Sie die Kollekte geben möchten.

Nachfolgend gehen wir auf die Unterschiede der Gottesdienste unterschiedlicher Konfessionen sowie die unterschiedlichen Abläufe der Gottesdienste und auch der freien Trauung ein.

Tabelle Gottesdienstabläufe

Katholische Messe	Katholischer Wortgottes- dienst	Evangelischer Gottesdienst	Ökumenischer Gottesdienst	Freie Trauung
Eröffnung	Eröffnung	Eröffnung	Orgelvorspiel zum Einzug	Einzug der Braut/des Brautpaares mit musika- lischer Begleitung
Orgelvorspiel zum Einzug	Orgelvorspiel zum Einzug	Orgelvorspiel/ Musik zum Einzug	Einzug	Begrüßung
Einzug	Einzug	Einzug des Brautpaares/ der Braut	Begrüßung	Lesung
Begrüßung	Begrüßung	Begrüßung durch den Pfarrer	Gemeindelied	Ansprache
Gemeindelied	Eröffnungs- lied/Gemein- delied	Musik optional	Psalm	Musik
Kyrie	Wortgottes- dienst	Lesung	Gebet	Lesung
Gebet	Lesung	Votum & Gebet/ Eingangs- meditation	Musik	Trau- versprechen
Wortgottes- dienst	Musik	Gemeindelied	Ansprache	Ringwechsel
Lesung	Predigt	Ansprache zum Trauspruch	Musik	Trauung
Zwischen- gesang	Trauung	Gemeindelied	Schrift- lesungen	Musik
Gemeindelied	Befragung der Brautleute	Lesung/ Entzünden der Hochzeits- kerze	Musik	Wünsche für das Brautpaar
Evangelium	Segnung der Ringe	Trauung	Trauung	Abschluss- worte

Katholische Messe	Katholischer Wortgottes- dienst	Evangelischer Gottesdienst	Ökumenischer Gottesdienst	Freie Trauung
Trauung	Vermählungs- wort	Gottes Wort zur Ehe	Trausegen	Auszug mit musikalischer Begleitung
Befragung der Brautleute	Entzünden der Hochzeits- kerze	Traufragen	Musik	
Segnung der Ringe	Musik	Ringwechsel	Fürbitten	
Vermählungs- wort	Trausegen	Trau- versprechen	Vaterunser	
Gemeindelied	Fürbitten	Trausegen	Gemeindelied	
Trausegen	Abschluss	Musik optional	Segen	
Fürbitten	Schlussgebet und Segen	Fürbitten	Auszug	
Eucharis- tiefeier	Schlusslied/ Gemeindelied	Vaterunser		
Vaterunser	Orgelnach- spiel zum Auszug	Sendung und Wort zum Geleit in die Ehe und den Festtag		
Abschluss	Auszug	Gemeinde- segen		
Schlussgebet		Auszug		
Segen		Orgelnach- spiel/Musik zum Auszug		
Abschluss- gesang				
Orgelnach- spiel zum Auszug				
Auszug				

Katholische Trauung

Die katholische Kirche betrachtet die Ehe als Sakrament, sie ist unauflöslich. Eine erneute Heirat ist in der Regel nur möglich, wenn der Partner verstorben ist oder die Ehe annulliert wurde.

In der katholischen Kirche wird unterschieden zwischen dem Gottesdienstablauf einer Trauung in der Messe (mit Eucharistiefeier) oder in einem Wortgottesdienst. Ist nur einer von Ihnen beiden katholisch, wird auf die Eucharistiefeier in der Regel verzichtet.

Das Grundgerüst des Gottesdienstes ist vorgegeben, je nach Pfarrer wird es allerdings Unterschiede geben. Ihre eigenen Wünsche und Ideen sollten Sie in jedem Fall mit Ihrem Pfarrer absprechen.

Einen Entlassschein beziehungsweise eine Traulizenz benötigen Sie, wenn Sie in einer anderen als Ihrer Heimatgemeinde heiraten möchten. Wünschen Sie die Trauung in einer anderen Kirche durch den Pfarrer Ihrer Gemeinde, benötigen Sie eine Delegation, die Erlaubnis des Geistlichen vor Ort.

Evangelische Trauung

Die evangelische Kirche geht wie auch die katholische Kirche von der Unauflösbarkeit der Ehe aus und sieht die Ehe als Sakrament. Im Allgemeinen handhabt die evangelische Kirche gewisse Themen freier als die katholische Kirche, so auch in Bezug auf das Thema Heirat.

Das Grundgerüst der Ablaufgestaltung des Traugottesdienstes wird Ihnen Ihr Pfarrer vorgeben. Je nach Pfarrer werden Sie den Ablauf mehr oder weniger selber mitgestalten können, Unterschiede hinsichtlich des Ablaufes der Trauung ergeben sich je nach Vorlieben des Pfarrers.

Eine Zäsion beziehungsweise ein Dimissoriale benötigen Sie, wenn Sie in einer anderen als Ihrer Heimatgemeinde heiraten möchten. Wünschen Sie die Trauung in einer anderen Kirche durch den Pfarrer Ihrer Gemeinde, benötigen Sie eine Delegation, die Erlaubnis des Geistlichen vor Ort.

Ökumenische Trauung

Die ökumenische Trauung wird von einem katholischen und einem evangelischen Geistlichen gemeinsam gehalten. Der Pfarrer, in dessen Kirche die Trauung schließlich stattfindet, übernimmt die Leitung des Gottesdienstes. Bei der ökumenischen Trauung handelt es sich um einen Wortgottesdienst.

Für eine ökumenische Trauung müssen Sie vorab die Erlaubnis der Pfarrämter einholen, die Ehe unterschiedlicher Konfessionen einzugehen (sog. Dispens bei den Katholiken). Hinsichtlich Ihrer Zeitplanung am Hochzeitstag sollten Sie beachten, dass ein ökumenischer Traugottesdienst in der Regel länger dauert als ein katholischer oder evangelischer Gottesdienst.

Mischformen und andere Religionen

Die „Traufe" ist eine Kombination aus Trauung und Taufe eines gemeinsamen Kindes. Wenn Sie bereits ein Kind haben, das Sie gerne taufen lassen möchten, ist diese Form eine schöne Idee, beides in einer gemeinsamen Feier zu vereinbaren. Zuerst treten Sie als Brautpaar vor den Altar und schließen die Ehe vor Gott. Anschließend wird Ihr Kind im Rahmen der Taufe in die Gemeinde aufgenommen.

Da es sich in unseren Breitengraden primär um die Heirat im Standesamt, in der christlichen Kirche oder um eine freie Zeremonie handelt, gehen wir im Rahmen dieses Ratgebers primär auf diese Formen der Eheschließung ein. Tiefer gehend beraten lassen sollten Sie sich, wenn einer von Ihnen einer nicht christlichen Glaubensgemeinschaft angehört. Auf die Feiern der muslimischen, chinesischen, jüdischen, indischen, buddhistischen Trauung oder die anderer Glaubensgemeinschaften können wir im Rahmen dieses Ratgebers nicht näher eingehen. Dennoch werden Sie diesen Ratgeber auch als Angehöriger einer dieser Religionen zwecks Planung Ihrer Feierlichkeiten zur Hand nehmen und hilfreiche Tipps für Ihre Hochzeitsorganisation entnehmen können.

Die freie Trauung

Die freie Trauung bietet eine wunderbare Möglichkeit, Ihre Liebe zueinander im Rahmen einer feierlichen Zeremonie zum Ausdruck zu bringen.

Die Freiheit der freien Trauung

Die freie Trauung ist wie der Name schon sagt eine Zeremonie, die Sie auch feiern können, wenn Sie keiner Kirche angehören oder wenn Sie Ihre Trauung nicht kirchlich zelebrieren möchten.

Eine freie Trauung wird aber nicht anerkannt und hat weder rechtlich noch kirchlich bindende Konsequenzen. Sie bietet eine ideale Alternative, wenn Sie für sich und vor Ihren Angehörigen feierlich Ihre Liebe zueinander in einem festlichen Rahmen feiern möchten. Demnach sind Sie auch nicht an Vorschriften gebunden. Ebenso wenig benötigen Sie Unterlagen, Dokumente oder Urkunden, die Sie vorweisen müssen.

Gegenseitiges Kennenlernen

Die freie Trauung können Sie von einem freien Theologen oder einem freien Redner durchführen lassen. (Im Folgenden wird der Begriff freier Redner stellvertretend auch für den freien Theologen stehen.) Treffen Sie sich mit dem freien Redner unbedingt vorab und prüfen Sie, ob Sie menschlich auf einer Wellenlänge liegen. In der Regel ist das erste Kennenlernen kostenlos und unverbindlich. Besprechen Sie mit dem Redner, ob er Ihre Wünsche umsetzen kann, und fixieren Sie schriftlich, zu welchen Konditionen er für Sie tätig wird. Erst danach gehen Sie mit ihm in die tatsächliche Gestaltungsarbeit für Ihre Trauung.

Der Trauredner wird Sie durch den Ablauf der gemeinsamen Vorbereitung für Ihre Trauung führen. Oft gibt er Ihnen zunächst einen Fragebogen, auf dessen Grundlage zwei Vorgespräche stattfinden. Der Redner möchte über Sie beide als Paar und Ihre Beziehung möglichst viel erfahren, da er die Zeremonie sehr individuell auf Sie zuschneidet. Sie können Wünsche äußern und gemeinsam besprechen, welche Rituale und Inhalte, zum Beispiel Lesungen, in die Trauung einfließen. Wenn Sie zwar eine freie Trauung wünschen, aber Gott zum Beispiel durch biblische Lesungen in die Zeremonie einbeziehen möchten, können Sie dies in Absprache mit dem Trauredner in der Regel ebenfalls tun.

Trauung nach Wunsch

Vollkommen frei sind Sie im Rahmen der freien Trauung auch im Hinblick auf den Ort Ihrer Zeremonie. So können Sie sich in einem Garten, an einem See oder in einer anderen von Ihnen gewählten Location (siehe Kapitel „Locations & Orte für die Feierlichkeiten") trauen lassen. Bedenken Sie, dass Sie sich unter Umständen selbst um die Organisation des Mobiliars (Stühle und Stuhlhussen, Pavillon oder andere Überdachungen usw.) für Ihre Trauung kümmern müssen. Bei Trauungen im Freien sollten Sie unbedingt einen Plan B haben, falls Petrus doch nicht mitspielt. Trauungen am Strand an der Ost- oder Nordsee oder auf nahegelegenen Inseln wie Mallorca sind sehr beliebt. Bei einer freien Trauung sind Sie auch vollkommen frei, zu welcher Tages- und Nachtzeit Sie sich trauen lassen möchten. Auch Sonn- oder Feiertage sind gern gewählte Termine. Die terminliche Verfügbarkeit sollten Sie rechtzeitig mit dem Trauredner klären, da insbesondere beliebte Daten lange im Voraus gebucht werden.

© HOCHZEITSTRAUM

||| **TIPP:** Heutzutage gibt es auch einige entweihte Kapellen, die für den Zweck einer freien Trauung vermietet werden. Diese finden Sie in der Regel im Internet.

Frei entscheiden können Sie auch, ob Sie Trauzeugen einbeziehen möchten. Auch ansonsten können Sie Ihre Individualität – natürlich immer in Absprache mit dem freien Redner – ausdrücken. Sie sind frei, einen Trauspruch auszuwählen oder sich ein Trauversprechen zu geben. Auch sind ein Ringwechsel oder weitere Rituale möglich. Sprechen Sie mit Ihrem Trauredner, er kennt eine große Bandbreite an Ritualen, die sich im Rahmen der freien Trauung eignen.

Zeremonie

Den roten Faden für Ihre Zeremonie entwickelt der Trauredner mit Ihnen in ausgiebigen Vorgesprächen. Es ist wichtig, dass er Sie gut kennenlernt und besonders viel über Sie erfährt. Gerade die Details Ihrer Beziehung, Ihre Charaktere helfen dem Trauredner, eine individuelle Trauzeremonie für Sie vorzubereiten.

Durch ein selbst verfasstes Trauversprechen geben Sie der Zeremonie eine noch persönlichere Note. Auch können Sie schon durch einen Trauspruch Ihrer Zeremonie einen inhaltlichen roten Faden vorgeben. Trauzeugen können ein paar Worte, eine Lesung oder Fürbitten für Sie als Brautpaar vorbereiten. Auch können alle Gäste zusammen auf eine andere Weise in die Zeremonie eingebunden werden, als es in der Regel bei einer kirchlichen Trauung möglich ist. Der Trauredner wird Ihnen gerne Rituale vorschlagen, die alle Gäste einbeziehen.

In der tabellarischen Übersicht der verschiedenen Gottesdienstabläufe (s. vorne) geben wir Ihnen gerne den Beispielablauf einer freien Trauung an die Hand. Denken Sie daran: Dies ist nur eine Möglichkeit, die Trauung zu feiern.

Zusätzliches, aber nicht zwingend Erforderliches für die Trauung

Sie haben im Rahmen der Vorbereitung Ihrer Trauung mehr oder weniger die Möglichkeit, auf die Ausgestaltung Ihrer Hochzeit Einfluss zu nehmen. So können Sie, müssen aber keine Trauzeugen haben (diese sind lediglich in der katholischen Kirche sowie in Österreich und der Schweiz vorgeschrieben), Sie dürfen Ihren Trauspruch wählen, die Fürbitten sowie die Lesungen.

Trauzeugen

Ihre Trauzeugen sollen wie es der Name schon sagt in erster Linie Ihre Trauung bezeugen. Sie sollten hinter Ihrer Verbindung stehen und Sie beide in der Zeit Ihrer Hochzeitsplanung sowie am Hochzeitstag mit Rat und Tat unterstützen. Vielmehr aber sollten Ihre Trauzeugen Sie auch während Ihrer Ehe emotional unterstützen und Ihnen in guten und schwereren Zeiten zur Seite stehen.

Trauzeugen sind rein rechtlich in Deutschland nicht mehr bei standesamtlichen Trauungen vorgeschrieben. In der Schweiz und in Österreich sind jeweils zwei Trauzeugen Pflicht. Die katholische Kirche schreibt zwei Trauzeugen vor. Die evangelische Kirche dagegen schreibt keine bestimmte Anzahl der Trauzeugen vor. Stimmen Sie die Anzahl Ihrer Trauzeugen in jedem Fall mit Ihrem Pfarrer ab.

Als Braut können Sie auch einen männlichen Trauzeugen wählen, entsprechend selbstverständlich als Bräutigam auch eine Trauzeugin. Die Trauzeugin der Braut zieht traditionell als Letzte vor der Braut in die Kirche ein.

Zu den Aufgaben der Trauzeugen gehört neben der allgemeinen Unterstützung bei der Hochzeitsplanung in der Regel das Organisieren von Gemeinschaftsgeschenken und Überraschungen, des Junggesellenabschiedes (siehe auch das Kapitel „Weitere Feste rund um die Hochzeit – Junggesellenabschied"), die Begleitung beim Kauf des

Brautkleides beziehungsweise der Bräutigamausstattung, Hilfestellung beim Vorbereiten von Dekorationen usw.

Am Tag der Hochzeit sind die Trauzeugen die engsten Begleiter des Brautpaares. Die Trauzeugin steht der Braut bei dem Brautstyling bei, kümmert sich um Kirchenhefte und Streublumen, steht den Gästen für Fragen zum Ablauf zur Verfügung. Der Trauzeuge hilft bei Aufbauten falls nötig, wartet mit dem Bräutigam am Altar, verwahrt die Trauringe und kümmert sich ebenfalls um die Gäste.

||| **TIPP:** Sprechen Sie mit Ihren Trauzeugen, ob sie das Amt des Trauzeugen gerne annehmen möchten. Unterhalten Sie sich offen und ehrlich über Ihre Erwartung an Ihre Trauzeugen und ob diese sie erfüllen können und möchten. Die Übernahme von Aufgaben (mehr hierzu auch im Kapitel „Styleguide – Stil & Etikette") im Rahmen Ihrer Hochzeitsplanung sollte mit dem Einverständnis Ihrer Trauzeugen erfolgen. Immer wieder kommt es vor, dass Freundschaften belastet werden, weil der Trauzeuge aus beruflichen oder anderen Gründen keine oder nur wenige Aufgaben übernimmt.

Trausprüche

Ihren Trauspruch sollten Sie so auswählen, dass er zu Ihnen beiden gut passt, mit seiner Bedeutung sollten Sie sich identifizieren können. Der Trauspruch wird in der Regel von Ihrem Geistlichen in der Ansprache Ihrer Trauung aufgenommen. Er kann somit als Basis für Ihre Trauung verwendet werden und sollte also von Ihnen durchdacht ausgewählt werden.

||| **TIPP:** Eine schöne Idee besteht darin, den Trauspruch bereits auf die Einladung zu drucken. Später könnten Sie ihn dann auf dem Kirchenprogramm und den Menükarten auftauchen lassen.

Eine Übersicht zu sowohl biblischen als auch weltlichen Trausprüchen finden Sie beispielsweise im „humboldt PLUS"-Bereich auf www.humboldt.de.

Fürbitten

Fürbitten sind Gebete, in denen Gott um etwas für das Brautpaar gebeten wird. Meist handelt es sich um gute Wünsche für das Brautpaar und dessen gemeinsame Zukunft. Aber auch Gäste des Brautpaares, anwesende oder nicht anwesende Personen und bereits verstorbene Angehörige werden bei Hochzeiten in Fürbittgebete einbezogen.

Fürbitten werden entweder von den Trauzeugen, Eltern, Geschwistern oder anderen nahen Angehörigen oder Freunden vorgetragen. Die Auswahl der Fürbitten können Sie entweder selbst vornehmen oder den Personen überlassen, die die Fürbitten für Sie während Ihres Gottesdienstes beziehungsweise der freien Zeremonie halten.

Eine Übersicht zu Fürbitten finden Sie beispielsweise im „humboldt PLUS"-Bereich auf www.humboldt.de.

Ausgewählte Texte für die Feier der Trauung

In Abstimmung mit Ihrem Pfarrer oder Theologen können Sie Ihrer Trauung durch Lesungen eine persönliche Note geben. Beispielsweise könnten Sie die Hochzeitskerze anzünden und den passenden Text „Die Hochzeitskerze spricht" lesen lassen. Für Lesungen gerne gewählte Texte sind auch „Das Hohelied der Liebe", der „Brief des Paulus an die Kolosser" oder im Rahmen einer weltlichen Feier „Der kleine Prinz" von Antoine de Saint-Exupéry oder Platons „Zwei Kugelhälften". Weitere Ideen zu Lesungen wird Ihnen gerne Ihr Pfarrer geben. Vorab oder darüber hinaus können Sie sich auch im Internet informieren. Weitere Beispiele finden Sie auch im „humboldt PLUS"-Bereich auf www.humboldt.de.

Weitere Feste
rund um die Hochzeit

Wenn sich das Brautpaar das Versprechen gibt zu heiraten, ist es rein rechtlich betrachtet verlobt. Ob und wie Sie dieses Ereignis feiern, bleibt Ihnen als Paar überlassen. Rund um die Trauung gibt es noch einige weitere nette Gelegenheiten für eine Feier: den Polterabend, den Junggesellenabschied und das sogenannte „Rehearsal Dinner".

Verlobung

Viele Brautpaare wissen nicht, dass in Deutschland traditionell der Heiratsantrag nicht mit einem Verlobungsring gemacht wird, wie man es aus Film und Fernsehen kennt, wenn der Mann romantisch vor seiner Liebsten mit dem Ring in der Hand in die Knie geht. Traditionell ist der Verlobungsring hier bei uns eher ein Geschenk, das der Bräutigam seiner bereits künftigen Braut machen kann, wenn er möchte. Meistens wird die Frage aller Fragen ohne Ring gestellt. Im Anschluss machen sich Braut und Bräutigam dann auf, die Eheringe zu kaufen. Diese werden bis zur Hochzeit von Braut und Bräutigam an der linken Hand getragen und nach der Trauung an der rechten. Somit kann man unterscheiden, ob jemand verlobt oder verheiratet ist.

Heutzutage vermischen sich durch die Medien, aber auch durch die unterschiedlichen kulturellen Hintergründe verschiedener Paare die Ausführungen.

Wie der Antrag durchgeführt wird, ist jedem Paar selbst überlassen. Wer hat nicht schon mal von ungewöhnlichen Anträgen über Lautsprecheranlagen, mit Feuerwerk oder im Flugzeug gehört. Aber es muss gar nicht so aufwendig sein. Für manches Paar ist es viel romantischer und vor allem intimer in einem für die beiden besonderen Rahmen. Der kann zu Hause, aber auch an einem geliebten Ort zum Beispiel im Park oder beim Lieblingsitaliener um die Ecke sein.

Mancher Bräutigam bittet einen Freund oder eine Freundin um Hilfe, um etwas vorzubereiten oder die Braut zum richtigen Zeitpunkt an einen bestimmten Ort zu führen.

Bislang haben wir vor allem von dem Bräutigam gesprochen, der den Antrag stellt. Dies ist sicherlich die traditionellere und nach wie vor häufigere Variante. Dennoch spricht heutzutage nichts dagegen, dass auch die Braut die Initiative ergreift.

Früher war es üblich, dass der Bräutigam die Eltern seiner Braut um die Hand der Tochter bittet, sie also fragt, ob er die Tochter heiraten darf. Heutzutage ist diese Tradition ein wenig lockerer geworden. Dennoch ist es natürlich eine schöne Geste, wenn der Bräutigam mit seinen zukünftigen Schwiegereltern darüber spricht, dass er ihre Tochter heiraten möchte.

Verlobungsfeier

Die einen feiern ihre Verlobung üppig im großen Stil, die anderen im kleinen Kreis und manche gar nicht. Wie so viele Bereiche der Hochzeitsplanung ist auch dieser einer, den jeder so handhaben kann, wie er möchte und wie es für ihn und den Partner am besten passt. Manchmal ist die Verlobungsfeier im kleinen Kreis eine gute Gelegenheit, die Familie zusammenzuführen, oder dafür, dass sich die Eltern des Paares besser kennenlernen, sofern dies bisher noch nicht geschehen ist. Das kann zum Beispiel bei einem gemütlichen Essen in der Wohnung des Brautpaares oder auch in einem netten Lokal sein.

Bekanntgabe der Verlobung

Auch die Bekanntgabe der Verlobung wird heutzutage sehr unterschiedlich gehandhabt. Manche versenden schöne Drucksachen eventuell auch mit Foto des Paares, um die Verlobung bekannt zu geben. Andere geben die Verlobung dem engeren Kreis mündlich bekannt und informieren den weiteren Kreis quasi mit der Hochzeitseinladung.

Manchmal bietet sich die Verlobungsanzeige an, um noch weitere Informationen bekannt zu geben, wie zum Beispiel eine neue Anschrift oder die Geburt eines Kindes.

Man kann die Verlobung auch in der Zeitung bekannt geben. Allerdings wird dies heutzutage in der Regel nur noch bei sehr bekannten Persönlichkeiten oder in ländlicheren Gegenden so gehandhabt. In den Städten kennen die meisten Leser der Zeitungen in der Regel das Paar nicht. Daher bringt es dann auch nichts, eine solche Anzeige zu schalten.

Oftmals wird die sogenannte „Save-the-Date-Karte" (Ankündigung des Hochzeitsdatums, mit der Bitte, sich den Termin freizuhalten – siehe auch das Kapitel „Drucksachen – von der Einladung bis zur Danksagung") oder eben auch die Einladung als Bekanntgabe der Verlobung genutzt.

Polterabend und Begrüßungsabend

In vielen Regionen ist der Polterabend vor der Hochzeit selbstverständlich. Oft ist er aber vor allem eine Möglichkeit, in einem günstigeren Rahmen viele Gäste einzuladen. Bekannte und Freunde, die vielleicht bei der Hochzeitsfeier den Rahmen bzw. das Budget sprengen würden, können hier im lockeren Rahmen eingeladen werden.

Der Polterabend wird schon seit Jahrhunderten begangen. Böse Geister sollen durch den Krach und die Scherben vertrieben werden. Es dürfen aber nur Porzellan und Steingut verwandt werden. Glasscherben sollen Unglück bringen.

Ein Polterabend ist heutzutage sicherlich kein Muss mehr. Ebenso wenig muss er am Vorabend der Hochzeit stattfinden. Bedenken Sie, dass Ihre Gäste und vor allem Sie an Ihrer Hochzeit ausgeschlafen sein bzw. den Polterabend richtig genießen möchten. Und der kann auch schon mal länger dauern.

Oftmals wird der Vorabend statt für einen Polter- für einen Begrüßungsabend genutzt. Dies ist in der Regel eine lockere Angelegenheit, bei der die Gäste leger nach ihrer Anreise über den Abend verteilt eintreffen. Oftmals reicht es, wenn man einfach einen oder mehrere Tische in einem Lokal reserviert. Ob Sie als Brautpaar an diesem Abend die gesamte Rechnung übernehmen oder zumindest die Getränke, bleibt Ihnen überlassen.

Eine andere Alternative ist noch die Polterhochzeit: eine rustikalere Variante des Hochzeitsfestes am Hochzeitstag, bei der auch gepoltert wird.

Wichtig bei der Organisation eines Polterabends ist zunächst die Lokalität, die ähnlich ausgesucht werden muss wie die Lokalität für die Hochzeitsfeier (siehe Kapitel „Locations & Orte für die Feierlichkeiten"). Allerdings ist in vielen Häusern das Poltern nicht erlaubt. Fragen Sie gesondert an, ob dies möglich ist.

Beachten Sie, dass zu einem Polterabend traditionell nicht eingeladen wird, sondern jeder erscheinen darf, der möchte. Man zeigt den Polterabend nur an (z. B. im örtlichen Blättchen u. Ä.). Kommen darf dann, wer möchte. Allerdings ist es heute den meisten lieber, eine Einladung zu verschicken, um auch wirklich die Gäste dabei zu haben, die man sich wünscht, bzw. auch durch die Rückantworten die genaue Zahl der Gäste bestimmen zu können.

Hinzu kommt, dass man früher eher sein Leben lang in kleineren Ortschaften wohnte, in denen jeder jeden kannte. Da ist eine solche Form der Anzeige noch sinnvoller.

Traditionell bringen die Gäste das Geschirr zum Poltern selbst mit. Das Brautpaar sollte dafür beim örtlichen Müllentsorgungsbetrieb einen Container oder eine entsprechende Mülltonne bestellen. Bitte nicht vergessen, vor allem, wenn man größere Mengen an Geschirr erwartet. Sonst kann Ihnen das Lokal die Müllentsorgung berechnen.

Denken Sie möglichst auch gleich an Besen und Kehrschaufel für Braut und Bräutigam, da dem Brauch zufolge alles vom Brautpaar gemeinsam weggefegt werden muss.

Junggesellenabschied

Aus den angelsächsischen Ländern kommt der sogenannte Junggesellenabschied, auch „Stag Night" oder „Bachelor Party" genannt (bzw. „Hen Night" bei den Bräuten). Hierbei organisieren in der Regel der beste Freund bzw. die Freunde des Bräutigams einen meist feuchtfröhlichen Abend vor der Hochzeit. Der Sinn: Der Bräutigam soll seinen letzten Abend in „Freiheit" genießen. Er wird zum Teil sehr exzessiv mit viel Alkohol und zum Beispiel Stripperinnen begangen. Oftmals werden dem Bräutigam dabei auch Aufgaben gestellt, die nicht ganz einfach sind. Im Zuge der Gleichberechtigung gibt es natürlich das Gleiche inzwischen für die Braut.

Wie gesagt, ist die Planung in der Regel Sache der Freunde. Manche Paare nehmen sie aber gerne selbst in die Hand. Gerade wenn alle Freunde, die man dabei haben möchte, von weiter her kommen und/ oder sich nicht kennen, ist es gut, hier bei der Planung etwas mitzuhelfen. Der Abend muss auch nicht unbedingt feuchtfröhlich und mit Aufgaben verbunden sein. Manche bevorzugen eine ruhigere Variante mit einem Besuch im gemütlichen Restaurant oder im Kino. Die eine oder der andere wählt ein Wellness- oder ein Wanderwochenende mit den besten Freunden.

Ebenso können Sie auch einen gemeinsamen Abend mit all Ihren Freunden verbringen oder auch auf den Junggesellenabschied komplett verzichten. Und: Der Junggesellenabschied muss nicht unbedingt am Abend vor der Trauung stattfinden, es empfiehlt sich aus den oben genannten Gründen sogar, einige Tage vorher zu feiern.

Alle Varianten sind möglich. Jeder sollte die wählen, die ihm am liebsten ist.

Rehearsal Dinner

An dieser Stelle möchten wir noch den Vorabend erwähnen, wie er vor allem in den angelsächsischen Ländern begangen wird, das sogenannte Rehearsal Dinner. Dabei handelt es sich um das Abendessen nach dem Rehearsal in der Kirche, einer Art Probe der Trauung, bei der der Ein- und Auszug mit allen Brautjungfern & Co. geübt und auch sonst einmal der Ablauf in der Kirche grob durchgegangen wird.

Danach gibt es dann ein festliches Essen mit allen, die am Nachmittag beteiligt waren. Ein solches, auch wenn bei uns eine solche Probe eher unüblich ist, kann man natürlich auch hier bei uns durchführen: einfach ein festliches Essen am Vorabend mit den engsten Verwandten und Freunden.

Profihelfer & wichtige Elemente von A–Z

Den richtigen Dienstleister zu finden, erweist sich oft als sehr schwierig. Zu den meisten Teilbereichen einer Hochzeit gibt es eine Vielzahl von Anbietern in jeder Region, die in der Regel auch eine Vielzahl an Möglichkeiten der Durchführung bieten. Manche sind sehr hochpreisig und/oder sehr erfahren, andere sind sehr günstig und/oder erst sehr kurz auf dem Markt. Wichtig ist, dass Sie Ihre Helfer mit Bedacht wählen.

So finden Sie geeignete Dienstleister

Leider gibt es in jeder Branche ein paar schwarze Schafe, die nicht halten, was sie versprechen. Hören Sie sich bei Freunden und Verwandten oder vielleicht auch bei Anbietern, denen Sie bereits das Vertrauen geschenkt haben, um. Innerhalb der Hochzeitsbranche kennen sich viele Dienstleister untereinander; vielleicht hat der Fotograf schon einige Bands erlebt oder kennt eine nette Location oder einen Kutscher mit einer schönen Kutsche.

Ferner helfen natürlich das Internet mit den Suchmaschinen und Hochzeitsplattformen, die einem regen Austausch dienen. Dort bekommen Sie in der Regel eine große Auswahl an Anbietern, zum Teil schon mit umfangreicheren Informationen und Kundenbewertungen. Es gibt auch immer mehr Foren zum Thema Hochzeit. Dort tauschen sich vorwiegend Bräute über ihre Erfahrungen, Ideen und Probleme im Laufe der Hochzeitsorganisation aus. Vielleicht finden Sie auch dort hilfreiche Tipps oder Sie lassen sich einfach beruhigen, dass Sie alles richtig gemacht haben.

Darauf sollten Sie bei der Auswahl achten

Damit an Ihrem Tag alle Abläufe reibungslos funktionieren, ist es ratsam, Spezialisten der verschiedenen Bereiche wie zum Beispiel DJ, Fotograf usw. einzubeziehen. Lassen Sie sich von den Anbietern, die Sie in die engere Wahl nehmen, ein unverbindliches Angebot erstellen. Bitten Sie sie, Ihren gewünschten Hochzeitstermin für eine vereinbarte Zeit zu optionieren. Meist geht dieses Datum auch aus dem Angebot hervor, es sei denn, es ist freibleibend. Vergleichen Sie die Ihnen vorliegenden Angebote und entscheiden Sie nach Beurteilung des Preis-Leistungs-Verhältnisses und Ihrem ersten Eindruck, mit welchem der Anbieter Sie ein weiteres persönliches Gespräch führen möchten. Ist ein solcher Termin zum Beispiel aus Zeitgründen nicht möglich, kann auch schon ein Telefonat sehr aufschlussreich sein (z. B. mit dem DJ), in dem Sie Ihre Wünsche äußern und wichtige Aspekte klären können.

Wichtig ist, dass Sie insbesondere in den Bereichen der Fotografie und der Dekoration mit viel Bildmaterial arbeiten. Lassen Sie sich Fotos von bisherigen Hochzeiten zeigen, um den Stil der Profis besser beurteilen zu können. Auch können Sie selbst Bilder mitbringen, auf denen Ihnen Stil und Ausführung besonders gut gefallen. Je mehr Sie mit Bildmaterial arbeiten, desto besser kann der Dienstleister verstehen, was Sie sich wünschen, und Ihre Vorgaben auch umsetzen.

Wählen Sie die Anbieter möglichst nicht ausschließlich über den Preis und beachten Sie, dass ein höherer Preis auch gerechtfertigt sein kann, wenn diesem die entsprechenden Leistungen gegenüberstehen (lesen Sie hierzu auch das Kapitel zum Thema „Budget & Kalkulation"). Stellen Sie dem Dienstleister Fragen und lassen Sie sich erklären, wie die

Kalkulation zustande kommt, wenn Sie die Endsumme als zu hoch empfinden.

||| **TIPP:** Prüfen Sie unbedingt auch die allgemeinen Geschäftsbedingungen der Dienstleister, denn hier finden sich oftmals versteckte Kostenfaktoren. Prüfen Sie die Positionen für Sonderleistungen, Verlängerungsstunden oder auch Nachtzuschläge.

Catering

Manche Locations sind an einen Caterer gebunden, wie zum Beispiel Restaurants und Hotels oder auch einige frei mietbare Locations, die nur einen oder eine Handvoll an Caterern zulassen. Manch andere Locations lassen Ihnen die freie Wahl. Sollten Sie nicht bereits einen Caterer haben, der in die engere Wahl kommt, hilft es, bei der Location nach einer Empfehlung zu fragen. Dies ist einerseits gut, weil oft die Caterer, die dort bereits gearbeitet haben, zum Stil des Hauses passen. Hinzu kommt aber auch, dass ein Caterer, der sich vor Ort auskennt, sowohl das erste Angebot viel passender ausstellen als auch später am Hochzeitstag schneller und effektiver arbeiten kann.

Die meisten Caterer bieten ein Probeessen an. Das kann Ihnen die Wahl des für Sie besten Caterers erleichtern oder bietet Ihnen zum späteren Zeitpunkt, wenn die Speisen bereits gewählt wurden, Gelegenheit zu prüfen, ob es Ihnen schmeckt oder Sie noch Änderungswünsche haben. Und außerdem bekommen Sie schon mal einen Eindruck von der Präsentation.

Am einfachsten ist das erste Probeessen natürlich, wenn der Caterer ein eigenes Restaurant hat. Allerdings sei deutlich gesagt, dass er vielleicht im Restaurant anders kocht als er es im Catering kann. Ein Gericht auf einem Teller arrangiert lässt sich nicht unbedingt mit einem Buffet vergleichen.

Wenn Sie nun den Caterer/das Restaurant Ihrer Wahl gefunden haben, setzen Sie sich in Ruhe mit dem dortigen Fachmann zusammen und lassen Sie sich bei der Wahl Ihres persönlichen Essens beraten. Hilfreich ist es natürlich, wenn Sie vorab die Angebote und Menüvorschläge, die man Ihnen geschickt hat, studiert haben. Sie können dann schon ein wenig vorentscheiden, was Sie gerne möchten, was vielleicht eher nicht bzw. wo es finanziell hingeht.

Der eine Gastronom bietet ein simples Grillbuffet mit Würstchen schon ab 12 Euro pro Gast an, beim anderen steht im Text vielleicht das Gleiche, aber es kostet 30 Euro. Dennoch ist der teurere kein Halsabschneider, sondern bietet beispielsweise einen ganz anderen Service und eine ganz andere Qualität. Eventuell ist in seinem Preis auch viel mehr enthalten, wie zum Beispiel Geschirr, Besteck, Mitarbeiter, Material oder auch die Mehrwertsteuer.

Entscheidend ist, welche Qualität man sich wünscht und welche man bezahlen kann. Leider ist eines der schwierigsten Dinge bei einer Hochzeitsplanung die Beurteilung der Qualität und des Stils der diversen Anbieter – für den einen stimmt alles, für den anderen noch lange nicht. Ein Buffet kann lieblos dahingeschmissen oder liebevoll dekoriert sein. Auch hier gehen die Vorstellungen auseinander. Versuchen Sie bei den Gesprächen mit den Lieferanten und Dienstleistern, Begriffe wie „liebevoll", die man unterschiedlich auslegen kann, möglichst wenig zu verwenden. Beschreiben Sie lieber im Detail Ihre Wünsche.

||| **TIPP:** Denken Sie daran, Ihrem Caterer rechtzeitig vor der Hochzeit die finale Gästezahl mitzuteilen. Er wird Ihnen sagen, wie viele Tage vor der Feier er diese Zahl benötigt. Danach sind in der Regel keine Reduzierungen mehr möglich. Die dann genannte Zahl ist die Minimalzahl für die Rechnungsstellung. Lassen Sie sich ruhig auch die allgemeinen Geschäftsbedingungen des Anbieters zeigen. Dort stehen diese Dinge oftmals detailliert aufgeführt.

Hier am Beispiel des Buffets:

- Was verstehen Sie unter schön belegten Platten?
- Sie möchten keine Platten, sondern einzelne Gläschen?
- Wie soll die Dekoration zwischen den Gefäßen aussehen?

Buffet oder Menü?

Buffet

Das Buffet hat den Vorteil, dass jeder die Menge essen kann, die für ihn passt, und dass er eine große Auswahl hat, von der er sich das für ihn Leckerste heraussuchen kann.

Der Nachteil des Buffets: Es benötigt relativ viel Platz. Gerade die Hauptspeisen in den Warmhalteplatten, den sogenannten Chafing Dishes oder auch Chafis, sind häufig optisch nicht so ansprechend. Oft bietet das Buffet viel Unruhe, und gerade am Anfang müssen die Gäste lange anstehen. Allerdings kann man dies auch positiv sehen, da die Gäste dann nicht so lange still sitzen müssen und sich schon beim Schlangestehen neue Gespräche mit anderen Gästen entwickeln.

Menü

Viele Menschen finden ein Menü wesentlich festlicher, da mehr Ruhe im Saal herrscht und sich jeder bequem das Essen servieren lassen kann. Besonders bei vielen Reden und Vorträgen der Gäste bietet sich ein Menü an, da dann zwischen den Gängen alle am Platz sitzen, sodass der Redner mehr Ruhe und Aufmerksamkeit hat.

Ein Nachteil des Menüs ist sicherlich, dass die Gäste sowohl hinsichtlich der Menge als auch inhaltlich nur bedingt auswählen können, was sie essen.

So umgehen Sie die Nachteile von Menü und Buffet

Es gibt Mischvarianten, bei denen zum Beispiel die Vorspeise serviert und erst später das Buffet mit den Hauptgängen und dem Dessert eröffnet wird. Dies hat zum einen den Vorteil, dass die Gäste erst einmal etwas gesättigt sind und sich zum Teil Zeit mit dem Anstehen am

Buffet lassen können. Zum anderen hat man ein Zeitfenster zwischen dem ersten Gang und der Buffeteröffnung für ein bis zwei Reden geschaffen.

Eine andere Alternative ist eine Kombination aus Menü und anschließendem Dessertbuffet. Dies bietet Ihnen und Ihren Gästen die Möglichkeit, sich nach dem langen Sitzen etwas zu bewegen. Die Atmosphäre wird nach dem Essen aufgelockert, und man kann die Tischordnung aufheben, sodass sich die Gäste dann frei bewegen können. Sie könnten auch schon den Tanz nach dem Hauptgang eröffnen, damit dies nicht erst so spät in der Nacht erfolgt. Dann können sich die Gäste am bereitgestellten Dessertbuffet in den Tanzpausen oder wann immer ihnen danach ist, bedienen. Man kann das Dessertbuffet in der Regel bis nach Mitternacht stehen lassen und zum Beispiel um eine Käseplatte ergänzen. Dann können die Gäste auch später in der Nacht noch den kleinen Hunger stillen und Sie müssen nicht unbedingt ein Mitternachtsessen einplanen.

Sofern ausreichend Platz vorhanden ist, empfehlen wir, spätestens ab 100 Personen ein zweites Buffet aufzubauen. Also zwei Buffetstationen mit genau den gleichen Speisen. Dann teilt sich die lange Schlange in zwei Teile und ist somit gleich viel kürzer.

Wahl des Essens

Wenn Sie sich entschieden haben, ob Sie ein Menü oder ein Buffet möchten, sollten Sie sich zunächst an die Auswahl des Hauptganges begeben. Bei einem Buffet empfehlen wir drei bis vier Varianten. In der Regel fährt man gut mit zum Beispiel einem Fleisch-, einem Fisch- und einem Pastagericht.

Immer öfter wird bei Sommerhochzeiten ein Grillbuffet gewählt. Dies kann man von simpel mit deftigen Würstchen bis zu edlen Steaks und Meeresfrüchten sehr unterschiedlich gestalten. Auch hier sollten Sie nicht die Kinder und die Vegetarier vergessen. Für Vegetarier eignen sich beim Grillbuffet zum Beispiel gegrillte Käsesorten, Grillgemüse (wie Maiskolben, Paprika, Gemüsespieße) und Ofenkartoffeln.

||| **Hinweis**

Bei der Wahl des Essens sollten Sie auch an eventuelle Vegetarier, Kinder, Allergiker, Alkoholiker oder andere Gäste mit Essbesonderheiten denken. Heutzutage gibt es immer mehr Nahrungsmittelintoleranzen wie Glutenunverträglichkeit, Laktoseintoleranz etc. An Schwangere und Stillende sollten Sie ebenfalls denken, da auch diese nicht alles essen bzw. trinken können.

Bei einem Menü muss man sich auf einen Hauptgang festlegen. Damit man den Geschmack der meisten Gäste trifft, empfiehlt es sich in der Regel zum Beispiel ein Gericht vom Rind oder Kalb anzubieten. Die meisten Lokale und Caterer können für Kinder und Vegetarier ein paar Extragerichte bereithalten. Optimalerweise klären Sie dies vorher ab und sagen dem Serviceleiter genau, wo diese Gäste sitzen.

||| **Achtung**

Echte Vegetarier essen ihr Grillgemüse nicht von einem Grill, auf dem gleichzeitig oder vorher Fleisch gegrillt wurde. Daher empfiehlt es sich, dafür einen zweiten Grill vorrätig zu halten. Selbiges gilt für strenge Moslems und Juden, deren Rindfleisch bzw. Rinderwurst nicht auf dem gleichen Grill wie das Schweinefleisch gegrillt werden darf.
Überlegen Sie sich auch frühzeitig, wo bei schlechtem Wetter gegrillt werden kann.

Die wenigsten Lokale bieten bei einer Gästezahl von mehr als zwanzig Personen eine Auswahl an servierten Gerichten an. Die Gäste können dann also nicht einfach am Abend à la carte bestellen.

Selbst zwei Gerichte sind in der Regel für die Küche bei mehr als zwanzig Gästen nicht machbar, wenn die Gäste erst am Abend wählen können. Sollte man dennoch eines der wenigen Lokale finden, das dies anbietet, muss man davon ausgehen, dass die Gerichte nicht gleichzeitig serviert werden können.

Einige Lokale lassen sich auf zwei Gerichte ein, wenn das Brautpaar vorab – zum Beispiel über die Einladung mit den Zusagen – die Essenswünsche der Gäste abfragt. Grundsätzlich erweist sich dies in der Praxis allerdings oft als sehr mühsam:

- Die Gäste wollen sich noch nicht so früh entscheiden oder antworten einfach nicht, sodass das Brautpaar nachhaken muss.
- Die Gäste wissen am Abend nicht mehr, was sie gewählt haben oder entscheiden sich kurzfristig um.
- Das Brautpaar hat viel Arbeit mit der Tischordnung und muss deutlich für den Service markieren, wer wo sitzt bzw. was isst.

Da dies alles in der Regel so arbeitsintensiv ist und oftmals nicht wirklich funktioniert, lehnen viele Lokale ab, mehrere Gerichte zu servieren. Wenn dann also der Hauptgang festgelegt ist, kann man an die Vorspeisen gehen. Es empfiehlt sich, sowohl die Fleischart als auch Gemüse und Beilagen nicht zu wiederholen. Beispielsweise sollte also im Menü auf eine Tomatensuppe kein Hauptgang mit gegrillten Tomaten folgen.

Ebenso sollte man ein wenig auf Farben achten. Wenn man eine vorwiegend rote Speise serviert, sollte im folgenden Gericht die Farbe Rot möglichst nicht dominieren.

Bei Hochzeiten werden meistens vier Gänge serviert. Je nach Budget und Vorlieben aber auch drei oder fünf Gänge.

Grundsätzlich sollten Sie erst kalte, dann warme Speisen wählen. Servieren Sie also zum Beispiel ein Salatgericht und eine Suppe, kommt zuerst der Salat und dann die Suppe. Vielleicht haben Sie bei den Vorspeisen irgendwelche besonderen Vorlieben? Ansonsten lassen Sie sich einfach vom Küchenchef beraten bzw. von gesendeten Menüvorschlägen inspirieren.

Bei einem servierten Dessert können Sie etwas mehr Auswahl mit einer sogenannten Dessertvariation bieten. Dabei sind mehrere kleine Desserts auf einem Teller arrangiert. Dies ist allerdings auch die teurere Dessertvariante, gefolgt vom Dessertbuffet.

Ansonsten empfehlen wir Ihnen auch hinsichtlich des Desserts, wenn Sie keine besonderen Vorlieben und Ideen haben, sich vom Profi beraten zu lassen. Der weiß am besten, was zum restlichen Essen und Stil der Speisen passt bzw. zu seinem eigenen Stil und seinen Möglichkeiten.

© Celebrations

Catering oder Partyservice?

Noch ein paar Worte zu den Bezeichnungen Catering und Partyservice. In der Regel bietet ein Caterer mehr als ein Partyservice. Viele Metzgereien bieten zum Beispiel einen Partyservice, das heißt, sie liefern vor allem fertige Buffets. Dann sollten Sie aber auf jeden Fall sicherstellen, dass die untenstehenden Punkte enthalten sind. Das Angebot eines Caterers umfasst diese Punkte in der Regel bereits. Wenn Sie nicht enthalten sind, müssten Sie sie anderweitig organisieren und diese Positionen entsprechend kalkulieren:

- Buffettische
- Tischwäsche für das Buffet
- Vorlegebesteck zum Nehmen der einzelnen Speisen
- Kühlmöglichkeiten, um die Speisen, die in Reserve sind, bis zu ihrem Einsatz frischzuhalten (dies gilt besonders für rohes Fleisch bei einem Grillbuffet)
- Mitarbeiter bzw. Köche, die das Buffet wieder regelmäßig auffüllen bzw. nachlegen und eventuell sogar vor den Gästen kochen oder grillen
- Gläser, Besteck, Servietten und Geschirr
- Sind ausreichend Besteck und Gläser für den ganzen Abend vorhanden oder muss zwischenzeitlich gespült werden?
- Wenn Geschirr, Besteck und Gläser aus Pappe sind – zum Beispiel auch beim Polterabend –, wer kümmert sich um die Müllentsorgung und entsprechende Müllsäcke bzw. Mülltonnen?
- Wer kümmert sich auch sonst um die Müllentsorgung von Essensresten, Papierservietten, Verpackungsmaterialien und was sonst so am Abend anfällt?
- Sind Servicemitarbeiter im Angebot enthalten?
- Ist Servicematerial vorhanden: zum Beispiel Tabletts, Flaschenöffner, Korkenzieher, Aschenbecher, Geschirrtücher, Spülmittel, Wischlappen …?
- Gibt es Kühlmöglichkeiten für alle Getränke (sofern nicht vor Ort vorhanden)?

- Gibt es eine Zapfanlage (sofern nicht vor Ort vorhanden)?
- Gibt es eine Kaffeemaschine (sofern nicht vor Ort vorhanden)?
- Wo und wie wird der sogenannte Rückstau aufgebaut, wo werden dreckiges Geschirr und dreckige Gläser ordentlich gesammelt?

Servicepersonal

Wenn Sie sich selbst um die Planung von Servicepersonal kümmern, werden Sie vor die Frage gestellt, wie viele Helfer Sie während Ihrer Feier benötigen. Bei einem gesetzten Essen sollten Sie – je nachdem, ob Sie ein Menü oder ein Buffet planen oder wie ausgeprägt der Service sein soll – pro zehn bis dreißig Gäste eine Servicekraft einplanen. Zusätzlich sollten Sie an Servicekräfte für Getränke denken, die den Rücklauf abfangen und die Theke versorgen.

Getränkepauschale

Gerne möchten wir an dieser Stelle auf die Getränkepauschale hinweisen. Immer mehr Locations und Caterer bieten solche Pauschalen. Grundsätzlich raten wir Ihnen allerdings davon ab. Kein Gastronom wird diese Pauschale so kalkulieren, dass er drauflegt. Im Gegenzug werden aber gerade an heißen Sommertagen mehr günstige Softgetränke oder Bier als (hochpreisiger) Wein getrunken. Autofahrer, Schwangere oder stillende Mütter trinken wenig bis gar nichts.

Manchmal gilt die Pauschale bis spät in die Nacht, wenn gar nicht mehr alle Gäste da sind. Dann zahlen Sie weiterhin für die volle Gästezahl Ihre Pauschale. Daher ist eine Abrechnung nach Verbrauch immer für alle Seiten am fairsten.

Gut ist die Getränkepauschale, da sie Ihnen als Brautpaar eine Sicherheit gibt, wie viel Sie im Bereich Getränke ausgeben werden. Aber die Location oder der Caterer wird Sie beraten können bzw. gibt oft selbst eine relativ gute Schätzung bereits in der Kalkulation ab, sodass Sie auch ohne Getränkepauschale planen können.

Sollten Sie nicht auf eine Getränkepauschale verzichten wollen, achten Sie genau darauf, welche Getränke enthalten sind und wie lange die Pauschale gilt. Das heißt, die Pauschalen werden oftmals nur für beispielsweise vier oder sechs Stunden der Feier angeboten. Wenn danach noch weitergefeiert wird, wird in der Regel ein Aufschlag auf die Pauschale berechnet oder nach Verbrauch abgerechnet. Manchmal ist auch kein Sektempfang o. Ä. inkludiert. Dies sollten Sie dann natürlich alles auch in Ihrer Budgetplanung berücksichtigen.

Drucksachen –
von der Einladung bis zur Danksagung

Im Rahmen dieses Kapitels geben wir Ihnen in erster Linie eine grundsätzliche Hilfestellung zur Herangehensweise an Ihre Hochzeitsdrucksachen. Hin und wieder geben wir Ihnen schon hier Tipps, wo Sie Ihren roten Faden immer wieder aufnehmen können – später gehen wir auf den roten Faden nochmals im Kapitel „Drucksachen als Element der Dekorationen" ein.

Machen Sie sich rechtzeitig über das Format und auch das Papier Ihrer Drucksachen Gedanken. Möchten Sie eine einfache Karte oder eine Klappkarte, auf der Vorder- und Rückseite bedruckt? Das Format Ihrer Einladung gibt konsequenterweise auch das Format Ihrer Danksagung vor. Dies ist aber selbstverständlich kein Muss. Die Wahl des Formates hängt natürlich auch von den Inhalten Ihrer Einladung ab. Wie viel Text müssen oder möchten Sie auf Ihren Einladungen unterbringen?

||| **SPARTIPP:** Wählen Sie ein gängiges kleines Format für Ihre Einladung. Nicht nur der Druck wird aufgrund des Papiers günstiger. Auch ist das Porto niedriger, denn je schwerer und größer der Umschlag, desto teurer.

© Marco Bräunig

Ein Einleger mit Informationen zu Organisatorischem kann eine gute Idee sein. Bedenken Sie, dass die Einleger in die Klappkarte passen müssen, also etwas kleiner sind. Wenn Sie eine Antwortkarte wünschen, machen Sie sich auch Gedanken, ob sie zum Einleger passen soll oder ob sie sich durch ein anderes Format extra abheben sollte, damit sie hervorsticht.

Wählen Sie ein Papier, das sich von der Einladung über den Kirchenheftumschlag bis zur Danksagung für alle Drucksachen eignet.

Wollen und können Sie Ihre Drucksachen selber gestalten oder an den Profi abgeben? Ein Grafiker kann Sie individuell beraten und für Sie ein Hochzeitslogo, Monogramm oder gleich ein ganzes Hochzeitsdesign Ihrer Drucksachen entwerfen. Darüber hinaus kann er auch die Drucksachenabwicklung für Sie übernehmen. Er weiß, worauf zu achten ist.

Alternativ können Sie auch eine Druckerei in Ihrer Nähe aufsuchen. Dort kennt man sich normalerweise auch mit der Druckvorstufe aus und kann Ihre Daten so setzen, wie Sie es sich wünschen.

Im Internet finden Sie zahlreiche Billigdruckereien, von denen Sie Ihre Einladungen drucken lassen können. Wir warnen Sie hiervor, wenn Sie keine Kenntnisse in diesem Bereich haben. Denn von den meisten Anbietern im Internet werden Sie keine für den Laien hilfreichen und nützlichen Tipps bekommen und auch nicht erwarten können.

Es gibt im Internet außerdem Anbieter, bei denen Sie Ihre Daten und Texte in eine Art Maske einsetzen können. Verschiedene Designs stehen in der Regel zur Auswahl. Festgelegt ist ebenfalls, welche Formate aus einer Designlinie erhältlich sind, zum Beispiel Einladung, Menükarte und Danksagung. Nachteilig ist meist die mangelnde Flexibilität, wenn es um weitere Druckartikel geht. So können Sie das Design nicht zusätzlich für andere Drucksachen einsetzen, zum Beispiel für Ihr Kirchenheft, die Sitzordnung usw. Bitte informieren Sie sich daher vor Ihrer Bestellung, ob die von Ihnen gewünschten Drucksachen ebenfalls bestellbar sind. Wenn Ihnen die Designvorlagen eines Anbieters ausreichen, ist dieser Weg eine gute Lösung.

Beachten Sie immer das Vieraugenprinzip im Rahmen Ihrer Drucksachen. Wenn man sich mit einem Einladungstext immer und immer wieder beschäftigt, kann es passieren, dass sich beim Setzen der Daten Rechtschreibfehler einschleichen und man sie übersieht. Ob Sie einen Grafiker mit Ihrer Einladungsgestaltung beauftragen oder sich selbst ans Werk machen – bitten Sie mehrere Personen, nach Fehlern zu suchen, bevor Sie die Freigabe für den Druck erteilen.

Gästeliste

Sie können gar nicht früh genug mit der Erstellung Ihrer Gästeliste beginnen, denn diese ist eine der wichtigsten Planungsgrundlagen für Ihre gesamten Hochzeitsfeierlichkeiten. Nicht nur für den Versand der Drucksachen, sondern auch für Ihre Budgetplanung ist sie wichtig. Erst wenn Sie wissen, wie viele Gäste Sie einladen, können Sie kalkulieren (anders herum müssen Sie natürlich wissen, mit welchem Budget Sie arbeiten, damit Sie entsprechend die Gästezahl bestimmen können; siehe hierzu auch das Kapitel „Budget & Kalkulation").

Auch hinsichtlich Ihrer Locationsuche und der Auswahl der Location ist die Gästezahl eine notwendige Grundlage. Die Räumlichkeiten sind begrenzt. Die schönste Location kommt gar nicht erst infrage, wenn Sie dort nur mit der Hälfte Ihrer Gäste feiern könnten. Andersherum möchten Sie sich ja auch nicht im engsten Kreis in einem riesigen Saal verloren fühlen.

Wer eingeladen wird, ist oft ein heikles Thema. Möchten Sie nur die Familie und Freunde oder auch Bekannte und Arbeitskollegen um sich haben? Laden Sie alle Kinder mit ein? Bestimmen nur Sie die Gästeliste oder eventuell auch Ihre Eltern? Dürfen Singles jeweils eine Begleitung mitbringen? In Ihre Gästeliste werden wahrscheinlich einige Personen reinreden wollen, manche Gäste werden vielleicht sogar versuchen, sich selbst einzuladen. Denken Sie immer wieder daran: Es ist Ihre Hochzeit und Sie sollten bestimmen, wen Sie an Ihrem schönsten Tag bei sich haben möchten. Fühlen Sie sich nicht verpflichtet, Gäste einladen zu müssen. Die Wünsche Ihrer Eltern sollten Sie jedoch um des lieben Friedens willen nicht gänzlich übergehen.

Unterschätzen Sie die Aufgabe der Erstellung und Pflege der Gästeliste nicht. In der Regel kostet es viel Zeit, die Kontaktdaten in aktualisierter Form zusammenzutragen. Wenn Sie die Liste einmal erstellt haben, sollten Sie sie immer weiter pflegen und auf den neuesten Stand bringen. Einigen Sie sich, wer von Ihnen beiden diese Aufgabe übernimmt, denn sonst können Sie schnell durcheinanderkommen.

Sinnvollerweise legen Sie eine Tabelle (zum Beispiel eine Excel-Tabelle) an, die Sie im Laufe Ihrer Planung jederzeit anpassen und ergänzen können. In den diversen Spalten können Sie übersichtlich alle Daten einsehen. Zudem können Sie auch die aktuellen Personenzahlen berechnen, ohne immer wieder selber nachzählen zu müssen. Wir empfehlen, die folgenden Inhalte in den Spalten Ihrer Tabelle von vornherein aufzunehmen:

||| Gästeliste

1. Name (wenn Sie Ihre Sortierung entsprechend den Namen vornehmen, werden Paare und Kinder beieinander aufgeführt)
2. Vorname
3. Straße mit Hausnummer
4. PLZ und Ort
5. E-Mail-Adresse (Über diese Information werden sich Ihre Trauzeugen freuen, wenn sie beispielsweise Überraschungen für Sie planen und rasch ankündigen oder umsetzen wollen.)
6. Telefonnummer (hier bietet sich der Einfachheit halber die Mobilnummer an)
7. Anzahl benötigter Einladungen (diese Zahl unterscheidet sich von der Gästezahl)
8. Einladung versendet
9. Zusage
10. Wenn mehrere Feierlichkeiten geplant sind, sollte unterteilt werden, zu welcher Feierlichkeit zugesagt wurde.
11. Absage
12. Übernachtung nötig?
13. Alter der Kinder (dies ist eventuell für die Planung einer Kinderbetreuung und eines Kindertisches wichtig)

Später können Sie dann beispielsweise folgende Spalten ergänzen:
14. Geschenk
15. Danksagung versendet

Setzen Sie Prioritäten anhand der ABC-Regel. Schreiben Sie zunächst alle Gäste auf, die Sie gerne einladen möchten. Kennzeichnen Sie die, die in jedem Fall eingeladen werden (müssen), mit einem A, also Familie und engste Freunde. Als Nächstes schauen Sie, wer eigentlich auch eingeladen werden müsste, wie weitere Verwandte, Freunde usw. Diese Gruppe kennzeichnen Sie mit einem B. Als dritte Gruppe C kennzeichnen Sie Personen, die Sie nicht unbedingt einladen müssen, aber eventuell doch einladen würden, wenn Sie unendliche Kapazitäten hätten. Entscheiden Sie Schritt für Schritt, ob Sie alle Gäste aus Gruppe A und aus Gruppe B, vielleicht sogar aus Gruppe C einladen werden.

Wenn Sie sehen, dass Ihre gewünschte Personenzahl mit Ihrem verfügbaren Budget nicht realisierbar ist, könnten Sie auch einen Polterabend (siehe Kapitel „Weitere Feste rund um die Hochzeit") für alle Wunschgäste planen und dann das Hochzeitsfest im engsten Familienkreis feiern.

Was ist inhaltlich unverzichtbar?

Im Rahmen Ihrer Hochzeitsdrucksachen sollten Sie schon frühzeitig überlegen, wie weit Sie dieses Thema ausweiten mögen.

Unverzichtbar ist die Einladung. Sie ist die Visitenkarte Ihres Festes. Wichtig ist, dass die Einladung Sie beide widerspiegelt und Ihre „Handschrift" trägt. Die Einladung sollte vom Stil her zu Ihnen und zu Ihrer Feier passen. Ebenso der Text der Einladung. Daher sollten Sie ihn zunächst so aufschreiben, wie er Ihnen in den Sinn kommt. Daran feilen können Sie im Anschluss.

||| **TIPP:** Beachten Sie, dass der Name der Braut immer zuerst in den Drucksachen genannt wird. Wenn Sie also ein Monogramm oder Namenslogo aus Ihren Vornamen erstellen, sollte ihr Name immer vorne stehen.

Ob Sie darüber hinaus auch eine Verlobungsanzeige und bzw. oder eine Save-the-Date-Karte versenden möchten, liegt ebenso in Ihrem Ermessen wie der Druck individueller Tischnamenskarten, Willkommensschreiben auf den Hotelzimmern usw. Wenn Sie kirchlich heiraten, sollten Sie unbedingt auch ein Kirchenprogramm drucken, in dem zumindest der Ablauf Ihrer Trauung sowie die Kirchenlieder aufgeführt sind. Nachdem Ihre Gäste Ihr Hochzeitsfest zu einem rauschenden Fest haben werden lassen, von weit her gereist sind und Ihnen ein Geschenk gemacht haben, ist auch eine persönliche Danksagung empfehlenswert.

Save the Date – die moderne Verlobungs- oder Hochzeitsanzeige

Früher wurden oft noch klassische Verlobungsanzeigen verschickt, heutzutage wird hierauf meist verzichtet. Stattdessen entscheiden sich die meisten Brautpaare für eine Save-the-Date-Karte, mit deren Hilfe das Hochzeitsdatum bereits kommuniziert wird, damit die Gäste sich das Datum vormerken können.

||| Inhalte der Save-the-Date-Karte
- Namen des Brautpaares mit Kontaktdaten
- „Save the Date" o.Ä.
- Datum der Hochzeit

Sobald Sie also den Termin für Ihre Trauung und die Location fixiert haben, können Sie Ihre Gäste über das Datum informieren. In Ruhe können Sie dann alle für die Einladung wichtigen Details organisieren und zusammentragen (z. B. Hotelempfehlungen usw.). Ihre Gäste wissen dann aber bereits, dass sie sich den Tag Ihrer Hochzeit reservieren sollen.

Einladung und notwendige Inhalte

Wie schon erwähnt, ist die Einladung die Visitenkarte Ihrer Hochzeit. Sie sollten sich daher sorgfältig über die Inhalte und den Text Gedanken machen. Die Einladung dient Ihren Gästen, sich auf Ihren großen Tag einzustimmen und vorzubereiten. Um nicht später noch einmal per E-Mail Informationen nachschicken oder etliche Telefonate führen zu müssen, lohnen sich Ihre vielen Gedanken im Vorfeld.

Drücken Sie sich klar und eindeutig aus. Zum Beispiel lässt der Dresscode gerne Spiel für Fragen. Halten Sie sich daher an die offizielle Bezeichnung (Erläuterungen finden Sie im Kapitel „Styleguide – Stil & Etikette"). Auch wenn sich „sommerlich festlich" sehr schön anhört – am Ende weiß jedoch niemand, was das zu bedeuten hat: langes oder kurzes Kleid?

Folgende Inhalte sollten Sie in der Einladung aufnehmen, sofern sie für Ihre Hochzeit passen:

||| **Das gehört in die Hochzeitseinladung**

- Anlass
- Gastgeber (Brautpaar oder Eltern)
- Namen und Adresse des Brautpaares mit Kontaktdaten
- Datum und Uhrzeit der Trauung
- Ort der Trauung mit genauer Anschrift
- Empfang, eventuell im Anschluss an die Trauung
- Pause (falls geplant)
- Datum und Uhrzeit der Hochzeitsfeier
- Ort der Hochzeitsfeier mit genauer Anschrift
- Ansprechpartner für Fragen/Festtagsbetreuer/Hochzeitsplaner
- Hochzeitsgeschenke/-tisch/-wünsche (Überlegen Sie sich, ob Sie einen Hochzeitstisch im Internet einrichten, ein spezielles Geschäft auswählen, in dem Sie sich einen Geschenketisch einrichten, oder ob Sie sich eventuell Geld von Ihren Gästen wünschen.)
- Kinderbetreuung

- Dresscode
- RSVP/U.A.w.g. bis („Répondez, s'il vous plait"/„Um Antwort wird gebeten") – fügen Sie hier das Datum ein, bis zu dem Ihre Gäste Ihnen die Zu-/Absagen mitteilen sollten
- Hotelunterbringung und Hotelinformationen
- Wegbeschreibungen (heute kein Muss mehr, da die meisten Ihrer Gäste wahrscheinlich ein Navigationsgerät besitzen)
- Anreiseinformationen (Fluggesellschaften, Hotels, Mietwagen)
- Shuttle
- Rahmenprogramm (Begrüßungsabend, Hochzeitsbrunch)
- Eventuell ein Zitat oder Trauspruch
- Antwortkarte
- Besonderheiten: eventuell Informationen zu Parkmöglichkeiten an der Kirche etc.
- Trauzeugen mit Kontaktdaten

Zu folgenden Fragestellungen sollten Sie sich ebenfalls im Vorfeld Gedanken machen:

- Möchten Sie Ihre Gäste in der Einladung persönlich mit Namen anschreiben? Dann sollten Sie einen Platz hierfür in der Karte einplanen.
- Werden Kinder miteingeladen? Möchten Sie eventuell einen Hinweis zur Kinderbetreuung vornehmen und das Alter der Kinder abfragen, sofern Sie es nicht genau kennen?
- Werden Sie eine Pause zwischen Trauung und abendlichem Hochzeitsfest einrichten? Überlegen Sie, ob Sie Ihren Gästen ohne Hotel einen Rückzugsort oder einen bestimmten Programmpunkt anbieten möchten.
- Unterschreiben Sie die Einladung persönlich? Hierfür wird Platz benötigt.

Antwortkarte/RSVP-Karte

Fügen Sie Ihren Gästen eine Antwortkarte bei, erleichtern Sie ihnen die Antwort. Dies kann nur in Ihrem Sinne sein, denn Ihre Gäste können schnell die Häkchen an der entsprechenden Stelle machen, die Karte frankieren und an Sie zurückschicken. Dadurch haben Sie schneller einen Überblick, mit wie vielen Gästen Sie tatsächlich rechnen können. Natürlich können Sie es Ihren Gästen noch angenehmer gestalten und direkt auch das Porto für die Rücksendung aufkleben.

Sie sollten Ihre Gäste mindestens drei bis sechs Wochen vor der Hochzeit um Rückantwort bitten. Denken Sie daran, dass Sie bei der Bestellung des Essens, eventuell des Mietmobiliars usw. eine Personenzahl angeben müssen. Es wird immer wieder Gäste geben, die das Rücksendedatum der Antwortkarte verschlafen und bei denen Sie nachhaken müssen. Planen Sie also auch hier einen zeitlichen Puffer ein.

Folgende Inhalte sind im Rahmen der Gestaltung Ihrer Antwortkarte zu prüfen:

||| **Das gehört auf die Antwortkarte**
- Name des Gastes/der Gäste
- Zusage (zu welchen Feierlichkeiten)
- Absage
- Anzahl der Gäste, eventuell Kinder, die kommen (mit Altersangabe)
- Hotelübernachtungen
- Allergien/Einschränkungen etc.
- Wenn die Gäste eine Wahl hinsichtlich der Gerichte haben: Fleisch oder Fisch?
- Rücksendedatum

Drucksachen rund um den Tisch
Menükarte, Tisch- und Platzkarte sowie Tisch- und Sitzordnung

Die Menükarte ist ein wichtiger Teil Ihrer Festtische, die Sie wunderbar in Ihre Tischdekoration und in Ihr Hochzeitskonzept einbeziehen können. Die Menükarte informiert Ihre Gäste, mit welchen kulinarischen Köstlichkeiten Sie sie verwöhnen werden. Daher sollten Sie sie nicht außer Acht lassen oder gar darauf verzichten. Sie können die Menükarte zum Beispiel im DIN-A4-Format ausdrucken, zu einer Rolle formen und mit einer Satinschleife versehen oder als DIN-A5-Klappkarte hochkant auf die Tische stellen. Hier reicht eine Karte pro zwei bis vier Personen aus. Weitere Anregungen finden Sie im Kapitel „Dekorationen".

Passend zu den Menükarten können Sie auch Getränkekarten für Ihre Gäste bereitstellen. Lassen Sie sie wissen, welche Drinks Sie Ihnen anbieten. Haben Sie sich für eine Cocktailbar entschieden, könnten Sie die Cocktails umbenennen und auf diese Weise eine persönliche Note einbringen. Ansonsten können Sie je nach Gestaltung der Menükarte Getränke auch dort abdrucken lassen.

Eine Tischordnung (auch Tischplan genannt) ist in jedem Fall dann sinnvoll, wenn Sie sehr viele Tische in Ihrem Festsaal haben. Hilfreich kann sie auch sein, wenn die Räumlichkeiten verschachtelt oder Tische nicht auf einen Blick einsehbar sind. In jedem Fall sollten Sie die Tische mit Nummern versehen, damit Ihre Gäste den ihnen zugewiesenen Tisch leicht finden. Alternativ können Sie Ihren Tischen auch Namen geben.

||| **TIPP:** Bei der Bezeichnung Ihrer Tische können Sie wieder an den roten Faden denken und passend zu Ihrem Hochzeitskonzept Namen vergeben. Setzen Sie dann die Personen an die jeweiligen Tische, die inhaltlich zu dem Thema des Tisches passen. Wenn Ihr Hochzeitsthema zum Beispiel „Reise ins Glück" lautet, könnten Sie die Tische „Sölden", „Kalifornien", „Südafrika" usw. nennen und dann die Freunde dort platzieren, mit denen Sie diese Ziele verbinden.

Die Sitzordnung ist eines der Details, auf das Sie in jedem Fall ein großes Augenmerk richten sollten. Denn damit tun Sie Ihren Gästen den Gefallen, zueinander passende und füreinander interessante Gesprächspartner zusammenzubringen. Die Sitzordnung sollten Sie unbedingt gut sichtbar vor Beginn des Hochzeitsessens aufstellen. Fragen Sie in der Location, ob es vielleicht eine Staffelei oder einen Bilderrahmen gibt, in dem Sie die Tisch- oder die Sitzordnung ausstellen können.

An den Tischen angekommen, sollten Ihre Gäste dann auch mithilfe einer Tischnamenskarte ihren zugewiesenen Platz vorfinden. Auch hier können Sie wieder kreativ im Rahmen Ihres Hochzeitskonzeptes werden und die Namen zum Beispiel auf eine Muschel, einen Stein oder einen Papierschmetterling schreiben.

Kirchenprogramm

Die inhaltliche und auch optische Gestaltung des Kirchenprogrammes müssen Sie zwar noch nicht zu Beginn Ihrer Hochzeitsplanung ins Auge fassen, sollten Sie jedoch rechtzeitig und nicht erst in den letzten zwei Wochen vor Ihrer Hochzeit beginnen. Nicht nur eventuell anfallende Bastelarbeiten wie zum Beispiel die Verzierung mit einem Satinband (hier auch wieder ein Tipp für Ihren roten Faden) oder die Anbringung einer Rückstichheftung (falls gewünscht) nehmen viel Zeit in Anspruch. Insbesondere die Gestaltung der Druckunterlagen kann Zeit und Nerven kosten. So sollten Sie bedenken, dass die Kirchenlieder möglichst mit Noten und Text in leserlicher Größe vorhanden und in die Vorlage kopierbar sein sollten. Auch die Abstimmung der Inhalte mit Ihrem Geistlichen kann nochmals Zeit in Anspruch nehmen.

Ein gängiges Format ist die DIN-A5-Klappkarte hochkant. Gestalten können Sie die Innenblätter auf DIN-A4-Seiten, die Sie dann im Querformat mittig falten und in den Kirchenheftumschlag legen oder heften. Achten Sie darauf, dass das Papier mit dem Kirchenheftumschlag farblich harmoniert. Ebenfalls wichtig ist, dass das Papier nicht zu dünn und somit durchsichtig ist, da Sie es von beiden Seiten bedrucken werden. In der Regel werden Sie pro Kirchenprogramm gestalterisch mit zwei oder drei DIN-A4-Seiten auskommen. Diese ergeben dann acht oder 12 Seiten im Endformat. Über die folgenden Inhalte des Kirchenprogrammes sollten Sie zumindest nachdenken:

||| **Das könnte das Kirchenprogramm beinhalten**

- Foto der Kirche auf der Front, alternativ Ihre Namen, Ihr Monogramm oder Ihr Hochzeitslogo
- Name der Kirche
- Datum Ihrer Hochzeit
- Namen des Brautpaares
- Benennung von Pfarrer/Theologen, Organist, Sänger/Musiker (falls vorhanden), Trauzeugen, Brautjungfern, Blumenkindern
- Ablauf der Trauung
- Trauspruch
- Kirchenlieder und Lieder sowie deren Texte
- Lesungen
- Fürbitten
- Dank an Eltern, Helfer, Pfarrer, Organist
- Kollekte

||| **TIPP:** Seien Sie vorsichtig mit Texten und Noten aus dem Internet. Nicht alle frei verfügbaren Daten sind fehlerfrei. Insbesondere im Bereich von Noten gibt es Anbieter, die dort ihre Werbung platzieren. Wenn Ihnen dies erst in der Kirche auffällt, kann das zwar zur allgemeinen Belustigung führen, aber bestimmt nicht bei Ihnen als Brautpaar.

Gästebuch

Eine besonders schöne Erinnerung an Ihre Hochzeit ist ein Gästebuch, in das Ihre Hochzeitsgäste hineinschreiben können. Sie finden Gästebücher verschiedener Arten und Formate im Fachhandel für Schreibwaren oder Hochzeitszubehör oder aber im Internet. Darüber hinaus gibt es auch die Möglichkeit, sich von einem Buchbinder ein individuelles Gästebuch anfertigen zu lassen, zum Beispiel mit Ihrem eigenen Hochzeitslogo auf der Front.

Machen Sie sich im Vorfeld Gedanken, wie viele Seiten das Buch haben sollte, damit auch jeder Ihrer Gäste eine Eintragung vornehmen kann, und ob Sie zu den persönlichen Einträgen nachträglich auch Fotos einkleben möchten. Dann sollten Sie ein Gästebuch auswählen, das wie ein Fotoalbum über einen Ausgleich zwischen den Seiten verfügt. Anderenfalls wird das Buch immer wieder aufklaffen und im schlimmsten Fall sogar über die Jahre im Rücken auseinanderfallen. Bitten Sie Ihre Gäste, einheitlich auf der rechten Seite des Buches Einträge vorzunehmen, die Fotos könnten Sie links einkleben. Bitten Sie Ihre Trauzeugen oder einen anderen Helfer, sich am Tag der Hochzeit um Ihr Gästebuch zu kümmern. Es ist sehr schade, wenn Sie sich für viel Geld ein Gästebuch anschaffen, es am Tag Ihrer Hochzeit aber niemand sieht oder sich um Einträge kümmert.

Alternativ können Sie auch von Ihren Gästen ein Bild malen lassen. Stellen Sie eine große Leinwand auf eine Staffelei, auf einen Tisch daneben passende Farben. Sie werden vielleicht überrascht sein, wie viel Kreativität in Ihren Gästen steckt.

Danksagung

Nach Ihrer Hochzeit und den Flitterwochen sollte die Danksagung ganz oben auf Ihrer Prioritätenliste stehen. Sagen Sie Danke für ein wundervolles Hochzeitsfest, für liebe Glückwünsche, tolle Geschenke und den Einsatz Ihrer Gäste für Sie beide. Geben Sie die Wertschätzung an Ihre Gäste zurück. Die Danksagung sollten Sie möglichst innerhalb von sechs Wochen nach Ihrer Hochzeit versenden.

Machen Sie sich zuerst Gedanken, ob Sie ein Foto von sich beilegen, auf die Front kleben oder es aufdrucken möchten. Dann müssen Sie überlegen, welches Format die Karte haben soll. Auf der Innenseite beziehungsweise auf der Rückseite können Sie Platz für einen persönlichen und handgeschriebenen Dank lassen. Alternativ können Sie auch eine Kombination aus einem handgeschriebenen und einem gedruckten Text wählen. Wir empfehlen Ihnen, sich mit ein paar kurzen persönlichen Zeilen an Ihre Gäste zu wenden. Danken Sie für das Geschenk, das Kommen usw. Auf der Front Ihrer Danksagung könnten Sie auch ein oder mehrere Fotos, ein Best-of Ihres großen Tages aufdrucken lassen, z.B. in einer Collage. Wenn Sie von Ihren Gästen schöne Fotos haben, werden sie sich sicher freuen, wenn Sie eines zur Erinnerung beilegen. Textbeispiele für Danksagungen finden Sie im „humboldt PLUS"-Bereich auf www.humboldt.de.

Festtagsbetreuer

Wie bereits angesprochen, sollten Sie sich überlegen, ob Sie bei der Organisation oder am Hochzeitstag selbst Hilfe in Anspruch nehmen möchten. Wir legen Ihnen dies in jedem Fall ans Herz. Als Brautpaar werden Sie beschäftigt sein mit dem Begrüßen Ihrer Gäste, Gratulationen, Unterhaltungen, Spaß haben, Überraschungen etc., sodass Ihnen manchmal kaum Zeit zum Essen oder dem Gang zur Toilette bleiben wird. Sie werden sich selbst einen Gefallen tun, wenn ein oder mehrere fleißige Helfer im Hintergrund die Fäden in der Hand halten und Ihnen den Rücken freihalten. Die Begriffe Festtagsbetreuer und Zeremonienmeister werden im Folgenden gleichbedeutend behandelt.

Aufgaben des Festtagsbetreuers

Die Arbeit des Festtagsbetreuers oder auch Zeremonienmeisters können Sie an Ihre Trauzeugen, Freunde, Verwandte oder auch einen Profi, einen Hochzeitsservice, vergeben. Je mehr Sie von allen Aufgaben an Ihrem Hochzeitstag abgeben, desto entspannter und sicherer können Sie feiern.

Delegieren könnten Sie beispielsweise:

- **Koordination sowie Kontrolle von Dienstleistern und Lieferanten**
Eine der wichtigsten Aufgaben des Festtagsbetreuers ist die Koordination der Dienstleister. Der DJ findet den Weg nicht, die Servicemitarbeiter sind zu langsam, der Fotograf ist auf Toilette, wenn die Hochzeitstorte hereingetragen wird, die Band weiß nicht, wo Sie aufbauen oder sich umziehen kann. Alles Dinge, mit denen sich sonst das Brautpaar beschäftigen müsste. Hier hilft jemand, der in alle Absprachen mit den Lieferanten und Dienstleistern eingeweiht ist, eine Liste aller Namen samt Handynummern hat und schon beim Aufbau vor Ort ist. Wenn jemand im Hintergrund die Fäden in der Hand hält, kann alles wesentlich reibungsloser ablaufen. Und Sie als Brautpaar können entspannt feiern.

- **Koordination der Abläufe, Spiele, Vorträge und Reden**
Auch hierfür ist es hilfreich, schon in der Einladung eine Person zu benennen, die für diesen organisatorischen Punkt zuständig ist. Da die meisten Beiträge Überraschungen sind, können Sie diese Organisation natürlich nur schwer selbst übernehmen. Einem Festtagsbetreuer können Sie auch vorab Instruktionen geben, was Sie sich wünschen bzw. was Sie zum Beispiel bei Spielen und Reden gar nicht möchten. Ebenfalls sollten Sie mit dem Zeremonienmeister abstimmen, wie der Ablauf am Hochzeitstag ist und wann Platz für Beiträge ist.
Der Zeremonienmeister kann sowohl dafür sorgen, dass alles in den Ablauf passt, und die Vorträge nach Ihren Wünschen ein wenig koordinieren, wie er auch für Ihre Gäste ein notwendiger Ansprechpartner sein kann. Er kann Ihren Gästen Informationen zum Ablauf geben und zur Umsetzung Ihrer Wünsche eine sinnvolle Unterstützung bieten. Ebenfalls kommt es oft vor, dass gleiche Beiträge mehrfach geplant werden, sodass dann einige Gäste – trotz mühsamer Vorbereitung – zurückstehen müssen. Ein Zeremonienmeister kann solchen Missverständnissen vorbeugen. Auch kann er

den Gästen helfen, wenn Sie zum Beispiel vor Ort Material benötigen (Projektoren aller Art, Bastelutensilien etc.).

Ganz wichtig ist dann natürlich die Koordinierung am Festtag
selber, damit jeder Gast, der etwas Besonderes für das Brautpaar
geplant hat, weiß, wann er dran ist, und nicht alle gleichzeitig oder
zum falschen Zeitpunkt loslegen. Wenn ein Menü serviert wird, ist
es besonders wichtig, Reden und andere Vorträge mit Ihrer unge-
fähren Länge mit der Küche und dem Servicepersonal zu koordinieren. Es wäre schade, wenn die Suppe kalt wird oder das Fleisch
verkocht, weil der Brautvater zu lange redet oder Tante Gerda plötz-
lich doch noch ein extralanges Gedicht vortragen möchte.

- **Zeitmanagement**
Zu schnell haben Sie als Brautpaar die Zeit vergessen. Sie rennt
Ihnen förmlich davon, weil Sie so viele schöne Dinge zu tun haben.
Viele Brautpaare tragen am Hochzeitstag auch gar keine Uhr und
sind dadurch erst recht etwas zeitlos. Damit Ihnen dann nicht Ihr
mühsam geplanter Ablauf des Tages durcheinandergerät, ist es hilfreich, wenn Sie jemand an gewisse Dinge erinnert, zum Beispiel an
das Fotoshooting bzw. daran, dieses zu beenden, an den Beginn des
Hochzeitsmenüs oder das Anschneiden der Hochzeitstorte.

- **Geschenkemanagement**
Der Geschenkemanager kümmert sich darum, dass die Präsente
ordentlich auf einem Tisch arrangiert werden, Blumen in Vasen
kommen und auch nach dem x-ten Geschenk noch Platz für weitere Geschenke ist. Er befestigt die Karten ordentlich mit Klebeband
am Geschenk und hat zum Beispiel Klebeetiketten dabei, mit denen
er den Namen des Schenkers außen am Geschenk befestigt, wenn
Gäste keine Karte für Ihr Geschenk haben. Dann wissen Sie später
noch, wer was geschenkt hat.

Vorteile des Hochzeitsplaners als Festtagsbetreuer

Der Hochzeitsplaner kann all die vorab genannten Dinge bei Ihrer Hochzeit übernehmen oder zumindest Teile davon. Nicht zuletzt die folgenden Vorteile ergeben sich daraus:

1. Der Hochzeitsplaner war schon vorab in die Organisation involviert und weiß genauer, was besprochen wurde. So kann er bei besonderen Situationen schneller und leichter im Sinne des Brautpaares entscheiden. Er kennt alle Lieferanten, Dienstleister und Abläufe.

2. Der Hochzeitsplaner ist nicht Gast und kann sich daher voll auf seinen Job konzentrieren. Er muss sich aus keinem Gespräch mit einem lange nicht gesehenen Freund reißen, um irgendwo im Ablauf oder bei einem Dienstleister einzugreifen. Er kann zum Beispiel auch während der Trauung aktiv sein und schon den nachfolgenden Sektempfang koordinieren, während die Gäste noch in der Kirche sind.

3. Der Hochzeitsplaner kann mit seinem Know-how und vor allem seiner Erfahrung vorausschauender, effektiver und sinnvoller arbeiten.

4. Der Hochzeitsplaner wird am Hochzeitstag einen Notfallkoffer bei sich haben und Ihnen und Ihren Gästen mit den Inhalten wie Nähzeug, Sicherheitsnadeln usw. hilfreich zur Seite stehen.

Florist & Dekorateur

Zu jeder Braut gehört ein Brautstrauß und zu jeder Hochzeit gehören Blumen. Sie sorgen für eine festliche Atmosphäre und bringen Farbe in den Festsaal. Je blumiger Sie dekorieren, desto mehr wird sich dies in Ihrem Budget niederschlagen. Informieren Sie sich daher umfänglich und lassen Sie sich von einem Profi beraten. Sie können den Floristen in Ihrem Blumengeschäft ebenso wie einen Dekorateur oder Hochzeitsplaner aufsuchen, um dieses Thema anzugehen. Alle drei

Profis kennen sich in der Regel mit Hochzeitsdekorationen aus und helfen gerne weiter.

Bevor Sie einen Floristen oder anderen Dekoprofi aufsuchen, können Sie sich bereits Gedanken über die Farben, Ihre gewünschten Blüten und über Formen machen. Viele Brautpaare machen dabei den Fehler, schon zu speziell nach ihren Farbwünschen zu schauen. Wer sich also zum Beispiel schon auf die Farben Grün und Pink für seine Feier festgelegt hat, sollte ruhig auch nach Dekorationen in anderen Farben schauen. Die Farben auszutauschen ist in der Regel kein Problem. Ein Tischläufer kann gelb statt grün sein. Viele Blumen, vor allem Rosen, sind in den diversesten Farben erhältlich. Also schauen Sie ruhig erst, welche Dekorationen Ihnen vom Stil gefallen, und betrachten Sie anschließend die Farben.

© Stephan Pick

© Stephan Pick

Sammeln Sie Fotos von Hochzeitsdekorationen aus Brautmagazinen oder dem Internet, die Ihnen gut gefallen. Vereinbaren Sie mit dem Floristen einen persönlichen Termin. Zeigen Sie ihm Ihre Wunschdekorationen. Lassen Sie sich Fotos von Brautsträußen oder auch anderem Blumenschmuck und Dekorationen zeigen, die er bereits angefertigt hat. Auch wenn Sie „nur" einen Brautstrauß gefunden haben, der Ihnen gut gefällt, können Sie gemeinsam mit dem Floristen anhand des Fotos die Dekorationen weiterspinnen. Denn oft ist der Brautstrauß der Schlüssel für die Richtung der gesamten Dekoration.

||| **SPARTIPP:** Wählen Sie Blüten, die der Jahreszeit entsprechen.

Besprechen Sie mit dem Floristen, welche Blumen und Blüten es in Ihrem Hochzeitsmonat in den von Ihnen gewünschten Farben und Formen gibt. Auch sollten Sie mitteilen, was Sie keinesfalls wünschen.

Recht umstritten sind zum Beispiel oftmals Schleierkraut und Efeu. Da beides von Floristen bei Hochzeiten aber gerne verwendet wird, sollten Sie vorher sagen, wie Sie darüber denken. Im Kapitel „Dekorationen" finden Sie auch eine Checkliste zu den Top 20 der Hochzeitsdekorationen, über die Sie zumindest nachgedacht haben sollten.

Sofern in Ihrer Location vorhanden, sollten Sie in jedem Fall auch die Hausfloristen kontaktieren, da die Preise oftmals günstiger sind und der Florist sich mit den Gegebenheiten des Hauses besser auskennt, sich im Haus recht frei bewegen darf und weiß, wie er bestimmte Raumdetails gekonnt in Szene setzen kann.

Setzen Sie sich ein Budget für Ihre Hochzeitsdekorationen. Die Kosten stehen und fallen mit der Auswahl der Blüten, den Materialien, dem Aufwand, der für die Herstellung nötig ist. Ein Blumenmeer muss entsprechend auch beschafft und bearbeitet werden. Jede einzelne Blüte findet sich in der Gesamtsumme Ihrer Rechnung wieder.

Bei Ihrem Gespräch mit dem Floristen sollten Sie unbedingt über Ihr Budget sprechen. So kann der Fachmann Sie bereits von vornherein zielgerichtet beraten und die passenden Lösungsvorschläge mit Ihnen erarbeiten.

Lassen Sie sich in jedem Fall ein schriftliches Angebot erstellen. Achten Sie darauf, dass Liefer- und Aufbaukosten sowie die Mehrwertsteuer enthalten sind. Besprechen Sie mit dem Floristen, was passiert, wenn eine gewünschte Blume am Hochzeitstag nicht lieferbar ist oder wenn die Preise so in die Höhe gehen, dass sie Ihr vorgegebenes Budget sprengen.

||| **SPARTIPP:** Lassen Sie die Dekorationen von einem Floristen herstellen, kümmern Sie oder Ihre Familie und Freunde sich um den Rest und sparen Sie Aufbau- und Lieferkosten. Unterschätzen Sie diese Aufgabe nicht, sie ist körperlich anstrengend und nimmt oftmals mehr Zeit in Anspruch, als man sich dies als Laie vorstellt.

© Marco Bräunig

Fotograf & Videograf

Der Hochzeitsfotograf und -videograf übernimmt eine sehr wichtige Rolle an Ihrem Hochzeitstag. Er ist derjenige, der die schönsten Momente für die Ewigkeit festhalten wird. Daher ist die Auswahl des passenden Fachmanns besonders wichtig. Im Folgenden gehen wir zunächst näher auf den Fotografen ein. Diesen Part sollten Sie analog aber auch im Hinblick auf den Videografen sehen.

Vielleicht haben Sie daran gedacht, einen Freund, Verwandten oder den Freund eines Freundes mit der Aufgabe des Hochzeitsfotografen zu betrauen. Aber auch hier gilt: Lassen Sie einen Profi ans Werk. Erstens sind – abgesehen von der Ausbildung – das technische Equipment und das Know-how eines Profis besser. Zweitens kann der Freund oder Verwandte die Feier nicht so genießen, wie wenn er sich als Gast fühlen darf. Drittens werden Sie vielleicht Hemmungen haben, einem Freund Wünsche mitzuteilen. Ein Profi wird auch dafür bezahlt, dass er nicht mit dem Glas Sekt inmitten Ihrer Gesellschaft steht, sondern möglichst viele unvergessliche Momente des Tages einfängt.

Wünsche an den Fotografen/Videografen

Wenn Sie sich nach einem Fotografen für Ihre Hochzeit umschauen, wird Ihnen wahrscheinlich schnell auffallen, dass Fotograf nicht gleich Fotograf ist. Ein technisch versierter Fotograf mit gutem Equipment macht noch lange keinen guten Hochzeitsfotografen aus. Ihr Fotograf sollte Ihre emotionalsten Momente des Tages mit einem gewissen Auge einfangen.

Viele Fotografen haben sich auf Hochzeiten spezialisiert. Sie kennen sich gerade mit den Details rund um den schönsten Tag im Leben eines Paares besonders gut aus. Sie wissen auch, wie sie die Stimmung der Gäste auflockern können, ein Gruppenfoto gekonnt in Szene setzen und auch, wann sie sich besser mehr im Hintergrund halten sollten. Ab und zu einmal ein bisschen den Animateur zu spielen, um gute Fotos zu erzielen, gehört ebenso zum Job des Fotografen.

Von Hobbyfotografen oder denen, die noch einer werden möchten, sollten Sie an Ihrem Hochzeitstag die Finger lassen. Gerade hochemotionale Momente sollen doch für die Ewigkeit festgehalten werden und nicht aufgrund einer Panne nur noch in Ihren Gedanken präsent sein. Wenn Sie keinen Hochzeitsplaner beauftragt haben, können Sie die Suche nach einem Hochzeitsfotografen über Empfehlungen von Freunden, Adressen in Brautmagazinen oder übers Internet beginnen. Schauen Sie sich zunächst die Fotos auf den Webseiten der Profis an, lesen Sie Referenzen und vereinbaren Sie einen persönlichen Termin mit den Fotografen, die Sie in die engere Wahl ziehen. Wichtig ist nämlich auch, dass Sie sich sympathisch sind. Sie müssen sich miteinander wohlfühlen, da der Fachmann Ihre sehr emotionalen – oft auch intimen – Momente festhalten wird.

Fragen Sie den Fotografen, ob er Ihnen ein oder möglichst mehrere Best-ofs beziehungsweise Referenzfotos von Hochzeiten zeigen kann. Wenn Sie die hundert besten Fotos einer Hochzeit gesehen haben, können Sie sich einen besseren Eindruck über den Stil machen. Sollte der Fotograf lediglich auf seine Homepage verweisen, haken Sie trotzdem nach: So mancher Fotograf hat auf seiner Homepage die besten Fotos von unterschiedlichen Hochzeiten. Dies bedeutet aber noch nicht, dass Ihnen der Stil einer kompletten Reportage zusagen würde.

Lassen Sie sich von Fotos in Hochzeitszeitschriften oder im Internet inspirieren und zeigen Sie dem Fotografen Aufnahmen, die Ihnen gut gefallen. So kann er sich ein besseres Bild von Ihren Wünschen machen.

Viele Fotografen bieten Brautpaaren heutzutage sogenannte Engagement-Shootings an. Hierbei treffen Sie sich zum Kennenlernen und für ein Beratungsgespräch. Gleichzeitig macht der Fotograf mit Ihnen ein erstes Paarshooting. Die Fotos können Sie beispielsweise für Ihre Einladung verwenden.

Wichtig ist, dass Sie sich im Klaren sind, welchen Stil Sie für Ihre Hochzeitsfotos wünschen. Ist es Ihnen wichtig, dass möglichst viele Porträts entstehen? Legen Sie mehr Wert auf Schnappschüsse? Treffen eher Farbfotos oder Schwarz-Weiß-Aufnahmen Ihren Geschmack? Oder ist es Ihnen wichtig, dass eine komplette Reportage Ihrer Hochzeit entsteht? Viele Fotografen bieten auch schon eine Begleitung ab dem Styling am Morgen an, ein sogenanntes Getting-Ready-Shooting (auch Brautentstehung genannt). In den letzten Jahren hat sich auch eine weitere Form von Shooting etabliert: das Trash-the-Dress-Shooting. Hierbei treffen Sie Ihren Fotografen nach der Hochzeit noch einmal in Ihrem Brautkleid bzw. Anzug. Sie fahren an einen abgefahrenen Ort oder machen Fotos im Wasser, in einer alten Ruine, auf einem Fabrikgelände etc. Sie sollten sich vorher allerdings genau überlegen, ob und inwieweit Ihr Brautkleid dabei wirklich zerstört werden darf, denn es kann dreckig werden, eventuell sogar bei bestimmten Szenen kaputtgehen.

Eine schöne und zugleich interaktive Idee und Ergänzung zu Ihrem Fotografen am Hochzeitstag ist, Ihre Gäste im Rahmen eines Photobooth festzuhalten. Sie lassen von Ihrem Fotografen in einem separaten Raum der Location ein kleines mobiles Fotostudio aufbauen, in dem sich Ihre Gäste per Selbstauslöser in unterschiedlichen Posen, mit Grimassen usw. fotografieren können. Mittlerweile können Sie auch Photobooth-Boxen mieten.

Weitaus günstiger können Sie Ihren Gästen (auch zusätzlich zum Profi oder abends alternativ zu seiner Begleitung) Einwegkameras zur Verfügung stellen. Hierbei entstehen oftmals sehr witzige Schnappschüsse aus den unterschiedlichsten Perspektiven. Einwegkameras gibt es in unterschiedlichen Hochzeitsdesigns. Somit können Sie sie in die Tischdeko einbeziehen.

Das Honorar eines Fotografen setzt sich nicht nur aus den Stunden der fotografischen Begleitung an Ihrem Hochzeitstag zusammen. Neben An- und Abfahrtszeiten hat der Fotograf in der Regel im Nachhinein noch einige Stunden Arbeit mit Ihrer Hochzeit: Die Fotos müssen aussortiert und nachbearbeitet werden. Diese Zeit ist nicht detailliert aufgeführt in den Angeboten, fällt aber dennoch an.

Fragen Sie den Fotografen, wie viele Fotos ungefähr in seinem Leistungsumfang enthalten sind und wie lange er nach der Hochzeit benötigt, bis er sie Ihnen nach der Bearbeitung übergibt. Achten Sie darauf, dass er Ihnen alle Bilder in Hochauflösung digital auf CD oder DVD zur Verfügung stellt und dass Sie die Nutzungsrechte an Ihren Fotos auch bekommen. Derartige Abkommen sollten schriftlich festgehalten werden. Auch sollten Sie noch vor Beauftragung festlegen, mit welchen Kosten Sie bei Zusatzleistungen wie Abzügen, Fotobuch beziehungsweise Album zu rechnen haben, wenn Sie sie über ihn beziehen möchten. Eine weitere wichtige zu klärende Frage ist, wer ihn im Krankheitsfall vertritt.

Denken Sie daran, dass Sie das Recht am eigenen Bild haben. Ein Fotograf darf Ihre Fotos nicht einfach zu Werbezwecken ins Internet auf seine Homepage setzen, ohne vorher Ihr Einverständnis bekommen zu haben.

Für den Hochzeitstag sollten Sie mit dem Geistlichen oder Standesbeamten vorab besprechen, ob das Fotografieren und Filmen während der Trauung erlaubt ist und ob sich Ihr Fotograf frei bewegen darf.

Ein Brautpaarshooting ist entspannter, wenn die Trauung bereits hinter Ihnen liegt. Sie werden vielleicht nervös sein, das Brautkleid könnte beschmutzt werden oder Sie verzichten bei dem Shooting auf bestimmte Posen, weil die Haare verrutschen könnten usw. Ein optimaler Zeitpunkt für das Brautpaarshooting ist der Nachmittagsempfang. Ihre Gäste sind versorgt, und Sie können das beste Licht noch einfangen. Mittags ist die Sonne oft recht hart, abends kann es bereits zu dunkel sein. Planen Sie ca. 30 bis 45 Minuten ein. Länger sollte ein Fotograf nicht benötigen, um Sie in verschiedenen Posen im besten Licht in Szene zu setzen.

Ein Brautpaarshooting vor der Trauung ist insofern vorteilhaft, als dass Sie frisch gestylt Fotos machen und Ihre Gäste während des Empfanges nicht alleine lassen müssen. Überlegen Sie im Vorfeld, mit welcher Variante Sie sich wohler fühlen.

Wenn Sie für den Tag Ihrer Trauung einen Hochzeitsplaner engagiert haben, fragen Sie ihn, ob er das Shooting begleiten kann. Er achtet zusätzlich auf die Lage Ihres Kleides, Ihre Haare und die Optik. Er kann Hilfestellungen geben, hat auch ein gutes Auge und Ideen für schöne Fotos. Alternativ sollten Sie Ihre Trauzeugin bitten, diese Aufgabe zu übernehmen.

Für Ihr Brautpaarshooting empfehlen wir Ihnen, sich die Umgebung der Location genauer anzusehen. Überlegen Sie – auch gemeinsam mit dem Fotografen – welcher Hintergrund bzw. welche Umgebung am besten für Ihr Shooting gewählt werden sollte. Wenn Sie ein Gruppenfoto planen, suchen Sie einen geeigneten Platz, zum Beispiel eine Treppe. Oder fragen Sie den Fotografen, ob er eine Leiter mitbringt, mit deren Hilfe er Sie und Ihre Gäste gemeinsam auf einem Gruppenfoto aufnimmt.

Verzichten Sie auf zwei Fotografen. Wenn doch zwei ein Team bilden, sollten Sie vorher absprechen, wen Sie im Shooting primär ansehen. Nichts ist schlimmer als grandiose Fotos, bei denen aber leider das Brautpaar nicht weiß, wen es anlächeln soll, und somit in unterschiedliche Richtungen blickt.

||| **SPARTIPP:** Lassen Sie sich vom Fotografen nur bei den Highlights begleiten. Buchen Sie ihn für die Zeit ab der Trauung bis hin zum Beginn des Hochzeitsessens. Styling und Party können Sie von Ihrer Trauzeugin oder Freunden fotografieren lassen.

Videograf

Ein Video von den schönsten Momenten Ihres Hochzeitstages stellt eine wunderbare Ergänzung zu Fotos dar. Lassen Sie sich während der Trauung bis hin zur Hochzeitsfeier von einem Videografen begleiten. So können Sie sich noch Jahre später Ihr Jawort ansehen und anhören oder die Reden nachvollziehen.

Auch hinsichtlich des Videografen sollten Sie unbedingt darauf achten, dass er oder das Team Erfahrung mit Hochzeiten hat. Lassen Sie
sich unbedingt Hochzeitsfilme zeigen, damit Sie den Stil beurteilen
können.

Besprechen Sie mit dem Videografen Ihre Wünsche. Legen Sie vorher
fest, ob Sie einen Zusammenschnitt Ihres Hochzeitstages wünschen
oder ob er Ausschnitte des Tages, zum Beispiel Teile Ihrer Trauung
oder Reden komplett aufnehmen und einbinden soll. Szenen, die Sie
sich unbedingt in Ihrem Hochzeitsfilm wünschen, sollten Sie dem
Videografen vorab mitteilen. Überlegen Sie sich ebenso, ob der Videograf Ihre Gäste interviewen soll. So kann er ein kleines „Gästebuch"
für Sie zusammenstellen.

Das Honorar eines Videografen ergibt sich ebenfalls nicht nur aus
der Zeit vor Ort an Ihrem Hochzeitstag. Vielmehr muss auch Zeit für
den Schnitt des Films einkalkuliert werden. Vereinbaren Sie mit dem
Videografen ebenso, zu welchem Preis Sie weitere Kopien erhalten
können.

Legen Sie vorher fest, wie lange an Ihrem Hochzeitstag gefilmt werden
soll. Darüber hinaus sollten Sie bestimmen, wie lange der Film werden sollte.

Stellen Sie dem Videografen eine kleine Liste Ihrer Lieblingslieder zur
Verfügung. Diese kann er dann in das Video einbinden. Besprechen
Sie, ob und inwiefern Sie Effekte wünschen.

Ein immer beliebter werdender Stil der Videografie sind sogenannte
„Same Day Edits". Hierbei begleitet Sie der Videograf an Ihrem Hochzeitstag mit der Kamera. Noch am selben Tag schneidet er den Film,
der dann am Abend Ihrer Hochzeitsfeier gezeigt wird.

Drehbuch für den Fotografen & den Videografen

Erstellen Sie einen Ablaufplan für den Fotografen und Videografen. Er sollte über sämtliche Details des Tages informiert sein. Er sollte auch wissen, welche Gäste welche Überraschungen für Sie planen. Diese Informationen könnte Ihr Hochzeitsplaner oder Ihr Festtagsbetreuer (einer Ihrer Trauzeugen?) an den Fotografen und Videografen weitergeben.

Wenn Sie ein Briefing oder Drehbuch für den Fotografen und Videografen schreiben, kann dies auch stichpunktartig erfolgen. Die folgenden Informationen sollten in jedem Fall enthalten sein:

||| **Drehbuch Fotograf und Videograf**

- Datum der Hochzeit
- Beginn und Ende der Begleitung durch den Fotografen und Videografen
- Namen und Kontaktdaten des Brautpaares
- Namen der Trauzeugen
- Namen und Kontaktdaten (auch Mobilnummer) des Ansprechpartners/Festtagsbetreuers/Hochzeitsplaners für eventuelle Rückfragen
- Adressen von Kirche und Standesamt sowie Uhrzeit des Traubeginns
- Name des Pfarrers
- Besonderheiten der Trauung: Einzug, wer sitzt wo? Trauzeugen, Lesungen, Fürbitten, Gesang, spezielle Wünsche, Blumenmädchen, Auszug, Empfang des Brautpaares nach der Trauung (z.B. Rosenspalier, Wedding Bubbles)
- Hochzeitsauto und Kontaktdaten (Mobilnummer) des Fahrers
- Location mit Adresse und einem Ansprechpartner vor Ort
- geplante Überraschungen (Feuerwerk, Luftballons steigen lassen etc.)
- detaillierter Ablaufplan (Styling, Empfang, Anschneiden der Hochzeitstorte, Brautstraußwurf, Reden und Spiele, Eröffnungstanz, Brautpaarshooting)
- Fotowünsche (Brautpaarfotos, Trauzeugen, Familienfotos, Porträts von Freunden, Spaßfotos, Fotos mit Bilderrahmen oder anderen Accessoires, Gruppenfoto, Dekorationen)

Wichtige Aufnahmen für den Fotografen und Videografen beziehungsweise Aufnahmen, die Sie sich von Ihrem Fotografen wünschen könnten:

||| Foto- und Filmwünsche an den Fotografen/Videografen

Styling/Getting-Ready/Vor der Trauung
- Braut- und Bräutigamstyling
- Details vom Brautkleid, von Brautschuhen und weiteren Accessoires (Schleier, Brauttasche etc.)
- Brautvater sieht die Braut zum ersten Mal in ihrem Brautkleid
- Braut und Bräutigam auf dem Weg zur Trauung, in Brautauto oder Kutsche
- dekoriertes Brautauto bzw. Kutsche

Trauung (Standesamt und Kirche)
- Kirche und Standesamt
- Dekorationen in der Kirche (Blumenschmuck von Bänken, Altar), Kirchenhefte
- Ankunft der Gäste
- Bräutigam wartet auf die Braut
- Brauteltern, Trauzeugen, Brautjungfern, Blumenkinder
- Einmarsch der Braut
- Pfarrer
- Brautpaar vor dem Altar
- Ringkissen mit den Ringen
- Jawort
- Treueversprechen
- Ringwechsel
- der Kuss
- Segnung des Brautpaares
- Unterschreiben des Brautpaares und der Trauzeugen
- Hochzeitskerze
- Fürbitten und Lesungen, musikalische Beiträge
- Auszug des Brautpaares
- Gratulationen

Brautpaarshooting
- Hände des Brautpaares mit den Ringen
- Brautstrauß
- Braut und Bräutigam einzeln
- Braut mit Brautstrauß
- Braut mit Rückendetail
- Braut und Bräutigam mit den Trauzeugen
- Braut mit Blumenmädchen
- Braut mit Brautjungfern

Location & Feier
- Location
- Dekorationen (Raumdekoration, Tischdekoration, Menükarten, Gastgeschenke, Geschenketisch, Deko-Konzept)
- Familienfotos
- Gruppenfoto
- Reden von Bräutigam, Brautvater, Trauzeugen etc.
- Eröffnungstanz durch das Brautpaar
- Braut und Bräutigam tanzend mit Eltern
- Brautstraußwerfen
- Hochzeitstorte
- Anschneiden der Hochzeitstorte
- Schnappschüsse während der Party

Denken Sie immer daran: Wiederholungsmöglichkeiten gibt es nicht. Wählen Sie Ihren Fotografen und Videografen daher sehr sorgfältig aus.

Friseur & Visagist

Am Tag Ihrer Hochzeit soll alles perfekt sein. Sie verbringen viel Zeit mit der Auswahl Ihres Brautkleides und den Accessoires. Perfekt sollen auch Ihre Frisur und Ihr Make-up sein. Um am Tag Ihrer Hochzeit aber vollkommen entspannen zu können, raten wir Ihnen, sich von einem Profi verschönern zu lassen. Sprechen Sie mit Ihrem Friseur, ob er Ihnen eine Brautfrisur zaubert, oder beauftragen Sie einen Visagisten, der Sie am Tag Ihrer Hochzeit sogar bei Ihnen zu Hause oder in der Location schminkt und die Haare zurechtmacht. In der Hochzeitsbranche haben sich inzwischen viele Visagisten auf das Brautstyling spezialisiert.

Egal ob Sie sich an einen Friseur nur für Ihre Brautfrisur oder an einen Visagisten für Brautfrisur und Make-up wenden, Sie sollten in jedem Fall beides vorher testen. Ein Probetermin ist aber nicht nur zum Ausprobieren der Frisuren und des Make-ups da, sondern er soll auch dem Kennenlernen dienen. Wichtig ist, dass Sie sich mit Ihrem Visagisten oder Stylisten wohlfühlen. Neben seinem handwerklichen Geschick sollte er auch das nötige Fingerspitzengefühl haben. Ihnen sollten Art und Umgang gefallen und er sollte Ihnen Sicherheit geben, dass Sie an Ihrem schönsten Tag auch bis tief in die Nacht gut aussehen.

© Marco Breunig

Planen Sie für das Probeschminken und Probefrisieren ausreichend Zeit ein. Bringen Sie zu diesem Termin Fotos von verschiedenen Frisuren mit, die Ihnen gefallen. Inspirationen finden Sie in Hochzeitsmagazinen oder im Internet.

Circa zwei bis drei Stunden dauert alleine dieser Termin, da Sie sich in der Regel erst einmal kennenlernen, Ihre Wünsche und Möglichkeiten besprechen. Nehmen Sie zu diesem Termin in jedem Fall ein Foto Ihres Brautkleides mit, denn auch Ihr Aussehen sollte Ihr Gesamtbild abrunden. Sie können mit dem Profi verschiedene Looks ausprobieren, ehe Sie sich dann entscheiden, wie Sie schließlich an Ihrem Hochzeitstag zurechtgemacht werden. Nehmen Sie zum Probetermin in jedem Fall eine kleine Digitalkamera mit und lassen Sie sich von allen Seiten fotografieren. So können Sie auch wirklich sichergehen, dass Ihnen Ihre Frisur von der Seite oder von hinten ebenso gefällt. Diese Fotos können Sie an Ihrem Hochzeitstag auch nochmals zur Erinnerung hervorholen.

Wichtig ist, dass Sie Ihren Typ nicht für den Tag Ihrer Hochzeit komplett verändern. Wenn Sie ein eher natürlicher Typ sind und wenig Schminke auftragen, sollten Sie aufpassen, dass Sie sich nicht allzu sehr verändern. Als sportlicher Typ werden Sie sich nicht als Märchenprinzessin sehen wollen.

Sprechen Sie offen mit dem Visagisten, welche Wünsche Sie haben und ob diese umsetzbar sind. Wichtig ist, dass Sie sich zu nichts überreden lassen, was Sie nicht möchten. Sollte das Resultat des Probetermins Sie nicht zufriedenstellen, dann bitten Sie um einen zweiten Probetermin oder wählen Sie einen anderen Visagisten.

||| **TIPP:** Um im Zweifelsfall bei Regen geschützt zu sein, sollten Sie unbedingt einen Regenschirm für Ihren Hochzeitstag in der Nähe haben.

Brautfrisur

Überlegen und besprechen Sie mit Ihrem Friseur bereits einige Monate vor Ihrer Hochzeit, ob Sie Ihre Haare wachsen lassen oder ob Sie mit etwas Farbe mehr Spiel in Ihr Haar bringen wollen. Auf einen Typ verändernden Haarschnitt sollten Sie kurz vor Ihrer Hochzeit verzichten, denn sonst fühlen Sie sich unter Umständen aufgrund dessen nicht wohl in Ihrer Haut.

Hochsteckfrisuren sind nach wie vor die beliebteste Form der Brautfrisuren. Ob Dutt oder Chignon, Banane oder Haarkranz – lassen Sie sich vom Profi beraten, welche Frisur zu Ihnen und Ihrem Brautkleid am besten passt. Wenn Sie sich eine Hochsteckfrisur wünschen, vielleicht aber nicht über die richtige Haarlänge verfügen, besprechen Sie mit dem Profi, ob er Ihnen mit Haarteilen oder anderen Hilfsmitteln trotzdem Ihren Wunsch erfüllen kann. In den Dutt oder die Banane kann er ein Haarteil setzen, das Ihrer Frisur bei dünnen oder kürzeren Haaren die nötige Fülle gibt. Haarnadeln sollten Ihnen nicht wehtun, aber Sie dürfen sie sogar spüren, denn dann können Sie sichergehen, dass sie Halt haben.

> ||| **TIPP:** Hochsteckfrisuren halten besser, wenn Sie Ihre Haare möglichst bereits am Tag (oder Abend) vor Ihrer Trauung waschen. Sie sind dann griffiger und besser in die Frisur zu verarbeiten.

Einen hübschen Akzent können Sie auch mit einer Blüte oder Blütenbrosche im Haar setzen. Wenn Sie Sorge haben, dass eine echte Blüte den Kopf zu schnell hängen lässt, können Sie auf künstlichen Blütenschmuck gehen. Kunstblumen sehen heutzutage verblüffend echt aus und halten definitiv den kompletten Tag. Setzen Sie die Blüte auf einen Schieber, den Sie ins Haar klemmen.

Sehr beliebt als Haarschmuck sind auch Curlies, kleine spiralförmige Drahtgewinde mit Perlen, Steinen oder kleinen Blüten. Sie werden ins

Haar gedreht, bis schließlich nur noch die Perlen, Steine oder Blüten zu sehen sind. Ebenso beliebt sind Kämmchen oder Spangen, die Sie passend auf Ihr Brautkleid abstimmen können. Brautschmuck für Ihr Haar finden Sie in Brautmodengeschäften oder im Onlinehandel.

Wer es lieber etwas auffälliger mag, kann auch über ein Diadem, eine Tiara oder einen Faszinator nachdenken. Der klassische Haarreif ist natürlich auch immer eine Alternative.

Wenn Sie am Hochzeitstag einen Schleier tragen möchten, eignet sich der Probetermin perfekt, das Anbringen im Haar zu testen. In der Regel wird der Schleier auf ein Kämmchen genäht und Sie müssen nur noch entscheiden, wo er festgesteckt werden soll. Dies hängt auch von der Art und Länge Ihres Schleiers ab (siehe Kapitel „Styleguide – Stil & Etikette" im Abschnitt „Ausstattung der Braut").

||| **TIPP:** Den Schleier nehmen Sie ab, wenn der offizielle Teil Ihres Tages hinter Ihnen liegt, zum Beispiel nach dem Empfang. Dann fühlen Sie sich auch freier.

Der Bräutigam sollte seine Haare übrigens am besten ein bis zwei Wochen vor dem Hochzeitstermin schneiden lassen. Der Haarschnitt sitzt dann einfach besser, weil die Haare Zeit hatten, sich zu legen. Und weiße Bräunungsränder im Nacken und an den Ohren haben dann auch schon wieder einen natürlichen Hautton angenommen.

Braut-Make-up

Ob Sie sich an Ihrem Hochzeitstag selber schminken oder sich von einem Profi verwöhnen lassen, probieren Sie Ihr Make-up in jedem Fall vorher aus. Wenn Sie ab und zu mit Allergien kämpfen, sollten Sie Schminke unbedingt vor Ihrer Hochzeit auf Verträglichkeit testen. Achten Sie auf die Zeit, die Sie für das Schminken benötigen. Planen Sie am Tag Ihrer Trauung zusätzlich einen kleinen Puffer ein.

Lassen Sie sich von dem Visagisten beraten. Er kennt sich nicht nur mit Farben aus, sondern hat in der Regel hochwertige Produkte. Auch kann er Tricks anwenden, die Sie wahrscheinlich gar nicht kennen.

Bei Ihrem Make-up ist schon die Vorbereitung wichtig. Zupfen Sie einige Tage vor der Hochzeit Ihre Augenbrauen, färben Sie Ihre Wimpern, wenn Sie Ihren Augen noch mehr Ausdruck verleihen wollen. Reinigen Sie Ihre Haut gründlich und decken Sie Hautunreinheiten gut ab, bevor Sie mit Tagescreme und Concealer eine Grundierung vornehmen und dann den Puder auftragen. Achten Sie auf Ihren Hauttyp bei der Auswahl der Farbe des Puders. Es sollte mit Ihrem Teint harmonieren. Rouge verleiht Ihrem Gesicht Kontur und bringt eine gewisse Frische ins Gesicht. Allerdings sollten Sie mit Rouge sparsam umgehen.

Schützen Sie sich vor Ihrer Trauung vor Sonnenbrand. Auch wenn Sie ins Sonnenstudio gehen oder Selbstbräuner auftragen, sollten Sie am Tag Ihrer Hochzeit eine typgerechte Bräune haben. Denken Sie vorher daran, dass Abdrücke von Bikiniträgern je nach Schnitt Ihres Brautkleides eventuell sichtbar sein können.

Bleiben Sie Sie selbst. Wichtig ist, dass ein Brautstyling nicht grundlegend Ihren Typ verändert. Daher sollten Sie sich nicht zu stark schminken, wenn Sie normalerweise wenig Make-up tragen.

||| **TIPP:** Nehmen Sie am Tag Ihrer Trauung eine kleine Brauttasche mit, in die Sie Ihr Notfallequipment packen können: Lippenstift, Konturenstift, Haarnadeln, Haarspray, Puder, Wimperntusche und ein Wattestäbchen für kleine Korrekturen sowie ein Taschentuch usw. Wenn Sie die Hände lieber frei haben möchten, bitten Sie Ihre Mutter oder Trauzeugin, die Tasche für Sie bei sich zu tragen.

Gepflegte Hände sind wichtig. Gönnen Sie sich eine Maniküre. Ihre Hände mit den Trauringen werden von vielen Gästen betrachtet. Und auch bei dem Fotoshooting bieten sich Aufnahmen Ihrer Hände mit den Ringen an. Ihre Fingernägel sollten Sie vor Ihrem großen Tag ebenfalls pflegen, hierfür bietet sich der Tag vor Ihrer Hochzeit an. Als Basis sollten Sie nach der Nagelpflege eine Klarlackschicht auf Ihre Nägel geben, um das Verfärben des Nagels zu verhindern. Darüber zwei dünne Schichten Nagellack, ein Überlack versiegelt schließlich den Lack und verhilft zu längerer Haltbarkeit. Eine Handpflege macht Ihre Hände weich und geschmeidig.

||| **TIPP:** Als Bräutigam sollten Sie ebenso auf die Hand- und Nagelpflege achten, denn auch Ihre Hände stehen im Mittelpunkt.

Highlights und Überraschungen

Feuerwerk

Ein Feuerwerk ist für viele ein besonderes Highlight am späteren Abend. Die meisten lassen sich aber von den Kosten wieder abschrecken.

Ein Feuerwerk eines professionellen Pyrotechnikers kostet in der Großstadt in der Regel ab 700 Euro aufwärts. Durch das eine oder andere Extra kommt man aber schnell auf 1.000–1.500 Euro.

Ein Feuerwerk muss beim Ordnungsamt angemeldet werden. Nur mit dieser Genehmigung darf ein sogenanntes Höhenfeuerwerk durchgeführt werden. In manchen Orten wird ein Feuerwerk vom Ordnungsamt nicht genehmigt oder nur nach Beantragung durch einen professionellen Pyrotechniker. Ferner muss das Feuerwerk aufgrund der Lärmbelästigung der umliegenden Anwohner meist bis zu einer bestimmten Uhrzeit abgebrannt sein. In der Regel ist diese Uhrzeit in etwa mit dem Einbruch der Dunkelheit identisch. Aus diesem Grund ist ein Feuerwerk um Mitternacht, wie es sich manche wünschen, normalerweise nicht möglich.

Lassen Sie sich am besten von Ihrem Pyrotechniker beraten und auch von ihm die Genehmigung beim Ordnungsamt einholen.

Zusätzlich sollten Sie als Brautpaar in der Location nachfragen, ob ein Feuerwerk überhaupt erlaubt ist. Manche Locations gestatten aus feuerschutz- oder lärmbedingten Gründen kein Feuerwerk. Manchmal sind die Flächen zum Abbrennen eines Höhenfeuerwerkes auch nicht groß genug, um den Mindestabstand zu brennbaren Materialien bzw. den Gästen halten zu können.

Sie sollten auch mit Ihrem Feuerwerker klären, ob er anschließend alles wieder aufräumt. Für einen Profi gehört das selbstverständlich dazu. Allerdings muss man auch damit rechnen, dass die Pyrotechniker eventuell im Dunkeln nicht mehr alle Raketenreste finden.

Achten Sie auf die AGB Ihrer gebuchten Location. Manchmal wird eine Reinigungspauschale der Abbrennflächen nach einem Feuerwerk veranschlagt. Wenn die Aufräumarbeiten aber der Feuerwerker durchführt, sollten Sie für diese Kosten nicht nochmals aufkommen müssen.

Ein schönes Hochzeitsfeuerwerk, das eine gute Wirkung erzielt, dauert in der Regel sieben bis zehn Minuten. Manche Anbieter verkaufen auch fertige Höhenfeuerwerke, bei denen alle Raketen und pyrotechnischen Akzente bereits fertig auf einer Art Brett nebeneinander angebracht sind. Normalerweise muss man dann nur noch an einer Stelle anzünden und alles feuert sich nacheinander von alleine ab. Diese Variante ist natürlich in der Regel wesentlich günstiger als das professionelle Feuerwerk eines Pyrotechnikers, der vor Ort auf- und anschließend alles wieder abbauen und aufräumen muss. Die vorgefertigten Feuerwerke sind aber meist weniger spektakulär, da sie auch nur auf kleinem Raum abgefeuert werden und manche Pyroartikel sich nicht in dieser Form abfeuern lassen. Oftmals gewährt das Ordnungsamt für diese Feuerwerke keine Genehmigung. Selbiges gilt für von Silvester aufgehobene Raketen.

Besonders spektakulär ist ein Musikfeuerwerk. Dabei wird die Pyrotechnik genau auf eine Musik abgestimmt. Die Raketen gehen dann im Rhythmus der Musik in die Luft. Dieses Feuerwerk erfordert besonderes Können seitens der Feuerwerker sowie eine gute Tonanlage für die

Musik, die trotz des Lärms des Feuerwerks die Musik noch gut rüber-
bringt. Als spektakulärste Feuerwerksvariante ist sie natürlich auch die
teuerste.

Sollte Ihnen ein Höhenfeuerwerk nicht genehmigt werden, bietet sich
eventuell ein Bodenfeuerwerk an. Dies besteht aus Feuerwerksarti-
keln, die nicht bis in den Himmel geschossen werden. Hierzu gehören
zum Beispiel Vulkane, sogenannte römische Lichter, Feuerbilder (z. B.
Herzen oder Ihre Initialen), Feuerschalen, Sonnen, Wasserfälle u. Ä.
Lassen Sie sich einfach von einem Pyrotechniker beraten, falls diese
Variante für Sie infrage kommt.

Alternativen zu Höhen- und Bodenfeuerwerken – falls diese zu teuer
sind oder nicht genehmigt werden – sind beispielsweise kleine Innen-
feuerwerke mit Eisfontänen. Man kann damit stimmungsvoll das Dessertbuffet eröffnen oder die Hochzeitstorte hereintragen.

Ballonauflass

Dieser wird meist von Freunden des Brautpaares oder zum Beispiel von einem Hochzeitsplaner vorbereitet. Dabei werden ca. 50 bis 100 Ballons bzw. Ballons in der Zahl der Gäste mit Helium gefüllt. Die Ballons können beispielsweise ganz bunt oder in den Farben der Dekoration gewählt werden. Optimalerweise werden die Ballons mit Schnüren versehen, damit man sie besser festhalten kann. Hierfür gibt es im Handel sogenannte Schnellverschlüsse. Diese verschließen die Ballons durch ganz einfache Handgriffe und befestigen gleichzeitig die Schnüre. Aufwendiges Knoten ist dann nicht notwendig.

Zusätzlich kann man auch Karten an die Ballons hängen. Dafür bieten sich entweder Blankokarten an: Die werden während des Empfangs samt Stiften an die Gäste verteilt. Diese schreiben einen Wunsch für das Brautpaar drauf, zum Beispiel „viele Kinder", „glückliche Ehe" oder wesentlich persönlichere Dinge, für die das Brautpaar gerade jetzt gute Wünsche benötigt. Die Wünsche steigen dann symbolisch mit den Ballons in den Himmel auf.

Die Alternative dazu sind sogenannte Wettflugkarten. Diese gibt es auch fertig im Handel. Darauf muss man die Adresse des Brautpaares schreiben. Dabei steht ein Spruch mit einem Bild, dass das Brautpaar sich freut, wenn der Finder die Karte zurücksendet. Manchmal ist es erstaunlich, wie weit die Ballons fliegen bzw. wo die Karten gefunden werden. Mehr Karten kommen erfahrungsgemäß zurück, wenn sie bereits frankiert sind. Bei dem ohnehin zu erwartenden Verlust kann dies allerdings vergeudetes Geld sein.

||| Achtung

Manches Paar möchte nicht so gerne, dass seine Adresse verschickt wird. Gerade wenn es wie viele Paare im Anschluss in die Flitterwochen fährt, haben potenzielle Einbrecher gleich die Adresse.

Was zu beachten ist:

- Im Umkreis von ca. 50 km um größere Flughäfen und nahe an Sportflughäfen muss der Ballonauflass der deutschen Flugsicherung angekündigt werden. Dazu gibt es fertige Formulare auf der Webseite der Flugsicherung. Für bis zu 500 Ballons bekommt man in der Regel ohne Probleme eine Erlaubnis. Man sollte diese aber spätestens zwei Wochen vor der Feier beantragen.

- Viele unterschätzen das Gewicht der Karten im Verhältnis zur Größe der Ballons. Viele Herzballons tragen keine Postkarten. Besonders bei heißem Wetter haben Ballons ohnehin Flugschwierigkeiten. Herzballons sind generell mühsam, da sie kräftig aufgeblasen werden müssen, damit die Herzform richtig herauskommt. Je stärker man sie aufbläst, desto mehr Ballons platzen schon bei der Vorbereitung.
  Wir empfehlen daher runde Ballons mit einem Durchmesser von ca. 28 bis 30 cm.

- Für das Aufblasen der Ballons nutzt man optimalerweise einen Raum mit niedriger Decke.

- Das Ballongas bzw. Helium bekommt man im Ballonfachhandel. Sollte so einer nicht in Ihrer Nähe sein, haben die meisten Baumärkte heutzutage Ballongas oder vielleicht gibt es auch einen Gasfachhandel in Ihrer Nähe.

- In der Regel rechnet man zehn Liter Ballongas für gut 100 Ballons in der Standardgröße von ca. 30 cm Durchmesser.
  Die meisten Baumärkte haben normalerweise Gasflaschen mit zehn und 20 Litern standardmäßig vorrätig. Die kleinere Größe von fünf Litern für gut 50 Ballons ist nicht immer in allen Häusern vorrätig. Danach sollte man sich frühzeitig erkundigen.

- Bitte beachten Sie auch, dass Sie ein Ventil bzw. Ballongasfüllstutzen benötigen. Dieser ist in der Regel nicht standardmäßig dabei. Manchmal kann man diese ausleihen.

- In der Regel halten Latexballons die Luft bzw. das Gas im Sommer nur für ein paar Stunden. Danach beginnen sie ganz langsam kleiner zu werden. Das mag nach einem Tag optisch noch nicht wirklich auffallen, reicht aber, dass die Ballons Karten u. Ä. nicht mehr tragen können.

- Nicht an Ballons befestigt werden dürfen Wunderkerzen wegen der Feuergefahr und Knicklichter, da sie die Umwelt zu sehr schädigen. Auch sind Himmelslaternen beziehungsweise fliegende Lampions aufgrund der Brandgefahr nicht mehr erlaubt.

||| **TIPP:** Lassen Sie sich das Ballongas beim Lieferanten einmal aufschrauben oder versuchen Sie es selbst. Besonders wenn das Gas lange unter freiem Himmel gelagert wurde, rostet der Übergang zwischen Flaschenkappe und Gasflasche manchmal so fest, dass man nur mit sehr starken Armen oder sogar Werkzeug die Flasche geöffnet bekommt.

Taubenauflass & Schmetterlinge

Einige Taubenzüchter bieten einen Auflass von weißen Tauben an. Hierbei bringt der Taubenzüchter die Vögel in einer Art Kiste oder im Korb zur Hochzeit. Die Zahl der Tauben kann variieren. Oftmals gibt der Taubenzüchter dem Brautpaar jeweils eine Taube in die Hand. Manchmal wird noch ein Gedicht verlesen. Danach werden die Tauben aus dem Korb und die Tauben aus der Hand fliegen gelassen. Dies ist ein schönes, allerdings sehr kurzes Bild.

||| **TIPP:** Der Fotograf muss sich genau positionieren, damit er die Tauben noch im Bild festhalten kann, bevor sie auf und davon sind.

Manche Brautpaare haben Angst davor, dass sie Taubenkot abbekommen. Dies ist uns zumindest bei diversen Taubenaktionen noch nicht vorgekommen und daher also eher selten.

Mittlerweile gibt es alternativ auch Anbieter, die Schmetterlinge zum Fliegenlassen anbieten. Die Schmetterlinge werden extra für diesen Zweck gezüchtet und in kleinen Schächtelchen geliefert. Hier kann auch jeder Gast ein eigenes Schächtelchen bekommen und alle Gäste lassen die Schmetterlinge gemeinsam fliegen.

Auftritte von Künstlern

Neben Musikern kann man natürlich noch andere Arten von Künstlern auftreten lassen. Da gibt es zum Beispiel Zauberer, Akrobaten, Gaukler und Artisten, Comedy-Künstler, Clowns, Jongleure, Feuertänzer und viele mehr.

Grundsätzlich bieten die meisten Hochzeiten genug Entertainment durch einen guten Ablauf, Musik, Essen, Getränke, Reden und sonstige Beiträge von Gästen sowie natürlich die Unterhaltung mit anderen Gästen und den Tanz. Aber manchmal wünscht sich das Brautpaar zusätzliches Entertainment und oft ist es sicherlich auch ganz passend. Für die Bezahlung, Auf-/Abbau, Vertragliches, Garderobe etc. gilt das Gleiche wie bei den Bands. Allerdings sind diese Künstler oftmals Kleinkünstler, die ihr Gewerbe nicht ganz so professionell betreiben und daher oftmals von sich aus auf einen Vertrag verzichten.

Dennoch empfehlen wir zur Sicherheit und um Missverständnissen vorzubeugen, auf jeden Fall die Fakten kurz festzuhalten und vom Künstler gegenzeichnen zu lassen. Hier noch mal das Wichtigste:

- Name und Kontaktdaten der Künstler
- Was genau wird dargeboten? Wo und wann ist der Auftritt?
- Wie lange ist der Auftritt – evtl. sind mehrere kurze Auftritte über den Abend verteilt möglich?
- Wird ein Garderobenraum zum Umziehen benötigt?
- Wie viel Platz und evtl. Bestuhlung werden für den Auftritt benötigt? Evtl. sogar eine Bühne?
- Wird Musik für den Auftritt benötigt? Stellt der Künstler dafür seine eigene Anlage oder muss vor Ort eine vorhanden sein?
- Ist der genannte Preis inklusive oder exklusive Mehrwertsteuer?

- Wann wird die Bezahlung der Gage erbeten (z. B. am Abend in bar oder per Vorabüberweisung)?
- Wie sind die Bedingungen im Falle einer notwendigen Stornierung seitens des Brautpaares bzw. zum Beispiel im Falle von Krankheit seitens des Künstlers?

Hochzeitsgefährt (Kutsche, Brautauto etc.)

Der Prinzessinnentraum vieler Mädchen ist es, bei der Hochzeit mit einer Kutsche vorzufahren. Gerade für Pferdenarren ist dies ein schönes Highlight. Die Kutsche kann die Braut schon vor der Trauung abholen und Mann und Frau nach der Trauung zur Location fahren. Leider eignet sich die Kutsche nur bei einer Entfernung von maximal drei Kilometern. Bei größeren Entfernungen dauert die Fahrt einfach zu lange und man sollte doch besser auf einen Pkw zurückgreifen.

||| **Hinweis**
Es gibt viele Kutschen, die kein Verdeck haben. Diese sind dann leider bei Regen oder besonderer Hitze nur bedingt nutzbar.

In manchen Regionen ist es schwierig, eine Kutsche zu finden, da es nicht mehr viele Kutscher mit schönen Kutschen gibt, die so etwas anbieten.

Dann muss man die Kutsche von weiter her anmieten, was für den Kutscher viel Aufwand bedeutet. Er muss die Pferde und die Kutsche laden (zwei Anhänger!), vor Ort ausladen und Einspannen und anschließend alles wieder retour. Das kostet ihn teilweise mehrere Stunden Aufwand für eine halbe Stunde Kutschfahrt. Das muss er sich natürlich bezahlen lassen. Aber vielen Brautpaaren ist es die Sache Wert und die romantische Kutsche gehört für sie einfach zur Feier dazu.

Alternativ zur Kutsche kann man natürlich auch einen besonderen Pkw mieten. Das kann ein spezieller Oldtimer, aber auch ein spritziges modernes Auto sein. Einige dieser besonderen Fahrzeuge sind Zweisitzer. Da muss man sich darüber im Klaren sein, dass man selbst fahren muss und sich nicht chauffieren lassen kann. Dies ist aber den Liebhabern dieser Fahrzeuge – in der Regel vor allem den Männern – gerade recht.

||| **Hinweis**

Bei besonders alten Fahrzeugen kann es schon mal passieren, dass diese kurzfristig schlappmachen. Bei gut gepflegten Fahrzeugen passiert das nur sehr selten, einen Plan B sollten Sie dennoch in jedem Fall bereithalten.

Zu beachten ist noch besonders bei den Zweisitzern, aber auch bei manchen anderen Fahrzeugen, dass der Platz für die Braut mit üppigem Brautkleid sehr eingeschränkt ist. Hier hilft es, vorab ein wenig auszuprobieren, wie man in ein solches Fahrzeug mit Brautkleid und entsprechenden Schuhen hinein- und auch wieder herauskommt. In der Regel sind aber Helfer nicht weit.

Weitere Fahrzeuge

An dieser Stelle möchten wir auch noch den Transfer der Gäste erwähnen. Es ist ein für die Gäste besonders angenehmer Service, wenn sie einen Bustransfer bekommen. Vor allem nachts ist das praktisch, wenn ein Minibus die Gäste zum Beispiel von der Lokalität in die Hotels shuttelt. Allerdings muss man sich immer überlegen, wenn man die Gäste in die eine Richtung chauffiert, wie sie wieder zurück zu ihren Autos kommen. Man kann sie natürlich selbst organisieren lassen, dass sie per Taxi oder Mitfahrgelegenheiten wieder zurückkommen. Alternativ kann man sie entweder am Nachmittag schon am Hotel abholen oder am nächsten Tag vom Hotel zum Auto zurückfahren.

Unumgänglich ist dieser Service fast, wenn man Gäste hat, die mit Zug oder Flugzeug angereist sind und gar kein Auto vor Ort haben. In diesem Falle lassen sich aber auch Mitfahrgelegenheiten mit anderen Gästen organisieren.

Der Transfer für alle Gäste in einem oder mehreren großen Bussen ist ein Spaß für die Gäste, und auf der Fahrt entstehen schon die ersten Gespräche.

||| **TIPP:** Prüfen Sie, ob der Shuttlebus auch durch die Straßen passt. Insbesondere Gelenkbusse können nicht alle (Einbahn-)Straßen befahren, da sie nicht um die eventuell engen Kurven kommen. Aber auch normale Busse können in schmaleren Straßen gerade bei enger Beparkung Probleme bekommen.

Eine alternative Beförderung der Gäste und zugleich ein Programm-punkt könnte auch eine Bootsfahrt sein. Wenn die Möglichkeiten es zulassen, könnten Sie zum Beispiel den Nachmittag mit Ihren Gästen auf einem Boot verbringen und gleichzeitig ein wenig Sightseeing bie-ten, zum Beispiel in Städten wie Berlin, Hamburg, Frankfurt oder Köln.

Hochzeitsplaner

Viele Brautpaare möchten lieber alles selbst machen und nichts aus der Hand geben. Manche denken, dass nur unkreative Paare oder Leute, die keinen Spaß an der Organisation haben, einen Hochzeitsservice beauftragen. Sie befürchten eventuell, dass ein Wedding Planner ihnen vielleicht sogar Ideen aufzwingen könnte, sodass ihre Hochzeit nicht mehr so persönlich wird.

Allerdings handelt es sich hierbei größtenteils um Vorurteile. Auch wer einen Hochzeitsplaner beauftragt, kann die Fäden in der Hand halten und die „schönen" Aufgaben der Hochzeitsorganisation immer noch selber durchführen. Bei den meisten Hochzeitsservices können Sie auch nur einzelne Teilbereiche aus der Hand geben. Je mehr Kreativität und Ideen Sie selbst bei der Organisation mit einem Hochzeitsservice einbringen, desto persönlicher wird Ihre Hochzeit. Ein guter Hochzeitsplaner wird sich individuell auf Sie einstellen. In einem persönlichen Gespräch sollten Sie sich vorab in jedem Fall davon überzeugen, ob die Chemie auch wirklich stimmt, und die Wahl Ihres Hochzeitsplaners mit Bedacht treffen. Professionelle Hochzeitsplaner mit langjährigen Erfahrungen sind im Bund deutscher Hochzeitsplaner zusammengeschlossen. Mehr über den Bund deutscher Hochzeitsplaner lesen Sie am Ende dieses Ratgebers.

Der Beruf Hochzeitsplaner

Der Beruf des Hochzeitsplaners ist weder geschützt noch gibt es Vorschriften, welchen Ausbildungsweg man gehen muss, um ihn auszuüben. Theoretisch kann sich jeder Hochzeitsplaner nennen. Daher ist besondere Vorsicht bei der Wahl des Hochzeitsplaners ratsam.
Die folgenden Berufsausbildungen bieten eine gute Grundlage für den Beruf des Hochzeitsplaners:

- Ausbildung zum Veranstaltungskaufmann
- Ausbildung zum Hotelfachmann/-kaufmann
- Ausbildung zum Restaurantfachmann/-kaufmann
- Ausbildung zum Veranstaltungstechniker
- Studium zum Fachwirt für Messe- und Eventmanagement
- Studium der Betriebswirtschaftslehre mit Hauptfächern wie zum Beispiel Marketing, Kommunikation, Eventmanagement, Tourismus etc.

Aber auch Quereinsteiger mit Berufserfahrungen im Veranstaltungsbereich können gute Voraussetzungen für den Beruf des Hochzeitsplaners mitbringen, wenn sie über viel Erfahrung aus der Praxis verfügen.

Der Praxisaspekt stellt nämlich neben der Vermittlung von fundiertem theoretischem Wissen eine wichtige Komponente der Ausbildung dar. Es gibt immer mehr Ausbildungsangebote zum Hochzeitsplaner. Diese finden meist nebenberuflich an wenigen Wochenenden statt und unterscheiden sich in ihrer Qualität enorm. Nicht zu unterschätzen ist auch, dass ein derartiger Lehrgang eher allgemeines Wissen und wenige rechtliche Grundlagen vermitteln kann, als fundierte und tiefergehende Inhalte zur Planung und Organisation etc. zu geben.

Erfahrungen, Fingerspitzengefühl und Einfühlungsvermögen, ein sicherer Umgang mit Zahlen, Verhandlungsgeschick, Kreativität sowie ein Netzwerk guter Kontakte zu Lieferanten und Dienstleistern sind enorm wichtig im Berufsalltag des Hochzeitsplaners. Ein Netzwerk hat man entweder vor Aufnahme der Tätigkeit des Hochzeitsplaners gesammelt oder baut es sich auf und erweitert es dann ständig.

Der Beruf des Hochzeitsplaners ist eine Vollzeittätigkeit, die auch eine Bereitschaft zu regelmäßigen Abend- und Wochenendeinsätzen zwingend voraussetzt.

Vorteile durch Beauftragung eines Hochzeitsplaners

Neben der Zeitersparnis bis zum sowie an Ihrem Hochzeitstag bringt die Beauftragung eines Hochzeitsplaners mehr Vorteile mit sich, als Ihnen auf den ersten Blick vielleicht in den Sinn kommen.

Wenn Sie an einem Ort heiraten, an dem Sie sich nicht gut auskennen, kann die Begleitung und Beratung durch einen Profi sinnvoll sein.

Der Hochzeitsplaner steht Ihnen auch sonst als Experte und Berater zur Seite. Er verfügt über langjährige Erfahrungen mit Hochzeiten, er „heiratet monatlich mehrmals". Je mehr Situationen er in der Hochzeitsplanung ausgesetzt war, mit je mehr Lieferanten und Dienstleistern und vor allem unterschiedlichen Brautpaaren er zusammengearbeitet hat, desto besser kann er jede neue Situation beurteilen und mit ihr umgehen. Auch kann ein erfahrener Hochzeitsplaner schneller und kreativer Lösungen vorschlagen, wenn Brautpaare im Rahmen der

Organisation sich manchmal verhaspeln, nicht weiterkommen oder auf dem Holzweg sind.

Der Hochzeitsplaner hat Risiken und mögliche Fehler schon mehrfach durchdacht oder gar durchgespielt. Er weiß, wie er reibungslose Abläufe plant, und koordiniert diese routiniert. Der Hochzeitsplaner übernimmt oder delegiert Aufgaben, die Brautpaare nicht selbst übernehmen können oder möchten, zum Beispiel das Einladungsmanagement, die Gästebetreuung, und er stellt den Kontakt zu DJs, Fotografen usw. her.

Kontakte, Kontakte, Kontakte: Hierbei geht es nicht nur um eine Liste von Lieferanten und Dienstleistern, die man vielleicht ebenso im Internet finden könnte. Der Hochzeitsplaner hat Branchenkenntnisse und verfügt über ein Netzwerk von geprüften Experten, mit denen er bereits zusammengearbeitet hat, und weiß, wo ihre Stärken und Schwächen liegen. Er verfügt über eine große Datenbank mit Locations, die er nicht nur aus dem Internet oder von Broschüren her kennt.

Der Hochzeitsplaner ist eine neutrale und außenstehende Person. Er kann helfen, Entscheidungswege zu verkürzen, oder auch manchmal schlichten. Somit trägt er auch psychologisch zum guten Gelingen der Hochzeit bei. Der Hochzeitsplaner ist ein Ansprechpartner, der Ihnen immer mit Rat und Tat zur Seite steht. Er steht für Fragen zur Verfügung und kann Unsicherheiten zügig aus dem Weg räumen.

Er kennt sich mit den Trends der Hochzeitsbranche aus, weiß um die gute Kombination von Dekorationen, Drucksachen usw. Er weiß, wo es die schönsten Gastgeschenke gibt, und steht Ihnen mit Fantasie und Kreativität zur Seite.

Er ist verhandlungssicher und lässt sich nicht so leicht übers Ohr hauen, da er sich auskennt. Oftmals versuchen schwarze Schafe Brautpaaren etwas vorzumachen. Wenn ein guter Hochzeitsplaner im Boot ist, wird dies nicht so schnell passieren. Er kann seinem Gegenüber auf den Zahn fühlen, kennt sich mit Grundlagen wie der Versammlungsstättenverordnung aus und begegnet Dienstleistern und Lieferanten auf Augenhöhe.

Als Festtagsbetreuer kann er unvorhersehbare Schwierigkeiten an Ihrem Hochzeitstag regeln und hält Ihnen den Rücken frei, damit Sie den Tag mit Ihren Gästen genießen können. Auch hat er im Fall der Fälle einen Notfallplan zur Hand. Ebenso führt er am Tag der Hochzeit einen Notfallkoffer mit sich. Lesen Sie hierzu auch das Kapitel „Festtagsbetreuer".

Kosten und Nutzen eines Hochzeitsplaners

Lassen Sie sich bei der Wahl eines Hochzeitsplaners nicht allein von besonders günstigen Angeboten locken. Viel wichtiger ist, dass Ihr persönlicher Hochzeitsberater lange Erfahrung mit der Hochzeitsplanung und bereits viele Hochzeiten professionell organisiert hat. Er sollte nicht nur seine eigene oder die von ein paar Freunden geplant haben.

Es gibt keine einheitliche Gebührenordnung für Hochzeitsplaner, sodass jeder seine Leistungen individuell anbieten und auch abrechnen kann. Manche Wedding Planner berechnen einen prozentualen Satz des Gesamtbudgets einer Hochzeit. Andere bieten eine Pauschale oder die Abrechnung nach einer Zeithonorarvereinbarung zu einem Stundensatz an. Oftmals kann der Hochzeitsplaner Agenturrabatte sicherstellen und somit bessere Preise aushandeln, die Ihnen eine Kostenersparnis gewähren. Achten Sie daher darauf, dass Ihr Hochzeitsplaner transparent arbeitet. Dies ist auch für das Vertrauensverhältnis wichtig.

Der Hochzeitsplaner kann von Anfang an eine ganz andere Budgetplanung aufstellen, sodass Sie immer genau wissen, wo Sie mit Ihrem Budget stehen, bevor Sie viele unnötige Ausgaben tätigen und am Ende kein Geld mehr haben für ein paar wichtige Punkte, die Sie nicht bedacht haben.

Auch vermittelt der Hochzeitsplaner Kontakte zu Dienstleistern und Lieferanten, deren Preise mit den Leistungen im Einklang stehen und somit gerechtfertigt sind. Ebenso kann er besser verhandeln, da er weiß, wo Spielräume möglich sind, und er selbst ist emotional nicht so persönlich involviert wie Sie.

Ein Bankettleiter ist kein Hochzeitsplaner

Seien Sie immer vorsichtig, wenn die Location einen „Hochzeitsplaner" oder Eventmanager mit anbietet. In vielen Fällen ist das „nur" der Bankettleiter des Hotels. Der berät bei der Bestuhlung, Auswahl von Essen/Getränken, Servicepersonal, Übernachtung und evtl. noch bei der Dekoration. Weitere Dienstleister zu finden und zu koordinieren gehört normalerweise nicht zu seinen Aufgaben. Eventuell hat er noch eine Liste von Fotografen, Bands etc., die mal in seinem Haus gearbeitet haben. Eine wirklich individuelle Empfehlung und die Vielfalt an Dienstleistern und Lieferanten, die ein erfahrener Hochzeitsplaner kennt, kann dem nicht gleichgesetzt werden.

Die meisten Bankettleiter haben enorm viel zu tun und können sich gar nicht so persönlich um ein Paar kümmern wie ein Hochzeitsplaner.

Beide – Hochzeitsplaner und Bankettleiter – machen recht unterschiedliche Jobs und können sich bestenfalls sehr gut ergänzen, sind aber sicherlich nicht gleichzusetzen.

So finden Sie den richtigen Hochzeitsplaner

- Fragen Sie möglichst genau an, um das richtige Angebot für Ihre Hochzeit zu erhalten.
- Erkundigen Sie sich, wie viel Erfahrung die Person schon mit der Organisation von Hochzeiten hat. Geben Sie sich dabei nicht mit Angaben wie „Ich mache das schon seit x Jahren" zufrieden. Fragen Sie nach, wie viele Hochzeiten professionell (das heißt nicht für Freunde, Verwandte oder die eigene) organisiert worden sind und was dort organisiert wurde (Komplett-, Teilleistungen und wenn ja, welche Teilleistungen). Seien Sie auch bei Franchiseunternehmen vorsichtig und versuchen Sie zu erfahren, wie viel der Hochzeitsplaner, mit dem Sie dann wirklich zu tun haben, an eigenen Erfahrungen und Kontakten mitbringt bzw. wie viel vom Franchiseunternehmen kommt, was Ihnen hilft.

- Macht der Hochzeitsplaner seinen Job haupt- oder nebenberuflich?
- Wie professionell wird vom ersten Kontakt bis zum Vertragsabschluss gearbeitet und gibt es auch einen ordentlichen Vertrag?
- Letztlich ist natürlich auch die Chemie wichtig. Haben Sie das Gefühl, die Person ist mit Ihnen auf einer Wellenlänge und Sie können ihr vertrauen, dieses persönliche und wichtige Fest gemeinsam mit Ihnen und für Sie zu organisieren?

Hochzeitstorte

Für die meisten ist die Hochzeitstorte ein Muss. Es gibt fast keine Hochzeit ohne sie.

Wie die Hochzeitstorte aussieht und wonach sie schmeckt, da gibt es immer mehr Unterschiede. Jede gute Konditorei und auch manche Hotels und Restaurants bieten Hochzeitstorten an. Sollten Sie noch etwas Ausgefalleneres oder Kreativeres wünschen, gehen Sie zu einem spezialisierten Hochzeitstortenbäcker. Sie finden diese in der Regel in Hochzeitsmagazinen oder im Internet. Meist gibt es davon nur wenige in jeder Region. Die sind dann aber auch wahre Künstler, die Ihnen ein lustiges Brautpaar nach Ihrer Vorlage aus Marzipan zaubern, eine ganze Geschichte mit Schokoladenfiguren erzählen oder eine Füllung kreieren, von der Sie noch Jahre später schwärmen werden. Grundsätzlich gilt: Je mehr Handwerk und Arbeitszeit der Konditor in die Torte steckt, desto teurer wird sie natürlich. Wem die Torte wichtig ist, dem ist es aber in der Regel auch das Geld für eine besondere Torte wert.

In England wird die oberste Etage der Torte eingefroren, um sie am ersten Hochzeitstag wieder herauszuholen. Unserer Meinung nach ist dies eine sehr schöne Tradition.

||| **SPARTIPP:** Bedenken Sie, dass nicht alle Gäste ein Stück Hochzeitstorte probieren. Wenn Sie die Torte mit dem Dessertbuffet anschneiden, benötigen Sie erst recht nicht für alle Gäste ein Stück Torte.

Mit oder ohne Etagere

Aus Filmen oder dem Internet kennen viele Paare die englischen Hochzeitstorten: direkt aufeinander arrangierte Etagen ohne die in Deutschland meist üblichen Etageren. Nicht jeder Konditor bietet Ihnen eine etagerenfreie mehrstöckige Torte. Das liegt schon allein an der Stabilität der meisten Creme- und Sahnetorten, die in unseren Breitengraden üblich sind. Die würden ohne Stütze nicht halten und spätestens beim Anschneiden in sich zusammenfallen. Torten ohne Etagere müssen anders gefüllt sein. Lassen Sie sich von ihrem Konditor beraten.

Für eine stabile Torte ohne Etagere sind die klassischen deutschen Cremetorten nicht geeignet. In England sind die Torten in der Regel aus einem festen Teig mit vielen getrockneten Früchten – eine Art Mischung aus Gugelhupf und Stollen. Sie werden überzogen mit einer festen Zuckermasse. Nicht jeder mag diese Torten.

Füllung

Um unterschiedlichen Leckermäulern gerecht zu werden, bietet es sich an, jede Etage mit einer unterschiedlichen Füllung zu versehen. Ihr Konditor kann Ihnen da sicherlich viele Vorschläge machen.

Ein guter Konditor kann auch hierzulande eine stabile Torte backen, die ohne Stützgerüst halten kann. Der Klassiker ist zum Beispiel die Schokosachertorte. Aber auch mit einem festen Biskuitteig mit einer weniger üppigen, aber dennoch schmackhaften Füllung kann man viel Festigkeit erreichen.

Es muss nicht immer Buttercreme sein. Immer häufiger werden auch Sahnecremes oder solche auf einer Joghurtbasis verwandt. Wenn die Torte bis zu ihrem Anschnitt kühl gehalten wird und später nicht in der vollen Sonne steht, ist dies auch bei heißem Wetter kein Problem. Die Geschmacksrichtungen der Cremes sind von allen Fruchtsorten über Schokolade, Karamell, Krokant und Mokka bis hin zu den diversen Alkoholika möglich. Selbstverständlich sind auch Mischungen oder ein hoher Gehalt an echten Früchten machbar.

Überzug

Man verwendet meistens einen Marzipan- oder einen Zuckerüberzug – auch Fondant genannt. Der Zuckerüberzug wird gewählt, wenn vor allem ein reines Weiß erzielt werden soll, Marzipan hat in der Regel eine leicht gelblich-cremefarbene Schattierung. Aus geschmacklichen Gründen bevorzugen viele das Marzipan. Auch ist es wesentlich weicher und daher leichter zu essen.

Dekoration

Hier sind der Kreativität keine Grenzen gesetzt: Das kann die klassische Figur eines Brautpaares sein, die häufig aus Plastik oder Porzellan angeboten wird und in vielen Varianten erhältlich ist. Manche Konditoren sind aber auch wahre Künstler und formen aus Marzipan oder Zucker die kunstvollsten oder auch humorvollsten Figuren. Ferner kann die Torte zum Beispiel noch mit echten Rosen oder Marzipanrosen dekoriert werden. Viele der Marzipanrosen sind bereits fertig, aber der Konditor kann sie auch selbst von Hand formen.

Lesen Sie hierzu auch das Kapitel „Blumen- und sonstige Dekorationen" im Abschnitt „Hochzeitstorte und Candy Bar".

Der Preis einer Torte unterscheidet sich oftmals vor allem durch die Handarbeit des Konditors bzw. die Zahl der Stunden, die er für die Torte benötigt.

Wann soll die Hochzeitstorte serviert werden?

1. Eine beliebte Variante ist, die Torte am Nachmittag zu Kaffee und Kuchen oder auch zum Sektempfang zu servieren. Damit bekommt man oft noch mal ein schönes Highlight in einen Nachmittag, der

sich vielleicht sonst etwas länger hinziehen könnte. Auch essen die Leute generell gerne Kuchen am Nachmittag.

2. Der zweite Zeitpunkt für eine Hochzeitstorte könnte nach dem Essen zum Dessert sein. Erfahrungsgemäß wird dann besonders viel von ihr gegessen. Man kann noch ein Minidessertbuffet mit zum Beispiel Obstsalat und Käse zusätzlich für diejenigen bereitstellen, die vielleicht nicht so gerne Torte essen.

3. Das Brautpaar kann noch einen dritten Zeitpunkt wählen: um Mitternacht (eventuell auch schon etwas früher). Dann bietet es sich an, die Hochzeitstorte als Überraschung mit passender Musik und vielleicht ein paar Wunderkerzen oder Eisfontänen hereinzutragen. Somit hat man noch mal ein kleines Highlight am späteren Abend geschaffen. Erfahrungsgemäß haben aber viele dann nach dem üppigen Abendessen noch keinen Hunger oder zumindest keinen Appetit auf etwas Süßes.

Der Anschnitt

Traditionell wird die Hochzeitstorte gemeinsam von Braut und Bräutigam angeschnitten. Dabei sagt der Aberglaube, dass wer die Hand beim Führen des Messers oben hält, die Hosen in der Beziehung anhat. Anschließend kann sich das Brautpaar von dem angeschnittenen Stück Torte gegenseitig füttern. In der Regel übernehmen die Servicemitarbeiter oder die Köche das weitere Anschneiden der Torte, damit das Brautpaar sich wieder seinen Gästen widmen kann.

Alternativen zur klassischen mehrstöckigen Hochzeitstorte

Immer öfter wird ein klassischer Obstkuchen in Herzform oder als Doppelherz gewählt. Dieses bietet sich besonders mit Erdbeeren oder anderen Beeren im Mai/Juni an und ist eine sehr erfrischende und oftmals kostengünstigere Variante.

Ebenso schmackhaft ist die Variante, dekorativ auf einer Etagere diverse Petit fours, Miniküchlein bzw. Cupcakes anzurichten. Dies hat den Vorteil, dass man ganz unterschiedliche Geschmacksrichtungen anbieten kann. Statt die Torte anzuschneiden, kann das Brautpaar hier symbolisch mit dem Tortenheber ein Küchlein herausnehmen oder eine Minitorte anschneiden.

Selbstverständlich gibt es noch viele andere Varianten in anderen Kulturen, die durch die vielen Mischehen immer häufiger auch nach Deutschland gebracht werden. Dies sei jedoch nur am Rande erwähnt.

||| **Hinweis**

Besprechen Sie mit Ihrem Konditor, ob er die Torte liefert und wenn er sie mit Etagere anliefert, wie diese wieder zu ihm zurückkommt.

Andere Ergänzungen zur Hochzeitstorte:

- Candy Bar: schön arrangierte kleine Buffets mit Süßigkeiten
- Cakepops: runde Pralinen am Stiel mit den diversesten Dekorationen
- Schokobrunnen oder Schokofontänen: flüssige Schokolade, die wie aus einem Brunnen sprudelt. Man hält portionierte Früchte mit Spießen in die flüssige Schokolade und kann dann die frischen Früchte mit der warmen Schokolade essen.

Hotelunterbringung

Bei vielen Hochzeiten reisen die Gäste von weit her an, daher empfiehlt es sich, sich über ihre Unterbringung Gedanken zu machen. Schön ist es natürlich, wenn die Gäste im gleichen Haus wohnen können, in dem auch gefeiert wird. Gerade für Eltern mit kleinen Kindern ist die Babyfonnähe der Hotelzimmer eine große Erleichterung und hilft ihnen wahrscheinlich, länger und entspannter zu feiern. Manchmal lässt sich aber die passende Lokalität mit Hotelzimmern nicht finden. Hilfreich ist es dann für die Gäste, wenn man in der Einladung ein oder mehrere Hotels mit Kontaktdaten angibt. Für die Gäste mit unterschiedlichen Geldbeuteln empfiehlt es sich, unterschied-

lich teure Quartiere zu organisieren. Optimalerweise hat das Brautpaar diese auch vorab besichtigt und schreibt vielleicht ein paar Infos
zu den Kontaktdaten der Hotels in die Einladung (z. B. simples Hotel,
dafür aber sehr günstig und sauber; ca. 5 Min. zu Fuß vom Feierort,
Hotel mit schönem Schwimmbad …).

In manchen Orten gibt es auch Apartments oder Ferienwohnungen zu
mieten, was besonders von Familien mit Kindern sehr gerne genutzt
wird. Leider haben diese aber oft eine Mindestbuchzeit. Fragen Sie
einfach diesbezüglich nach.

||| **Hinweis**

Übrigens bezahlen nur die wenigsten Brautpaare heutzutage die Übernachtung für ihre Gäste.

Abrufkontingent

Viele Hotels bieten sogenannte Abrufkontingente. Das bedeutet, eine
gewisse Anzahl von Zimmern wird unter einem bestimmten Stich-
wort (z. B. die Vornamen des Brautpaares) bis zu einem bestimmten
Datum festgehalten (z. B. vier bis acht Wochen vor der Feier). Häufig können Sie bei einer bestimmten Zahl der Zimmerabnahme auch
Sonderkonditionen mit den Hotels vereinbaren. Diese Informationen
müssen den Gästen zum Beispiel in der Einladung mitgeteilt werden.
Die Gäste können sich dann selbst in dieses Kontingent mit der Nennung des Stichwortes einbuchen. Wenn die Frist abgelaufen ist, werden alle Zimmer, die bis dahin nicht von den Gästen gebucht wurden,
wieder in den freien Verkauf zurückgegeben. Somit hat das Brautpaar
weder weitere Arbeit noch ein Risiko. Obendrein gibt dieser Service Ihnen die Möglichkeit, jederzeit eine Liste der Gäste, die bereits
gebucht haben, abzurufen. So wissen Sie immer, welche Gäste in diesem Hotel übernachten werden. Leider bieten gerade viele kleine und
einfachere Hotels diesen Service nicht.

Kinderbetreuung

Das Thema Kinder auf einer Hochzeit ist ein oftmals sehr sensibler Punkt. In der Kirche sowie tagsüber während des Empfangs sind Kinder meist gern gesehene Gäste. Nicht selten möchten Brautpaare Kinder am Festabend selbst aber lieber ausschließen. Sie befürchten, dass Kinder bei Reden und anderen Beiträgen stören könnten, gerade wenn sie vielleicht durch die Gespräche der Erwachsenen gelangweilt sind. Eltern sind allerdings in der Zwickmühle, ihre Kinder mitbringen zu müssen, wenn sie keine Möglichkeit einer anderweitigen Unterbringung haben.

Klären Sie als Gastgeber für sich und Ihre Gäste die Situation möglichst im Vorfeld. Kommunizieren Sie klar, ob Kinder bei Ihrem Fest willkommen sind und wie Sie sich das Miteinander vorstellen.

Kinder langweilen sich oft bei Hochzeiten und auch ist es sehr anstrengend für sie, sich für die Dauer der Trauung von ca. 45 bis 60 Minuten still zu verhalten. Während der Trauung könnten Sie Kinder in einem Saal der Pfarrgemeinde beaufsichtigen lassen.

Denken Sie als Gastgeber auch darüber nach, sich um einen separaten Raum in der Nähe des Festsaals der Location zu bemühen. In diesem Raum könnten Kinder schlafen gelegt oder die älteren anderweitig betreut werden. Beachten Sie hierbei, dass Kinder nie unbeaufsichtigt bleiben sollten.

Eine für alle Beteiligten meist gute und angenehme Lösung ist das Engagieren einer professionellen Kinderbetreuung. Inzwischen haben sich Agenturen darauf spezialisiert, die Aufsichtspflicht zu übernehmen und Kinder während eines Festes sinnvoll zu beschäftigen. Sie bringen Spiel-, Mal- und Bastelsachen, auch Liegelandschaften bzw. Ruheinseln aus Kissen und Decken sowie Wickelstationen usw. mit. Da Kinder wie oben erwähnt nie unbeaufsichtigt sein sollten, ist es sinnvoll, mindestens zwei Betreuer bereitzustellen. So kann eine Person immer im Raum bleiben, falls die andere ein Elternteil für ein Kind holen, mit einem Kind zur Toilette gehen muss oder Pause macht. Achten Sie bei dem Engagement einer professionellen Kinderbetreuung auch auf eine Unfallversicherung, die in den Leistungen enthalten sein sollte.

Folgende Anregungen für die Beschäftigung der Kinder könnten eventuell auch für Ihre Hochzeit interessant sein: Malsachen, Springseile und Hula-Hoop-Reifen, Einwegkameras, Seifenblasen, Dreiräder, Bobbycars, Verkleidungskiste, Hüpfburg (nur unter Aufsicht), Trampolin (nur unter Aufsicht).

Säuglingen unter einem Jahr, die von ihren Müttern gestillt werden, sollten Sie ein Sonderrecht zugestehen. Erlauben Sie den Jungeltern, ihre Babys in einer Babyschale oder im Kinderwagen im Raum bei sich zu haben. In dem Fall, dass die Kinder schreien oder gestillt werden müssen, bitten Sie Ihre Gäste um das Verständnis, den Saal kurzfristig zu verlassen. Für diesen Fall sollten Sie den Eltern mit Kind in der Sitzordnung einen Platz in der Nähe eines Ausganges zuweisen und eine ruhige Ecke oder einen separaten Raum zum Stillen und Wickeln zur Verfügung stellen.

Sie können die Mütter und Väter im Vorfeld anschreiben und die Situation vor Ort erklären. So werden die jungen Eltern gerne auf Ihre Bedürfnisse während Ihrer Hochzeitsfeierlichkeiten Rücksicht nehmen und sich freuen, mit Ihnen ganz entspannt Ihren schönsten Tag im Leben feiern zu können, während ihre Kinder ebenso glücklich an Ihrem Fest teilhaben können.

Kleidung von Braut und Bräutigam

Das Brautkleid

Wir alle werden als Kind durch Märchen und Filme geprägt und lernen auch dadurch, wie wir uns eine Braut vorzustellen haben: wunderschön in einem weißen Brautkleid. Schon Sissi, Cinderella und Aschenputtel haben wir bewundert – und vielleicht sogar nachgespielt? Stellen Sie sich auch schon seit Langem vor, wie Sie einmal vor

© BILDFEST

den Altar treten werden? Vielleicht haben Sie noch keine ganz konkrete Vorstellung Ihres Hochzeitstages, aber wie Ihr Brautkleid aussehen würde, steht im Groben schon lange fest?

Den Kauf Ihres Brautkleides sollten Sie keinesfalls überstürzen. Lassen Sie sich Zeit mit der Auswahl. Schließlich handelt es sich um ein besonderes Kleidungsstück, über dessen Stil, Material, Schnitt usw. Sie sich erst einmal im Klaren werden müssen. Ebenso sollten Sie bei der Auswahl der dazugehörigen Accessoires nicht überstürzt ans Werk gehen. Beachten Sie hierzu unsere Ausführungen im Kapitel „Styleguide – Stil & Etikette" im Abschnitt „Ausstattung der Braut".

Überlegen Sie, ob Sie sich ein Kleid individuell nach Ihren Vorstellungen schneidern lassen oder ob Sie sich in einem Fachgeschäft ein Kleid aussuchen möchten. Das hängt natürlich auch wieder von Ihrem Budget ab, denn eine Maßanfertigung kann mit höheren Kosten verbunden sein. Inzwischen gibt es auch die Möglichkeit, ein Brautkleid auszuleihen. Manche Bräute ziehen dies in Erwägung, da sie das Kleid nur an einem Tag tragen und es sich später nicht in den Kleiderschrank hängen wollen. Allerdings sollten Sie bedenken, dass ein geliehenes Kleid nicht auf Ihre Figur angepasst werden kann. Zur Leihgebühr müssen Sie die Kosten für die Reinigung tragen.

Blättern Sie in Zeitschriften, stöbern Sie im Internet und gucken Sie, ob Sie an einem bestimmten Stil immer wieder mit Ihrem Blick verweilen. Lassen Sie sich inspirieren, sammeln Sie Fotos von Kleidern, die Ihnen besonders gut gefallen, und nehmen Sie diese Bilder mit zu Ihren ersten Terminen in Brautmodengeschäften oder zum Designer bzw. der Schneiderin. Von einem Kauf im Onlinehandel oder Versandunternehmen raten wir Ihnen ab. Sie haben dort weder die Möglichkeit, sich gezielt beraten zu lassen, noch können Sie unterschiedliche Stile und Modelle anprobieren. Sie haben keine Gelegenheit, die Materialien zu fühlen, und ebenso sind das Anprobieren und die Auswahl passender Accessoires wie ein Reifrock vor dem Kauf des Kleides nicht möglich.

Vereinbaren Sie in den Brautmodengeschäften Ihrer Wahl vorab telefonisch oder per E-Mail einen Termin für eine erste Beratung und Anprobe. Hierfür sollten Sie sich in ein bis drei Brautläden jeweils etwa zwei Stunden Zeit nehmen, denn die Wahl des Brautkleides bedarf in der Regel Zeit. Wenn Sie einen Tag unter der Woche einrichten können, werden Sie die Anprobe mit etwas mehr Ruhe angehen können als an einem Samstag, dem begehrtesten Tag der Woche. Sie müssen zunächst Ihren Stil finden und hieraus dann das perfekte Kleid auswählen.

Die Beraterin wird sich mit Ihnen zunächst über Ihre Hochzeit unterhalten. Sie möchte Sie kennenlernen, den Stil Ihrer Hochzeit erfragen, um Ihnen die passenden Brautkleider zur Auswahl vorstellen zu können. Nennen Sie ruhig eine Preisvorstellung oder zumindest eine Spanne, denn der Preis wird sicher auch über den Kauf des Kleides mitentscheiden.

Bei der Beratung sollten Sie sich nicht nur auf die Meinung der Verkaufsberaterin verlassen. Nehmen Sie zur Anprobe zwei Personen mit, die Sie gut kennen. Die eigene Mutter und die Trauzeugin oder eine enge Freundin werden Sie ehrlich beraten und Ihnen am besten sagen, worin Ihr Typ perfekt zur Geltung kommt. Keinesfalls sollten Sie zu viele Personen mitnehmen, denn zu viele verschiedene Meinungen können Sie verunsichern. Nehmen Sie zur Anprobe ein paar hohe Schuhe und einen halterlosen BH mit, wenn Sie ein Korsagenkleid in Erwägung ziehen. Tragen Sie möglichst helle Unterwäsche und eine Strumpfhose.

Ziehen Sie bitte nicht los und kaufen direkt das Kleid, welches Sie im ersten Laden umhaut. Bitten Sie die Verkäuferin, dass sie es für Sie mindestens bis zum nächsten Tag zurückhängt, damit Sie noch eine Nacht über Ihre Entscheidung schlafen können.

||| **SPARTIPP:** Wenn Sie ein Kleid der Vorjahreskollektion im Braut-modengeschäft kaufen, können Sie sogar ein Schnäppchen machen.

Die meisten Brautkleider in Brautfachgeschäften sind Modelle, die der Anprobe dienen. Viele Brautkleider werden im Ausland produziert. Daher sollten Sie damit rechnen, dass auch Ihr Kleid eine ungefähre Lieferzeit von ca. drei bis vier Monaten nach der Bestellung haben wird. In der Regel werden dann noch Änderungen vorgenommen, die sich über zwei bis drei Anproben und somit einen Zeitrahmen von vier bis sechs Wochen strecken können.

Kaufen Sie das Kleid in der Größe, die Sie bei Ihrer Anprobe benötigen. Auch wenn Sie sich fest vorgenommen haben, bis zur Hochzeit noch etwas abzunehmen, sollten Sie sich nicht unnötig unter Druck setzen. Enger können Sie das Kleid immer noch machen lassen, weiter aber kaum. Sollten Sie schwanger und auf der Suche nach einem geeigneten Brautkleid sein, lassen Sie sich im Fachgeschäft beraten. In der Regel wird man Ihnen einen Dummy-Bauch für die Anprobe anbieten und Ihnen Hilfestellung für die Auswahl der passenden Größe geben können.

Wenn Sie sich für Ihr Brautkleid entschieden haben und das Geschäft es bei dem Hersteller für Sie bestellt, wird die Verkäuferin mit Ihnen vorab einen Kaufvertrag schließen. Achten Sie darauf, dass alle Details, insbesondere das richtige Modell, Größe und Farbe und auch Ihr Hochzeitsdatum in diesem Vertrag aufgenommen sind. In der Regel wird beim Kauf eine Anzahlung fällig, die Restsumme dann bei der Abholung.

Lassen Sie sich von Ihrer Begleitung in dem Brautkleid fotografieren. Ein Foto ist sehr hilfreich, wenn Sie zwischenzeitlich einen Probetermin bei Ihrem Friseur oder Visagisten haben sollten oder andere Accessoires auswählen möchten.

Bitten Sie die Verkäuferin um eine Stoffprobe Ihres Brautkleides, anhand der Sie Ihre Accessoires und Ihr Zukünftiger sein Outfit (z. B. Hemd und Einstecktuch) abstimmen können.

Wenn Sie sich für Ihr Brautkleid entschieden haben, sollten Sie mit dem Kauf die Suche einstellen. Überlegen Sie nicht, ob es doch irgendwo ein anderes Kleid geben könnte, in dem Sie besser aussehen könnten. Sicherlich wird Ihnen nicht nur ein Kleid stehen, eine weitere Suche wird Sie nur verunsichern.

Freuen Sie sich auf Ihr Kleid und genießen Sie die Anprobetermine. Ihre Begleitperson sollte sich zeigen lassen, wie sie Ihnen die Schleppe zur Tanzschleppe hochstecken oder abnehmen kann (sofern Ihr Kleid eine Schleppe hat). In der Regel werden hierfür ein bis mehrere Knöpfe versteckt eingearbeitet, die Sie selber nur schwer finden werden. Auch sollten Sie unbedingt bei der Anprobe gehen, tanzen, sich bewegen und vor allem testen, zu sitzen. Sonst könnte Ihr Kleid unter Umständen auf den Magen drücken und Sie um den schönsten Tag in Ihrem Leben bringen.

Für die letzte Anprobe und Abholung wird die Schneiderin Ihr Kleid aufbügeln und Ihnen in einer Schutzhülle mitgeben. Zu Hause angekommen, sollten Sie es direkt wieder knitterfrei aufhängen, möglichst im Kleiderschrank oder in einem abgedunkelten Raum.

||| **TIPP:** Überlegen Sie sich im Vorfeld auch, wie Sie mit Ihrem Braut-
kleid zur Toilette gehen können. Im Zweifelsfall könnten Sie Ihre Mutter
oder Trauzeugin bitten, Sie am Hochzeitstag zu unterstützen, indem sie
das Kleid für Sie halten.

Das Outfit des Bräutigams

Überlegen Sie sich, in welchem Kleidungsstück Sie vor den Altar oder
den Standesbeamten treten möchten und worin Sie sich an Ihrem
Hochzeitstag vor allem wohlfühlen. Auch für Sie sollte Ihre Kleidung
etwas Besonderes sein, nicht jedoch eine Verkleidung. Sie tragen in
Ihrem Beruf jeden Tag einen dunklen Anzug? Dann fühlt sich dieser
vielleicht nicht gerade sehr festlich für Sie an. Wäre der Smoking oder
sogar Cut beziehungsweise Frack am Abend eine Alternative? Wichtig
ist, dass Sie sich in jedem Fall ausgiebig beraten lassen und vor allem
eine typgerechte Wahl treffen. Zwar dürfen Sie als Bräutigam Ihre Verlobte nicht zum Brautkleidkauf begleiten. Anders herum ist es allerdings üblich, dass Ihre zukünftige Frau Sie bei der Wahl Ihrer Kleidung unterstützt. Zumindest sollten Sie sich von ihr eine Stoffprobe
des Brautkleides für die Auswahl Ihrer Ausstattung geben lassen. So
können Sie Farbe und Material Ihres Anzuges und der Accessoires besser abstimmen.

In der Regel finden Sie Hochzeitsanzüge & Co. bei einem Herrenausstatter. Außerdem führen inzwischen viele Brautmodengeschäfte auch
für den Bräutigam die passende Festkleidung. Einige Herrenausstatter
bieten zudem Maßanfertigungen an.

Bitte lassen Sie die Finger von Käufen im Internet. Nicht nur die mangelnde Beratung sollte ein Grund sein. Auch können Sie im Internet
weder die Stoffe fühlen noch die Anzüge anprobieren.

Der von Ihnen gewählte Dresscode vom dunklen Anzug bis zum Frack
ist auch die Vorgabe für den Kleidungsstil Ihrer Gäste. Diesen sollten
Sie unbedingt in Ihrer Einladung kommunizieren. Eine Übersicht der

unterschiedlichen Dresscodes finden Sie im Kapitel „Styleguide – Stil & Etikette" unter „Dresscode und Hilfestellung für die Gäste".

||| **Hinweis**

Wussten Sie, dass Sie als Bräutigam das Zeichen geben, wann das Sakko ausgezogen werden darf? Erst wenn Sie es ausziehen, dürfen es Ihnen die anderen Herren nachmachen.

Musik

DJ und Band

Sowohl die Buchung einer Band als auch die eines DJs hat diverse Vor- und Nachteile, die Sie abwägen sollten, bevor Sie sich für die eine oder andere Variante entscheiden.

DJ

Der DJ ist grundsätzlich am flexibelsten. Er kann in der Regel vom Walzer über die Hits der letzten Jahrzehnte bis hin zu eventuellen Sonderwünschen vom bayerischen Schunkelklassiker, kölschen Karnevalslied bis zum Schlager alles auflegen. Hinzu kommt auch, dass bei ihm die Songs klingen, wie man sie kennt. Normalerweise ist ein DJ zudem günstiger als eine Band.

Manche empfinden beim DJ als Nachteil, dass er eventuell nicht die gleiche Stimmung erzeugen kann wie eine Band.

Band

Manche finden, dass eine Band besser zu einem festlichen Ereignis wie eine Hochzeit passt. Dadurch, dass die Band in der Regel aus mehreren Musikern besteht und normalerweise mehr auf Show ausgelegt ist als ein DJ, kann sie die Gäste oft besser über die Musik hinaus animieren, als ein DJ dies kann.

Eine Band hat immer ein wenig ihren eigenen Stil und ist manchmal allein durch ihre Besetzung ein wenig eingeschränkt. Wenn die Band nur einen männlichen Sänger hat, klingen automatisch schon die Songs der weiblichen Interpreten anders. Ebenso kann eine kleine Band nur bedingt ein riesiges Orchester samt Backgroundchor ersetzen, das manche Stars hinter sich haben.

Viele können weder einen Walzer spielen noch Sonderwünsche außerhalb ihres Stils erfüllen (allerdings wird dies auch oft durch Auflegen einer CD ausgeglichen, sofern es nicht zu viele Extrawünsche sind). Bei einer Band sollten Sie nachfragen, ob sie ihre eigene Technik mitbringt und ob diese im angebotenen Preis enthalten ist. Ferner sollte man sich erkundigen, wann und wie lange der Aufbau der Technik dauert und ob und wann ein Soundcheck erfolgen soll.

Die meisten Bands wünschen sich eine Garderobe – also einen Raum, in dem sie sich in den Pausen aufhalten können bzw. ihre persönlichen Sachen hinterlassen und sich umziehen können. Hier sollten Sie im Vorfeld fragen, was sich die Band diesbezüglich wünscht. In den meisten Locations wird dieser Raum extra berechnet, sodass Sie dies in der Kalkulation einplanen sollten. Außerdem sollten Sie auch frühzeitig den Raum buchen, damit er nicht von der Location für andere Zwecke vergeben wird.

Sollte die Band ihre Technik nicht selbst mitbringen, lassen Sie sich eine sogenannte Bühnenanweisung schicken – sofern vorhanden. Darin steht genau, welche Technik benötigt wird und wie diese aufgebaut werden muss. Diese Bühnenanweisung können Sie an einen Veranstaltungstechniker weitergeben, der Ihnen entsprechend ein Angebot machen kann. So haben Sie die Gesamtkosten für den Künstler/die Band samt Technik besser im Überblick.

Ein großer Nachteil der Bands sind natürlich die Kosten, die samt Technik in der Regel weit über denen des DJs liegen. Hierzu finden Sie später in diesem Kapitel noch eine kurze Information.

Grundsätzlich gilt zum Thema Qualität wie schon an vielen Stellen hier im Buch erwähnt beim DJ das Gleiche wie bei der Band: Günstig kann ein Schnäppchen sein, aber auch ein Reinfall. Oftmals sind die Günstigen diejenigen, die weniger Erfahrung haben und/oder eine schlechtere Technik nutzen. Hier helfen nur Empfehlungen, Gespräche und bei Bands (gelegentlich auch bei DJs) die Möglichkeit, sie live zu erleben.

Sowohl Bands als auch DJs wollen verpflegt werden. Üblich ist, dass sie sich antialkoholische Getränke frei bestellen können und ein warmes Essen bekommen. Wenn Sie großzügig sein möchten, dürfen sie sich am Buffet bedienen oder bekommen bei einem Menü zum Beispiel den Hauptgang und einen weiteren Gang. Alternativ kann man aber auch ein sogenanntes Tellergericht für die Musiker im Lokal bestellen. Wenn sie zum Beispiel am Nachmittag spielen, reicht es in der Regel, wenn sie etwas vom Fingerfood oder Kuchenbuffet essen dürfen.

Vor allem bei den Bands sollte geklärt werden, ob bei einem frühzeitigen Aufbau der Technik eventuell schon etwas zu essen oder zu trinken bereitgehalten werden sollte. Manche Bands haben zudem genaue Wünsche bezüglich der Speisen und Getränke, die in der Garderobe bereitstehen sollen.

||| Achtung

Klären Sie mit dem Gastronomen, wie viel für die Künstlerverpflegung berechnet wird. Gleiches gilt übrigens auch für Fotografen und sonstige externe Personen.

Kosten der Bands und DJs

Wie so vieles sind die Preise äußerst unterschiedlich. Gerne möchten wir Ihnen aber ein paar Richtlinien geben.

Hochzeits-DJs bekommt man in der Regel zwischen etwa 300 und 1.000 Euro für den ganzen Abend inkl. Technik, Auf- und Abbau. Der Preis ist natürlich auch abhängig von der Länge der Feier.

Wichtig ist, auf jeden Fall zu klären, ob die Preise inklusive oder exklusive der Mehrwertsteuer angegeben sind.

||| **TIPP:** Buchen Sie den DJ für eine feste Zeit und vereinbaren Sie mit ihm darüber hinaus eine Verlängerungsoption zu einem bestimmten Stundensatz.

Bei Bands unterscheiden sich die Preise sehr stark durch die Spielzeit, die Anzahl der Musiker und auch sonst durch diverse Faktoren. Die meisten Bands, die für Hochzeiten gebucht werden, rechnen zwischen etwa 50 und 500 Euro pro Stunde und Musiker, je nach Länge der Spielzeit, Erfahrung der Musiker etc. Bei manchen kommen dann noch die Mehrwertsteuer, Anfahrt, Technik etc. hinzu.

Günstiger als professionelle Musiker sind in der Regel Musikstudenten oder Schüler einer Musikschule. Der Nachteil ist, dass sie meistens weniger Erfahrungen haben mit den Gegebenheiten einer solchen Feier sowie im Auf-/Abbau noch nicht so geübt sind. Auch ist ihr Repertoire oftmals nicht so groß. Wir empfehlen, Musikstudenten bzw. -hochschüler eher bei der Trauung oder beim Sektempfang eine gewisse Auswahl an Musik spielen zu lassen.

Künstlersozialkasse und GEMA

Manchmal erscheint in Verträgen oder Angeboten von Bands und Lokalitäten die Abgabe an die Künstlersozialkasse bzw. für die GEMA. Die Künstlersozialkasse ist eine Krankenkasse für Künstler. Ähnlich wie der Arbeitgeber einen Anteil an der Krankenkasse seines Arbeitnehmers zahlt, zahlt auch der Veranstalter einen Beitrag an die Künstlersozialkasse für seine Künstler. Diese Abgabe ist aber für Sie als Privatleute bei einer privaten Feier wie der Hochzeit nicht fällig, wenn Sie die Künstler selber direkt beauftragen. Sollte die Band also einen Aufschlag für die Künstlersozialkasse verlangen, weisen Sie sie darauf hin. Sollten Sie eine Künstleragentur engagieren, ist diese jedoch verpflichtet, eine Abgabe an die Künstlersozialkasse zu leisten, und wird die Kosten hierfür unter Umständen an Sie weitergeben.

Die GEMA ist eine Gesellschaft, die die Urheberrechte der Komponisten verwaltet und den Komponisten Geld ausbezahlt, wenn ihre Stücke gespielt wurden. Aber auch die GEMA fällt für Ihre private Feierlichkeit der Hochzeit nicht an, sofern alle Gäste eine persönliche Beziehung zum Brautpaar haben. Dies ist bei den meisten Hochzeiten durch Gäste aus der Verwandtschaft und dem Freundeskreis gegeben.

Das Vertragliche

Sowohl bei den Bands als auch bei DJs gilt wie bei allen anderen Dienstleistern und Lieferanten: Alles schriftlich festhalten. Sollten Sie keinen eigenen Vertrag erhalten, sollten Sie als Brautpaar das Wichtigste schriftlich festhalten und sich unterschreiben lassen. Professionelle DJs und Bands haben eigene Verträge, die sie automatisch vorlegen.

Das sollte schriftlich festgehalten werden:

- Wer spielt (Name/n und/oder mindestens Instrumente)
- Auftrittstag, Ort und Spielbeginn (evtl. auch Spielende)
- vereinbarte Gage (inkl. oder exkl. MwSt.)
- effektive Spielzeit (die meisten Bands rechnen eine gewisse Anzahl von Sets, die in der Regel 20–45 Minuten dauern) und Anwesenheitszeit (Zeit, in der diese Sets gespielt werden)
- wann wie bezahlt wird (z. B. am Abend in bar, per Überweisung vorab oder nach der Feier)
- Stornogebühren (was passiert, wenn die Musiker kurzfristig ausfallen/stornieren oder Sie kurzfristig die Musiker stornieren bzw. das Fest aus besonderem Grund ausfallen muss), s. a. „Konventionalstrafe"

Konventionalstrafe, was ist das?

In manchen Verträgen von Bands und DJs findet man das Wort Konventionalstrafe. Das bedeutet, dass in der Regel die volle Gage fällig wird, wenn der Kunde der Band nach Vertragsabschluss kündigt. Bei der gegenseitigen Konventionalstrafe gilt Selbiges für die andere Seite, dann muss die Band bzw. der DJ dem Kunden die volle Gage zahlen, wenn er ohne triftigen Grund nach Vertragsabschluss absagt.

Aufbau DJ/Band

Sie sollten genau klären, wann und wo die Tontechnik aufgebaut werden kann, optimalerweise direkt an der Tanzfläche. Sicherlich ist es preiswerter, wenn die Musik erst nach dem Essen spielbereit ist und kurz vorher aufgebaut wird. Allerdings kann es sehr störend sein, wenn das geschieht, während Sie und Ihre Gäste essen. Viele Techniker und DJs mögen es zudem nicht gerne, wenn sie auf allen vieren Kabel verlegen, während nebenan gegessen wird. Sollte die Technik schon vor dem Essen stehen und währenddessen keine Musik gespielt werden, stellen Musiker oder DJs oftmals die „tote" Zeit in Rechnung. Daher nutzen Sie ruhig die Chance und lassen Sie Band oder DJ schon etwas Hintergrundmusik zum Essen spielen. Dann können sie zum Beispiel auch ein Mikrofon für die Reden nutzen. Klären Sie das allerdings vorher ab. Manchmal haben Bands oder DJs standardmäßig keine mobilen Mikrofone für Reden dabei.

Wichtig beim Thema Aufbau ist auch, sich vorab zu erkundigen, wie viel Platz der DJ bzw. vor allem die Band benötigt, denn oft wird er unterschätzt. Eine vier- bis fünfköpfige Band benötigt schnell mindestens 4 x 5 m Stellfläche oder sogar eine Bühne. Wenn der Saal sowieso schon an seiner Kapazitätsgrenze ist, kann es sein, dass überhaupt kein Platz für eine Band bleibt.

Bands bringen in der Regel eventuelle Sitzmöglichkeiten selbst mit. Den DJ sollten Sie fragen, ob er einen Tisch und einen Stuhl wünscht. Manche DJs bringen ihr eigenes DJ-Pult mit, manche freuen sich, wenn vor Ort ein Tisch bereitgestellt wird. Zudem sollte geklärt werden, ob dieser mit Tischdecke oder einem sogenannten Skirting versehen sein soll bzw. der DJ selbst eine Abdeckung (z. B. ein Molton o. Ä.) mitbringt.

Wichtig ist auch, welche Anforderungen an den Stromanschluss gestellt werden bzw. wie weit der notwendige Stromanschluss vom Auftrittsplatz entfernt sein darf.

Ebenfalls sollte geklärt werden, wie früh die Musiker aufbauen wollen bzw. sollen, ob ein Soundcheck gemacht, sich eingesungen, geprobt wird etc. Dies sollte zeitlich und räumlich mit der Lokalität, Kirche etc. geklärt werden.

||| **TIPP:** Tanzfläche und Theke sollten Sie nach Möglichkeit in einem Raum aufstellen, denn dann kommt die Party besser in Schwung und die Stimmung bleibt durchgängig gut.

Denken Sie zudem daran, dass der Untergrund der Tanzfläche als solche geeignet sein sollte. Ein zu glatter Boden birgt Verletzungsgefahren – insbesondere wenn die Gäste Getränke mit auf die Tanzfläche nehmen und die Tanzfläche feucht wird. Im Gegenzug vergeht den Tänzern eventuell auf einem zu rauen Untergrund die Freude am Tanzen. Gerade gute Tänzer benötigen bei gewissen Tänzen, wie zum Beispiel dem Walzer, die Möglichkeit, über einen entsprechend glatten Boden gleiten zu können.

Weitere Musik im Laufe des Tages
Bei der Trauung

Die meisten Brautpaare wünschen sich Musik zur Trauung. Hier sind die Möglichkeiten breit gefächert: von klassischer Musik bis hin zu modernen Hits. Zur Wahl der Stücke sprechen Sie am besten mit den gebuchten Musikern. Klären Sie auch mit Ihrem Pfarrer oder Theologen, ob er mit den Stücken einverstanden ist. Oder Sie suchen im Internet, wo es zahlreiche Tipps und Songlisten hierzu gibt.

In der Kirche ist oftmals die Orgel die günstigste und gleichzeitig eine sehr stimmungsvolle und klassische Variante. Die meisten Kirchen haben Organisten, die nicht so viel berechnen oder manchmal schon für ein kleines Trinkgeld spielen. Ergänzend zur Orgel oder statt der Orgel gibt es vom Gesang über diverse klassische und modernere Instrumente fast alle Möglichkeiten. Gerade Streichinstrumente sowie Trompete und Posaune werden bei klassischen Trauungen oft gebucht. Immer beliebter sind außerdem Gospelsänger. Vielleicht hat Ihre Gemeinde aber auch einen guten Chor, der sich freut, bei Ihrer Hochzeit zu singen? Vielleicht sind Sie auch selbst Musiker und haben eine besondere Beziehung zu einem Instrument und direkte Kontakte zu Musikern? Oder Sie haben einfach Freunde oder Bekannte, die gut spielen können …

Je nach Größe des Trauortes bietet sich auch das Klavier oder E-Piano eventuell mit einer Sängerin oder einem Sänger an.

Was für die kirchliche Trauung gilt, gilt gleichermaßen auch für die freie Trauung, wobei man bei Letzterer in der Regel noch mehr Möglichkeiten hat.

Im Standesamt sollten Sie genau erfragen, was möglich ist. Manche Standesämter erlauben gar keine Musik, manche haben extra eine Tonanlage, auf der mitgebrachte oder vorbereitete CDs abgespielt werden können. In seltenen Fällen ist sogar Livemusik während der standesamtlichen Trauung möglich.

Musik am Nachmittag

Ein weiterer Zeitpunkt für Musik ist der Nachmittag während Sektempfang und/oder Kaffeetrinken. Die günstigste Variante ist hier sicherlich, über die – sofern vorhanden – Hausanlage der Lokalität etwas Hintergrundmusik von CD oder vom tragbaren MP3-Player abzuspielen. Alternativ kann zum Beispiel der DJ des Abends schon Musik auflegen. Wenn der Nachmittag im Freien oder in einem anderen Raum der Lokalität stattfindet, ist es in der Regel für den DJ kein Problem, die Lautsprecher in den Nachbarraum oder auf die Terrasse zu stellen, sofern die Nähe zum Festsaal gegeben ist. Sollte die Entfernung größer sein, muss er seine Anlage entweder umbauen oder durch ergänzende Technik erweitern. Sprechen Sie hier am besten im Detail mit dem DJ.

Alternativ bietet sich für den Nachmittag auch Livemusik an. Das können schon einzelne Musiker der Band für den Abend sein oder auch solche, die man speziell für den Nachmittag bucht. Die Art der Musik und der gewählten Instrumente ist hier frei nach Geschmack des Brautpaares, Budget und Möglichkeiten in der Region wählbar. Viele Brautpaare unterschätzen bei einer kurzen Musikdarbietung die Kosten. Auch eine musikalische Einlage von einer halben Stunde ist für den Musiker mit dem gleichen Grundaufwand verbunden wie mehrere Stunden Spielzeit. Er muss genauso Vorgespräche führen, anfahren, auf-/abbauen etc. Daher ist eine kurze Spielzeit oftmals recht teuer im Verhältnis zu einer längeren.

Je nach Größe und Höhe des Raumes sowie ob drinnen oder draußen gespielt wird, empfiehlt sich oftmals eine kleine Verstärkeranlage. Hierbei geht es weniger um die Lautstärke als um die Qualität des Klanges. Mit mehreren Lautsprechern kann man bei großen Flächen auch bewirken, dass man überall die Musik gleichermaßen hören kann, ohne dass sie besonders laut gespielt werden muss. Gerade im Freien sollte man nicht unterschätzen, wie schnell der Klang vom Wind weggetragen wird.

Eine andere Option ist auch, dass die Musiker sich bewegen bzw. den Platz wechseln. In dem Fall bekommt immer nur eine Gruppe von Gästen für eine gewisse Zeit lang die Musik etwas deutlicher mit, dann zieht der oder ziehen die Musiker weiter.

Sowohl für die Musik während der Trauung als auch für die Musik beim Empfang am Nachmittag könnten Sie Freunde und Verwandte fragen, die ein Instrument spielen und vielleicht sogar gerne Ihre Feier musikalisch begleiten. Wenn es professionelle Musiker sind, die normalerweise Geld für den Auftritt bekommen, ist es empfehlenswert, offen und ehrlich über die Bezahlung zu sprechen.

Trauredner

Immer beliebter werden die sogenannten freien Trauungen. Dies liegt zunächst einmal daran, dass viele Paare nicht (mehr) in der Kirche sind und/oder einer der Partner einer anderen Religion angehört und daher eine Trauung, mit der beide glücklich sind, nicht immer möglich ist. Jeder kann sich durch einen freien Theologen trauen lassen, egal welcher Kirche er angehört, ob er konfessionslos, Atheist ist und/oder bereits verheiratet war.

Diverse Erläuterungen zur freien Trauung finden Sie auch im Kapitel „Die Trauung".

Mit einem freien Theologen oder auch freien Redner können Sie sich wann, wo und wie Sie möchten, das Jawort geben. Das kann um Mitternacht auf einem Berg, im Flugzeug oder einfach im Garten des schönen Schlosses sein, in dem Sie auch abends feiern möchten. Allerdings ist es in der Regel nicht möglich, eine Trauung durch einen freien Theologen in einer gemeindezugehörigen Kirche durchzuführen. Wer Glück hat, findet eine private Kirche, die keiner Gemeinde zugehörig ist. Allerdings muss man für diese Kirchen in der Regel eine Miete zahlen.

Freie Theologen sind oftmals studierte Theologen bzw. ehemalige Pfarrer. Alternativ gibt es auch sogenannte freie Redner, die keinen theologischen Hintergrund haben und in der Regel dann auch freie Trauungen ganz frei von jeglichem Glauben durchführen.

Bei den meisten freien Theologen haben Sie die Möglichkeit, viel oder weniger Glauben in die Trauung einfließen zu lassen. Wenn die Partner unterschiedlichen Kulturen angehören oder sich einer anderen Kultur sehr nahe fühlen, können auch Trautraditionen anderer Länder mit eingebracht werden. Ganz flexibel kann der Ablauf gestaltet werden, und Freunde und Verwandte können sich auf Wunsch auch stärker einbringen. Sprechen Sie einfach mit Ihrem Trauredner. Sicherlich hat er viele Ideen und Vorschläge parat und kann Sie bei der Gestaltung Ihrer ganz persönlichen Trauung unterstützen.

Bei einem freien Theologen können natürlich auf Wunsch des Paares auch Gebete gesprochen werden. Bei den musikalischen Einlagen können wie in der Kirche alle Gäste mitsingen oder die Musik einfach genießen und zuhören.

Ihren Trauredner finden Sie gleichermaßen wie alle anderen Lieferanten und Dienstleister im Internet, in Fachmagazinen, mithilfe eines Hochzeitsplaners oder durch Mund-zu-Mund-Propaganda. Sie sollten sich auf jeden Fall persönlich mit dem Redner treffen, der für Sie in die engere Wahl kommt. Hier muss die Chemie ganz besonders stimmen, und er benötigt auch möglichst viele Informationen über Sie, um die Trauung so persönlich wie möglich zu gestalten.

In der Regel trifft man sich mindestens zweimal mit dem freien Theologen bis zur Trauung. Die meisten berechnen für die Besprechungstermine, die gesamte Vorbereitungs- und eventuelle Recherchezeit sowie die Trauung samt Anfahrt und Vorbereitung vor Ort zwischen 300 und 1.000 Euro.

Trauringe

Der Trauring, Symbol der unendlichen Liebe, wird durch viele Kulturen hinweg von Verheirateten getragen. In Deutschland und Österreich trägt man den Ehering traditionell an der rechten Hand (siehe hierzu auch das Kapitel „Verlobung"). In den meisten anderen Ländern wird der Ehering an der linken Hand, der direkten Verbindung zum Herzen, getragen. So auch in der Schweiz und den meisten südlichen Ländern.

Weil es über die Medien so übermittelt wird und weil sich die Kulturen vermischen, tragen auch Deutsche immer öfter den Ehering an der linken Hand.

Trauringe sind übrigens bei der standesamtlichen Hochzeit kein Muss. Wer keinen Schmuck tragen möchte, kann auch ohne Ringe heiraten. Manche Paare wählen alternative Möglichkeiten wie Armbänder, Ketten und Ähnliches.

Der gegenseitige Ringwechsel kann während der Trauung vollzogen werden. Bei einer kirchlichen Trauung werden die Ringe vorab gesegnet.

Das Angebot an Trauringen ist heutzutage unerschöpflich. Vom traditionellen gelbgoldenen Band über mehrfarbige Bänder bis hin zu völlig ausgefallenen und üppigen Varianten. Wichtig ist, sich einen Ring auszusuchen, der möglichst die ganze Ehe, das heißt viele Jahrzehnte, halten kann. Mit anderen Worten: Er sollte einem möglichst an der Silberhochzeit noch gefallen und auch für alle täglichen Arbeiten bequem und unauffällig sein.

An Materialien ist vom simpleren Stahl über das klassische Gold und Silber bis hin zu Platin alles möglich. Ebenso auch Mischungen aus diversen Materialien.

Viele Frauen wählen einen kleinen oder mehrere Edelsteine als Verzierung ihres Ringes, während das Pendant des Mannes in der Regel eher schlichter ausfällt.

Normalerweise wird ein Ring graviert, das heißt, es wird zum Beispiel mindestens das Hochzeitsdatum, oft auch der Name des Partners hineingearbeitet. Meistens wird die Gravur auf der Innenseite des Ringes angebracht, sodass man sie nur sieht, wenn man den Ring abnimmt. Manche Paare wählen auch einen besonderen Spruch aus, den sie eingravieren lassen. Allerdings sollte man bedenken, dass der Platz auf einem Ring nur beschränkt ist.

Ein paar Fachbegriffe, die nützlich sind:

- Bombierung: Häufig werden die Ringe bombiert, das heißt mindestens an der Innenseite durch eine Innenwölbung abgerundet. Dies erhöht den Tragekomfort.
- Profil: Beim Profil spricht der Juwelier von der Form des Ringes, ob er stärker abgerundet oder eher flach und eckig ist.
- Legierung: Die Legierung ist die Mischung verschiedener Materialien, um sie zu verbessern. Nur wenige Eheringe sind heutzutage noch aus reinem Gold, da dieses sehr weich ist und leicht verkratzt. Rotgold, Mattgold und Weißgold sind zum Beispiel solche Legierungen.

Lassen Sie sich von einem Juwelier oder Goldschmied Ihres Vertrauens beraten. Es gibt auch immer häufiger das Angebot, zum Beispiel in einer Art Wochenendseminar, sich gegenseitig unter Anleitung die Ringe selbst zu schmieden.

Für welche Variante auch immer Sie sich entscheiden, lassen Sie sich Zeit bei der Wahl. Der Ring ist im Gegensatz zu allen anderen Bereichen der Hochzeitsorganisation nicht nur für einen Tag, sondern fürs Leben.

Dekorationen

Denken Sie an Ihre Hochzeit und träumen Sie von einem Blumenmeer? Verständlich, insbesondere zu einer Hochzeit gehören Blumen einfach dazu, versprühen mit ihren Farben und dem Duft das gewisse Etwas. Ob es direkt ein Blumenmeer wird, ob Sie nur mit Akzenten arbeiten möchten oder aber mit einem Mittelweg, sollten Sie gut überdenken.

In den Kapiteln „Budget & Kalkulation" sowie „Florist & Dekorateur" haben wir Sie für dieses Thema bereits sensibilisiert. Darüber hinaus kommen aber auch weitere Aspekte in diesem Bereich auf Sie zu.

Blumen- und sonstige Dekorationen

Das Thema Hochzeitsdekorationen ist sehr weitläufig und beliebig dehnbar. Nach oben sind hier quasi kaum Grenzen gesetzt. Daher sollten Sie sich unbedingt ein Budget setzen, mit dem Sie arbeiten können und möchten. Beziehen Sie einen Experten in die Dekorationen ein. Lassen Sie sich von ihm beraten, wie Sie die gewünschte Optik erzielen. Eine moderne und klare Dekoration bedarf anderer Blüten und eine andere Anordnung als eine romantische oder verspielte Dekoration.

Blüten sind aber nur eine Möglichkeit, Ihre Hochzeitsdekorationen in Szene zu setzen (siehe Kapitel „Sonstige Accessoires als Element der Dekorationen").

Damit Sie keine der wesentlichen Dekorationen vergessen, haben wir eine Top-20-Liste erstellt:

||| **Die 20 häufigsten Blumendekorationen**

1. Brautstrauß & Wurfstrauß
2. Haarschmuck für die Braut
3. Reversstecker für den Bräutigam und weitere männliche Begleiter
4. Trauzeuginnen- und Brautjungfernstrauß
5. Blumenkinderschmuck
6. Streukörbchen und Streublüten für die Blumenkinder
7. Ringkissen
8. Altarschmuck
9. Eingangsdekoration der Kirche
10. Bankschmuck
11. Schmuck für die Brautstühle
12. Tischdekoration
13. Stehtischdekoration
14. Buffetdekoration
15. Toilettendekoration
16. Wegdekoration
17. Bardekoration
18. DJ-Tischdekoration
19. Dekorationen Hochzeitsgefährt
20. Candy Bar

Die Auswahl der Blumen

Sicher haben Sie auch Lieblingsblüten, die Sie wunderbar in Ihre Hochzeitsdekorationen einbeziehen könnten, insbesondere wenn Sie im Frühjahr oder Sommer heiraten, wenn viele Blüten blühen. Inzwischen ist es zwar aufgrund der Globalisierung auch das ganze Jahr durchgängig möglich, jede Blüte zu bekommen. Dies hat dann allerdings auch seinen Preis.

Bei der Auswahl der Blüten sollten Sie auf die Formen und die Stilrichtung achten. Auch ist daran zu denken, dass Sie haltbare Blüten auswählen, denn sie sollen ja viele Stunden frisch bleiben. Lassen Sie sich beraten, welche Blüten stabil genug sind, einen Tag und Abend gut durchzustehen, auch wenn es einmal etwas wärmer wird. Gerade feinblättrige Blüten benötigen viel Wasser. Ist die Wasserversorgung erst einmal unterbrochen, wird es schwer, sie wieder zum Blühen zu bringen.

||| **SPARTIPP:** Wählen Sie saisonale Blüten, denn diese sind in der jeweiligen Jahreszeit günstiger.

Hinweise zur Bedeutung einzelner Blüten sowie von Materialien und Elementen finden Sie im „humboldt PLUS"-Bereich auf www.humboldt.de.
So wie jede Blüte eine eigene Bedeutung hat, hat sie auch bestimmte Besonderheiten, die unter Umständen zu beachten sind. Lassen Sie sich hierzu unbedingt von Ihrem Floristen beraten. Lilien beispielsweise haben Staubgefäße, die Blütenstaub hinterlassen und erstens einen starken Eigengeruch entwickeln und zweitens Flecken auf der Kleidung hinterlassen können. Die Staubgefäße sollten Sie unbedingt entfernen lassen beziehungsweise dies selbst tun, wenn Sie keinen Floristen beauftragt haben.
Kräuter eignen sich ebenfalls wunderbar zur Dekoration, zum Beispiel sieht blühender Lavendel sehr hübsch aus. Dekorativ sind auch Rosmarin oder Pfefferminze. Rosmarin und Myrte waren schon früher die Kräuter, die für die Hochzeit standen, heute werden Sie wieder gerne in den Brautstrauß oder den Reversstecker des Bräutigams eingearbeitet. Rosmarin steht für Fruchtbarkeit, Myrte symbolisiert Reinheit und steht für Lebenskraft.

Farben und die Auswahl der Farben
Die Farben Ihrer Dekorationen sollten Sie mit Bedacht auswählen. Denn nicht nur Blüten stehen für eine bestimmte Symbolik. Mit Farben gehen Assoziationen einher und lösen in uns allen innerhalb von Sekunden unterbewusst gewisse Empfindungen aus.

Die Farben der Blüten sollten Sie entsprechend Ihres Farbkonzeptes auswählen. Dies sollte zu den Farben der Location passen. Wenn Sie noch keine Farben für Ihr Hochzeitskonzept ausgewählt haben, so sollten Sie ein bis zwei harmonierende Hauptfarben auswählen, die sich durch die kompletten Dekorationen ziehen. Bleiben Sie möglichst in einer Farbfamilie und stimmen Sie diese Farben mit anderen so ab, dass sie zusammenpassen.

Wenn Sie eine Dekoration im Herbst-Landhaus-Stil wünschen, können viele unterschiedliche Farben in der richtigen Mixtur wieder passend aussehen. Ansonsten kann ein Farbenmeer schnell für den Betrachter optisch zu viel werden und wie ein buntes Allerlei wirken.

Reduzierte Farben wirken eher edel. Auch wenn Weiß an sich keine Farbe ist, können Sie Weiß oder auch Cremeweiß perfekt einsetzen, um eine Farbe ergänzen und mit deren Nuancen spielen. Zum Beispiel lassen sich im Farbspektrum von Lila und Rosa etliche unterschiedliche Abstufungen in den Tönen finden, besonders auch im Bereich verschiedener Blüten.

Mit farbigem Spray oder Glitzerspray können Sie Blüten in einer anderen Farbe zum Funkeln bringen.

||| **Farbempfehlungen**

- Creme und Weiß haben eine neutralisierende Wirkung und edle Ausstrahlung.
- Weiß steht für Reinheit, Wahrheit und Klarheit und drückt Eleganz aus.
- Rot steht für die Liebe und Leidenschaft.
- Blau drückt die Treue aus.
- Grün steht für die Hoffnung und Lebenskraft. Außerdem ist der Tag Ihrer Hochzeit die „grüne Hochzeit".
- Pastellfarben weisen auf Zartheit und Zärtlichkeit hin.
- Bunte Farben drücken Lebensfreude aus.
- Orange bedeutet Energie.
- Gelb steht für Lebensfreude.

Brautstrauß und Reversstecker

Den Brautstrauß zu organisieren ist traditionell Aufgabe des Bräutigams. Heutzutage aber entscheidet die Braut meist mit – zumindest welche Blüten und Farben sowie welche Form sie gerne hätte, damit der Brautstrauß auch zum Brautkleid passt.

Die Farben und Blüten können Sie entweder entsprechend Ihren Hochzeitsfarben wählen oder aber etwas komplett anderes aussuchen, losgelöst und bewusst abgehoben von der restlichen Dekoration.

Es gibt auch bezüglich der Form des Brautstraußes etliche Möglichkeiten, die Sie den Abbildungen auf den Folgeseiten entnehmen können. Klassisch wird er rund gebunden. Denkbar sind aber auch kugelförmige, bogenförmige Brausträuße oder Armbrautsträuße in Kranzform, wasserfallartige, herzförmige, tropfenförmige oder spindelförmige Brautsträuße. Sprechen Sie mit Ihrem Floristen und zeigen Sie ihm ein Foto Ihres Brautkleides. Anhand dessen kann er Sie optimal zur passenden Form des Brautstraußes beraten.

Sie sollten den Brautstrauß proportional zu Ihrer Körpergröße auswählen. Ein riesiger Brautstrauß an einer kleinen Braut sieht erschlagend aus, während ein zu kleiner Brautstrauß an einer großen Braut verloren wirken kann.

Achten Sie auch darauf, dass Ihr Brautstrauß einen passenden Abschluss bekommt, also dass er mit einem Band abgebunden wird. Dies ist einerseits für eine angenehme Haptik (also das Anfassgefühl), andererseits zum Schutz vor Dornen sowie dem Schmutz der Blütenstängel und Arbeitsmaterialien wichtig. Somit dient der Abschluss auch zum Schutz Ihrer Hand beim Tragen des Brautstraußes. Entweder können Sie ihn mit einem Band in Creme oder Weiß abbinden lassen. Oder wenn Sie Ihre Dekofarbe nochmals platzieren möchten, können Sie dies auch an dieser Stelle wiederholen.

In der Location angekommen, sollten Sie Ihren Brautstrauß in ein Gefäß mit Wasser stellen, so wird er bis zum Aufhängen fürs Trocknen noch gut aussehen und nicht zu früh die Köpfe hängen lassen.

Brautsträuße 1

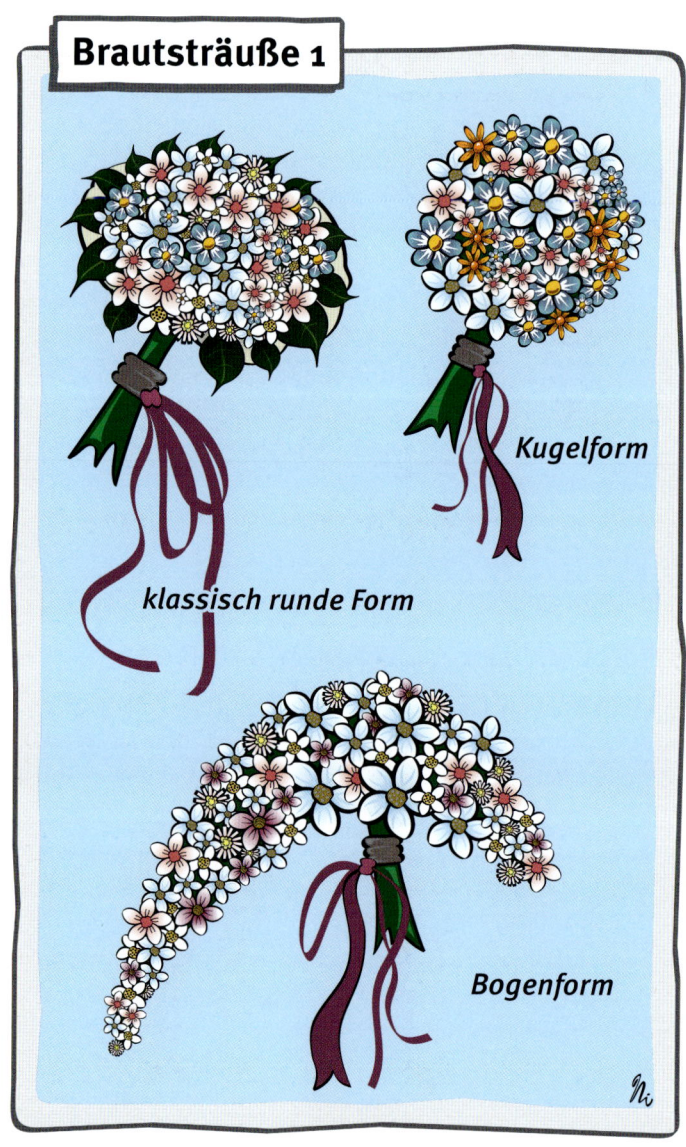

Kugelform

klassisch runde Form

Bogenform

Brautsträuße können in den unterschiedlichsten Formen gebunden werden.

Brautsträuße 2

Kranzform

Tropfenform

Brautsträuße 3

Herzform

Wasserfallform

Spindelform

Der Wurfstrauß kann als kleinere Abbildung des Brautstraußes angefertigt werden und beim Brautstraußwerfen von der Braut in die
Menge der unverheirateten Frauen geworfen werden. So können Sie
Ihren Brautstrauß als Andenken selber behalten und trocknen lassen.
Die meisten Bräute haben bereits einen Brautstrauß zur standesamtlichen Trauung. Sie könnten beispielsweise Ihren Standesamtstrauß
trocknen und nur den Strauß der kirchlichen Trauung werfen.

Ist der Brautstrauß erst einmal ausgewählt, wird der Reversstecker für
den Bräutigam (auch Anstecker oder Corsage genannt) in der Regel in
Anlehnung an den Brautstrauß bestimmt. Der Reversstecker wird, wie
der Name sagt, am Revers Ihres Jacketts angesteckt. Je nach Vorliebe
des Floristen oder Ihrem Wunsch kann der Reversstecker mit einer
Floristensicherheitsnadel oder mit Magneten befestigt werden. Wählen Sie eine Blüte des Brautstraußes für den Reversstecker. So zeigen
Sie als Braut und Bräutigam Ihre Zusammengehörigkeit. Abgebunden
wird der Reversstecker entweder passend zum Outfit des Bräutigams
oder in dem gleichen Farbton wie der Brautstrauß.

Denken Sie auch darüber nach, Ihre Väter, den Trauzeugen und beispielsweise Ihren Bruder oder andere enge männliche Familienmit-
glieder mit einem Reversstecker auszustatten.

||| **TIPP:** Der Reversstecker geht leicht kaputt, wenn Sie bei Gratula-
tionen herzlich umarmt werden. Daher sollten Sie überlegen, sich einen
Ersatz anfertigen zu lassen, den Sie eventuell auch bei Ihrem Brautpaar-Shooting tragen können.

Blumenschmuck für Brautjungfern, Blumenkinder

Brautjungfern ziehen traditionell vor der Braut in die Kirche ein (siehe
auch das Kapitel „Styleguide – Stil & Etikette") und sollten ebenfalls
unbedingt mit einem passenden Blumenschmuck ausgestattet werden.

Folgende Alternativen bieten sich zum Beispiel an:

- Brautjungfernstrauß,
- Armreifen aus Blüten,
- Broschen aus Blüten,
- Haarschmuck aus Blüten.

Blumenkinder können Sie ebenfalls dekorativ mit Blüten und anderen Accessoires ausstatten:

- Blüten für die Haare (Haarkränzchen),
- Körbchen für Blumenkinder,
- Satinbänder an den Kleidchen.

Kirchendekorationen

Als Eingangs- und Portalschmuck bieten sich beispielsweise Blütenbogen an. Leihpflanzen wie Buchsbaumkugeln oder Olivenbäumchen können Sie auch wunderbar für die Eingangsdekorationen verwenden. Schön sieht es aus, wenn Sie den Topf mit einem weißen Laken oder Dekostoff verhüllen und eine Schleife in Ihrer Dekofarbe darumbinden. Unterhalb der Kugel lassen sich am dünnen Stamm ebenfalls Dekobänder befestigen. In das Grün der Kugel könnten Sie Blütenköpfe, zum Beispiel Rosenköpfe, in der Farbe Ihrer Dekorationen feststecken.

Je dunkler die Kirche ist, desto heller sollten Sie die Dekorationen innen gestalten. Weiß bietet sich wunderbar an, um einen Kontrast herzustellen und mit einer anderen Farbe kombiniert zu werden.

An den Kirchenbänken könnten Sie Bankschmuck anbringen, der Ihnen den Weg zum Altar schmückt.

||| **TIPPS:** Lassen Sie sich die Brautstühle in der Kirche zeigen. In manchen Kirchen gibt es auch nur eine Bank, die sich nicht oder nur schwer für eine Dekoration eignet.

Falls Ihnen die Stühle oder die Kirchenbank partout nicht gefallen, könnten Sie auch zwei einfache Stühle mit weißen Stuhlhussen überzogen vor den Altar stellen.

Auf dem Altar können Sie eine hübsche Vase mit Blumen platzieren, Blumengestecke oder auch eine Blütengirlande anbringen lassen. Bedenken Sie, dass Sie den Altar nicht zu üppig dekorieren sollten. Meist wird während der Trauung der Brautstrauß auch auf dem Altar abgelegt. Die Hochzeitskerze hat ihren Platz ebenfalls auf dem Altar.

||| **TIPP:** Lassen Sie sich als Braut vom Pfarrer oder Ihrer Trauzeugin den Brautstrauß am Altar abnehmen. Besprechen Sie im Vorfeld, wer diese Aufgabe übernimmt. Sie selber werden in diesem Augenblick keine Aufmerksamkeit hierauf verwenden können.

Die Brautstühle sind im Fokus Ihrer Gäste während Ihrer Trauung. Daher verdienen sie auch einen besonderen Schmuck. Einzelne Blüten oder verschlungene Ringe bieten sich hier an.

||| **SPARTIPP:** Je nachdem wie viele Kirchenbänke vorhanden sind, bietet es sich an, nur jede zweite Bank mit einem Blumenschmuck versehen.

Wenn Sie sich ein florales Ringkissen wünschen, bietet sich ein Blütenherz für Ihre Ringe an. Auch können Sie ein Blütenband über ein Ringkissen aus Satin oder Seide setzen lassen. Alternativ könnten Sie die Ringe auch auf ein personalisiertes besticktes Ringkissen, eine Ringschale oder in eine Ringschatulle legen.

Klären Sie unbedingt mit den Verantwortlichen Ihrer Kirche, ob Streublumen in der Kirche erlaubt sind, in manchen Kirchen ist dies nicht
gestattet. Auch erwarten manche Kirchen, dass die Brautpaare die Reinigung organisieren.

||| **TIPP:** Verwenden Sie helle Rosenblätter als Streuwerk. Gerade
bunte Blütenblätter könnten Flecken auf Ihrem Brautkleid hinterlassen.

||| **SPARTIPP:** Findet in der Kirche vor oder nach Ihnen auch eine
Trauung statt? Teilen Sie sich mit dem anderen Brautpaar die Blumendekorationen.

Tisch- und Festsaaldekorationen

Durch Dekorationen lassen Sie Ihre Festtische und somit den kompletten Festsaal erstrahlen. Geben Sie Ihren Gästen die Aufmerksamkeit und Wertschätzung Ihres Besuches zurück und decken Sie die Tische dekorativ ein.

Klären Sie die Möglichkeiten und vorhandenen Gegebenheiten mit Ihrer Location:

- Welche Farbe haben Tischdecken und Servietten?
- Gibt es Platzteller für die Tische? Welche Farben haben diese?
- Sind Stuhlhussen in der Location verfügbar? In welchen Farben?
- Welche Tischformen und Tischgrößen sind möglich?
- Wie viele Tische und Stehtische benötigen Sie?

Die Tischdekoration sollte der Tischgröße und Tischform angemessen angepasst werden. Sie sollte nicht zu üppig sein, damit auch die Gedecke noch Platz haben. Wichtig ist zudem, dass Ihre Gäste sich über die Tischdekorationen hinweg gut unterhalten können. Kerzenleuchter sollten beispielsweise so gewählt werden, dass die Gäste weder in die Leuchter noch direkt in die Kerzen blicken, wenn sie sich über den Tisch hinweg unterhalten möchten. Sie können daher zwischen zum Beispiel festlichen, achtzig Zentimeter hohen Kandelabern oder aber auch niedrigen Teelichtern oder Stumpenkerzen wählen. Gerade in hohen Räumen bietet sich eine hohe Dekoration an.

Bedenken Sie, dass Spitzkerzen in der Regel nicht den ganzen Abend und die Nacht durchbrennen. Daher sollten Sie an Ersatzkerzen denken. Es wäre schade, wenn Sie Ihr Fest bei Kerzenlicht planen und dann bei der Party später entweder im Dunkeln oder bei voller Deckenbeleuchtung tanzen müssen, weil Sie keine Kerzen mehr haben.

||| **TIPP:** Kerzen sollten Sie hinsichtlich ihrer Abbrenndauer testen. Beachten Sie, dass eine Kerze im Windzug schneller abbrennt.

Überlegen Sie gemeinsam mit dem Floristen, welchen Zweck Sie mit der Dekoration erreichen möchten und welche Arten der Blumendekorationen Sie hierfür verwenden möchten.

||| **Dekorationsmöglichkeiten**

- Kränze
- Blütengirlanden
- Blütenkugeln
- Halbkugelgestecke
- Dekogläser mit Blüten
- Töpfe mit Blüten oder Kräutern
- Vasen mit Blüten

Denken Sie im Rahmen der Tischdekorationen auch an die Dekoration von Steh- und Loungetischen, Fensterbänken, Kaminen, Buffets, Bars/Theken, DJ-Tisch, Wegen, WCs.

Alternativ zur klassischen gedruckten Menükarte können Sie Ihre Menükarte in Ihren Hochzeitsfarben auf Transparentpapier drucken.

||| **BASTELTIPP:** Bedrucken Sie das Transparentpapier mit der Menükarte quer und formen Sie es zu einer Rolle. Am Ende kleben Sie die Rolle mit einem Streifen Tesafilm fest. Stellen Sie die Rolle hochkant auf den Tisch und setzen Sie in die Mitte ein Glas mit einem Teelicht. Dieses erzeugt gleichzeitig ein schönes warmes Licht.

Auch könnten Sie die Menükarte personalisiert mit dem Namen Ihres jeweiligen Gastes versehen und auf seinen Platz legen – sei es als einfache Karte oder zusammengerollt und mit einem Schleifchen versehen. So können Sie sich hier die Tischnamenskarten sparen.

Weitere Basteltipps finden Sie im „humboldt PLUS"-Bereich auf www.humboldt.de.

||| **SPARTIPP:** Stellen Sie unterschiedlich große Stumpenkerzen auf die Tische und legen Sie einzelne Blüten drum herum. Das zaubert nicht nur eine romantische Stimmung im Festsaal, sondern ist aufgrund der minimalen Blütendekoration auch gut für Ihr Budget.

Hochzeitsgefährt

Sie haben geheiratet und das darf auch jeder direkt sehen. Ob Brautauto, Hochzeitskutsche, Fahrrad, Motorrad, Roller oder gar Boot: Auch hier können Sie kreativ werden und nach Herzenslust Dekorationen anbringen.

Eine Blütengirlande auf der Motorhaube oder als Heckschmuck Ihres Brautautos beziehungsweise an der Hochzeitskutsche bietet sich auf breiten Flächen an. Auf der Motorhaube könnten Sie ein oder auch mehrere Gestecke anbringen lassen. Keine Sorge, sie halten mit Saugnäpfen ohne Rückstände und können bei der Fahrt auch auf der Motorhaube bleiben. Aufgrund der Fläche bieten sich vielfältige Möglichkeiten auf der Motorhaube: ein großes Herz bestehend aus Ihren Wunschblüten oder Halbkugelgestecke, Doppelringe oder auch ein asymmetrischer Autoschmuck.

Die Seitenspiegel wie auch die hinteren Fensterscheiben bieten sich ebenfalls für eine kleine Dekoration an. An den Scheiben werden Saugnäpfe zur Befestigung verwendet. Große Schleifen mit oder ohne Blüten könnten Sie auf diese Weise ebenso an unterschiedlichen Stellen Ihres Hochzeitsgefährts anbringen lassen.

||| **TIPP:** Wenn Sie auf die Autobahn fahren müssen, um von der Kirche zu Ihrer Location zu kommen, sollten Sie das Gesteck abnehmen und in den Kofferraum legen, damit es Ihnen bei höheren Geschwindigkeiten nicht doch wegfliegt. Denken Sie aber nach der Autobahnabfahrt daran, es wieder anzubringen.

Spezielle abziehbare Autoaufkleber mit Ihren Namen oder Initialen und dem Hochzeitsdatum könnten Sie auf der Motorhaube oder seitlich auf den Türen anbringen. Ein Just-married-Schild oder Autofahnen zeigen ebenso passend Ihren großen Tag an. Für die Autos Ihrer Gäste könnten Sie Antennenschleifen basteln und nach der Trauung von Ihren Trauzeugen verteilen lassen. Wenn Sie im Autokorso zur Location fahren, sieht man die Zugehörigkeit zu Ihrer Hochzeitsgesellschaft.

||| **TIPP:** Die Fläche, auf der Sie die Autoaufkleber anbringen, sollten Sie kurz vorher mit einem weichen Tuch von Staub befreien, damit sie auch wirklich gut halten.

Das Befestigen von Konservendosen mit einer Schnur hinten am Auto übernehmen meist die Angehörigen eines Brautpaares. Beim Fahren scheppern die Dosen dann laut und machen auf das Brautpaar aufmerksam, während sie die bösen Geister vertreiben sollen.
Achten Sie bei sämtlichen Dekorationen Ihres Hochzeitsgefährts darauf, dass Sie den Fahrer in seiner Sicht nicht behindern und die Verkehrssicherheit nicht gefährden dürfen.

Hochzeitstorte und Candy Bar
Die Hochzeitstorte ist eines Ihrer Highlights des Tages. Daher sollten Sie sich im Vorfeld Gedanken über sie machen und sie sogar bestenfalls optisch in Ihr Hochzeitsdesign einbeziehen.

Geschmack- und Designtorte schließen sich heute nicht mehr unbedingt aus. Sicher gibt es reine Designtorten – mehrstöckig und nur durch Unmengen an Zucker zustande gekommen. Ein Vorteil englischer Hochzeitstorten liegt darin, dass das Design je nach Konditor individuell wählbar ist. Sie können also ein Design wählen, das zu dem Konzept ihrer Hochzeitsfeier passt.

Machen Sie sich Gedanken, welche Form Ihnen gefällt. Möchten Sie lieber eine eckige oder eine runde Torte? Wie viele Stockwerke soll die Torte haben? Wenn mehrstöckig, dann auf einer Etagere oder durchgängig aufeinandergestapelt? Oder reicht Ihnen auch ein großes Herz? Überlegen Sie, wie Sie die von Ihnen gewünschten Elemente auf der Torte wieder auftauchen lassen können. Individualisieren Sie Ihre Hochzeitstorte. So können Sie Ihr Hochzeitslogo oder Monogramm auf den Fondant (= Überzug) drucken lassen. Sie können Satinbänder in Ihren Hochzeitsfarben anbringen lassen. Auch können Sie die Blüten Ihrer Hochzeitsdekorationen auf die Torte dekorieren lassen. Sprechen Sie mit Ihrem Konditor, er wird sicher Blüten auf die Torte setzen, die lebensmitteltauglich sind.

Immer größerer Beliebtheit erfreuen sich Candy Bars. Als Basis dient ein Tisch, eventuell mit Aufbauten für unterschiedliche Ebenen bezüglich der Höhe. Auch können Sie mit Etageren arbeiten. Nehmen Sie große runde oder eckige Gläser, möglichst in einem ähnlichen Design. Sie können die Gläser auch wieder optisch an Ihr Hochzeitsdesign anlehnen. Ordnen Sie die Gläser gruppenweise aneinander und füllen Sie sie mit Süßigkeiten in den Farben Ihres Themas. Beliebt sind Lollis, Weingummi in den unterschiedlichsten Farben und Formen, Schokoherzen, Lakritzstangen usw. Sie werden sehen, dass nicht nur die Kinder auf die Süßigkeiten fliegen werden. Aus Hygienegründen sollten Sie unbedingt an Zangen und Schaufeln denken sowie für den Nachhauseweg Ihrer Gäste an Tüten und Verschlussclips für die Mitnahme.

||| **TIPP:** Bauen Sie die Candy Bar dort auf, wo sie vor dem Essen noch nicht direkt sichtbar ist. Sonst ist sie leergefegt, bevor Ihr Hochzeitsessen beginnt.

Gastgeschenke

Wenn Sie Ihren Gästen eine kleine Aufmerksamkeit zukommen lassen möchten, sollten Sie sich rechtzeitig Gedanken machen, welcher Budgetrahmen Ihnen hierfür zur Verfügung steht. Überlegen Sie, ob Sie die Gastgeschenke eventuell personalisieren möchten, dies ist bei vielen Geschenkideen möglich, wie zum Beispiel Pralinen oder Keksen, kleinen Weinflaschen oder Marmeladengläsern mit einem individuell gestalteten Etikett usw. Dekorativ können Sie die Gastgeschenke in die Tischdekoration einbeziehen und auf den Platz des einzelnen Gastes legen. Je nach Größe des Gastgeschenkes bieten sich hübsche Kartonagen oder Zellophantütchen – mit einem Satinband in Ihrer Hochzeitsfarbe als Verschluss – an.

Sonstige Accessoires als Element der Dekorationen

Eine wunderbare Ergänzung zu Blumendekorationen bieten Kerzen. Ob Schwimmkerzen, Teelichter in einfachen Gläsern, Windlichter für draußen, Leuchter mit Stabkerzen oder dicke Stumpenkerzen – durch Kerzenlicht zaubern Sie ein romantisches Ambiente und erzeugen ein spezielles und warmes Licht. Insbesondere für die Dekoration von Eingängen, Wegen oder Außenflächen zaubern Fackeln oder Feuerschalen eine stimmungsvolle Atmosphäre und spenden gleichzeitig Licht. Lichtertüten oder sogenannte Luminaries können Sie ebenfalls schön in Ihre Dekorationen einbeziehen (siehe Foto auf der Seite zuvor).

| | | **TIPPS:** Wenn Sie Fünfarm-Kandelaber auf Ihre Tische stellen möchten, sollten Sie auf die optimale Höhe achten. Möglichst sollten Sie eine Höhe von ca. 80 Zentimetern aussuchen, denn nur so können sich Ihre Gäste über den Tisch hinweg unterhalten und dabei gut sehen. Wenn Sie Kerzenleuchter oder Gläser von Kerzenwachs befreien möchten, können Sie heißes Wasser verwenden. Hierdurch löst sich das Wachs leichter ab. Alternativ könnten Sie das Wachs auch mit einem Fön erhitzen und vorsichtig lösen.

Oder wie wäre es mit einer Illumination durch Spots, die die Fassade Ihrer Location, die Säulen, den Kamin oder die Wände in dem Festsaal anstrahlen? Kleine Spots sind in unterschiedlichen Farben auf Ihre Hochzeitsdekorationen einstellbar. Fragen Sie in der Location, den DJ oder einen Technikverleih, ob sie Ihnen Spots leihweise zur Verfügung stellen können. Kleine Lichterketten können Sie ebenso dekorativ in Ihren Dekorationen einsetzen wie auch unifarbene oder bunte Girlanden.

Sollten Sie weniger schöne Bauten, Geländer usw. verdecken wollen, bieten sich Dekostoffe an. Diese sind in unterschiedlichen Farben erhältlich und können Wunder wirken.

Mit Pompoms oder Lampions können Sie ebenfalls Wände, Decken, Bäume usw. dekorieren. Pompoms sind Papierblüten, die es in unterschiedlichen Farben und Größen gibt. Sie können Sie auch bereits als

Girlanden bestellen. Weiterhin können Sie kleine Varianten auf Servietten als dekorativen Schmuck einsetzen.

Die Rückwand Ihres Hochzeitsgeschenketisches oder der Candy Bar könnten Sie ebenfalls mit einer Pompomgirlande oder einer Papiergirlande in Szene setzen.

Luftballons eignen sich als altbeliebter Klassiker auch wunderbar zu Dekorationszwecken. Einzeln können Sie sie zum Beispiel an den Kerzenleuchtern auf den Festtischen befestigen und die Tischnummern hierauf schreiben. Ein Meer aus heliumgefüllten Luftballons könnte eine hässliche Decke in Ihrem Festsaal verstecken.

Der „rote Faden" – Teil II

Bereits im Kapitel „Der ,rote Faden' – Teil I" haben wir Sie kurz auf den roten Faden hingewiesen.

Wenn Sie sich für einen roten Faden entschließen, empfiehlt sich, diesen bereits in Ihrer Einladung aufzunehmen. Ein grafisches Element

© BILDFEST

könnte so zum Beispiel auf der Front Ihrer Einladung gedruckt sein und sich schließlich durch die gesamten Hochzeitsdrucksachen wie Menükarte, Kirchenheft und Danksagung ziehen (siehe auch das Kapitel „Drucksachen als Element der Dekorationen"). Ebenso oder zusätzlich könnten immer wiederkehrende Farben durchgezogen werden. Ist Ihre Dekoration in der Farbe Lila ausgewählt, könnten Sie lilafarbene Satinbänder an den Drucksachen befestigen. Die Serviettenbänder könnten denselben Farbton bekommen. Dies kann sogar bis hin zum Stuhlhussenband oder dem Bändchen um das Gastgeschenk in der Farbe lila gehen.

Es empfiehlt sich, höchstens zwei Farben in der Dekoration zu verwenden. Nehmen Sie von diesen Farben lieber Abstufungen, als ein wildes Potpourri der Farben zu erzeugen. Weiß und Cremeweiß bieten sich wunderbar als neutralisierende Töne an. Wählen Sie die Farben möglichst auch passend zur Location und greifen Sie ihre Farben gegebenenfalls auf. Eine pinkfarbene Dekoration beißt sich in einem Saal, der vornehmlich rote Farben enthält.

Wenn Sie eine komplett bunte Dekoration wünschen, sollten Sie dennoch auf die Farben achten. Bunt ist nicht gleich bunt. Wählen Sie mit dem gezielten Auge bestimmte Farben für Ihre Buntdeko, sonst könnte sie gewöhnlich wirken.

Um den roten Faden Ihrer ausgewählten Hochzeitsfarben immer wieder aufzunehmen, können Sie unterschiedliche Materialien in den Dekofarben einsetzen:

- Dekorationsbänder oder Schleifen für Stuhlhussen, Servietten, Tischläufer oder -bänder, Kirchenheft, Menükarte, Gastgeschenke
- Granulat für Dekorationsgläser
- farbiges Blumenwasser oder Aqua Pearls
- Kerzen
- Luftballons
- farbige Gefäße
- Pompoms

Werden Sie kreativ! Auch können Sie Konservenbüchsen bunt oder weiß anmalen, kleine Limonadenflaschen als Vasen verwenden usw. Oftmals finden sich auch im Haushalt nette Accessoires, die in die Dekorationen einbezogen werden können.

Versuchen Sie immer wieder eine Verknüpfung Ihrer Elemente und Farben herzustellen.

Einen roten Faden können Sie aber auch inhaltlich und rhetorisch durchziehen, zum Beispiel durch Wortspiele, die sich auf den Drucksachen von der Einladung bis zur Danksagung in Schlagworten, Zitaten oder auch Liedern wiederfinden. So könnten Sie aus Ihrem Hobby oder aus Ihren Namen ein Wortspiel für Ihre komplette Hochzeit werden lassen.

Inspirationen können Sie sich auch durch die unterschiedlichen Jahreszeiten holen, Beispiel Herbsthochzeit (siehe folgende zwei Fotos). Lassen Sie sich auch im Kapitel „Dekorationskonzepte" durch weitere Ideen und Anregungen für Ihren roten Faden inspirieren.

© Marco Bräunig

© Marco Bräunig

Drucksachen als Element der Dekorationen

In erster Linie sollen die Drucksachen einen informativen Zweck erfüllen. Immer beliebter ist es, die Drucksachen zusätzlich auch mit einem dekorativen Sinn zu versehen.

Einladung ist nicht gleich Einladung

Die Einladung bereitet Ihre Gäste bereits auf Ihre Hochzeitsfeier vor. Sie ist die Visitenkarte Ihres Hochzeitsfestes und drückt den Stil Ihres Festes aus. Dies fängt bereits mit dem Papier an. Die Haptik, also der Tastsinn, spielt bei den Drucksachen eine große Rolle. Ein 350-Gramm-Karton fühlt sich sehr viel hochwertiger an als ein Papier, das nur eine Grammatur von 220 aufweist. Ebenso geben die Farbe und Struktur Ihres ausgewählten Hochzeitspapiers ein Statement ab. So manchem Gast wird es auf den ersten Blick nicht auffallen, aber auch der Druck fließt in den Gesamteindruck mit ein. Es gibt einen sichtbaren Unterschied, ob Sie Buchdruck, Offsetdruck oder Digitaldruck verwendet haben. Besonders hochwertig werden auch Reliefdruck oder geprägte Details in Ihren Drucksachen aufgenommen.

Dekorativ in Szene setzen können Sie Ihre Einladung, wenn Sie ihr ein schönes Design geben und dieses durch Ihre kompletten Drucksachen durchziehen. Siehe hierzu auch die Kapitel „Drucksachen – von der Einladung bis zur Danksagung" und „Der ‚rote Faden' – Teil II".

Die Einladung stellt Sie beide dar und ist gleichzeitig Ihre erste Aufmerksamkeit an Ihre Gäste. Durch die Einladung können Ihre Gäste wie oben bereits erwähnt erahnen, welchen Stil Ihre Hochzeitsfeier grundsätzlich bekommen wird. Sowohl durch die Inhalte, aber auch durch das Papier, den Druck und das Design geben Sie Ihren Gästen einen ersten Eindruck des Stils Ihrer Feier.

Geben Sie Ihren Gästen die Wertschätzung und versenden Sie Einladungen, mit denen Sie sich identifizieren. Werden Sie kreativ, sprechen Sie Ihre Gäste persönlich an, in dem Sie sie namentlich auffordern, Ihre Gäste zu sein. Zeigen Sie Ihnen, dass Sie sich für sie Mühe geben. Denken Sie frühzeitig darüber nach, welche Informationen für Ihre Gäste hilfreich sein könnten (siehe auch das Kapitel „Drucksachen – von der Einladung bis zur Danksagung"). Informieren Sie sie über die wesentlichen Details Ihres Festes, zur Anreise und zu Übernachtungsmöglichkeiten.

Zum Beispiel wird Ihnen jeder Ihrer Gäste auch etwas schenken wollen. Helfen Sie Ihren Gästen und richten Sie einen Hochzeitstisch ein. Heutzutage sind Hochzeitstische, die sowohl persönlich und telefonisch als auch online im Internet die Möglichkeit zum Geschenkeinkauf geben, beliebt und angenehm für Ihre Gäste. Die Einladung samt Ihrer vielen Gedanken für Ihre Familie und Freunde in einer optisch ansprechenden und hochwertigen Form wird bei Ihren Gästen sicher die Vorfreude auf Ihr Hochzeitsfest hervorrufen.

Nicht nur die Einladung können Sie dekorativ in Ihr Hochzeitsfest einbeziehen. Nehmen Sie das Design immer wieder in allen Drucksachen auf. Arbeiten Sie mit dem Wiedererkennungsfaktor und wiederholen Sie das Design Ihrer Einladung im Kirchenprogramm, in den Menükarten, Ihrer Sitzordnung, den Tischnamenskarten, einem Kärtchen am Gastgeschenk usw. Auch wenn Ihre Gäste Ihre Danksagung in den Händen halten, werden sie, noch ehe sie Ihre Namen lesen, wissen, um wessen Post es sich handelt.

Briefmarken können Sie auch als ein Element der Dekorationen in Szene setzen. Wussten Sie, dass Sie die Möglichkeit haben, individuelle Briefmarken mit Ihrem eigenem Foto oder einem anderen individuellen Design entwerfen zu lassen? Erkundigen Sie sich, welche Briefmarken zu dem von Ihnen passenden Porto es gerade gibt. Oftmals werden Blüten angeboten. Zum Beispiel steht die weiße Narzisse für den Brautstand. Rote Rosen gibt es auch immer wieder.

Dekorationskonzepte

In den letzten Jahren erfreuen sich Dekorationskonzepte und Hochzeitskonzepte immer größerer Beliebtheit. Hierdurch können Sie Ihre eigenen Vorlieben ausleben, zeigen Ihren Charakter und Ihre Individualität.

Ausgewählte Dekorationskonzepte

Gerne möchten wir Ihnen an dieser Stelle zwei Konzeptideen, die wir
realisiert haben, vorstellen, die Ihnen als Anregung dienen könnten:

Forever – Blau & Cremeweiß

© HOCHZEITSTRAUM

Location: Die Hochzeitsfeier fand im ehemaligen Kutschentrakt eines
alten Gutshofs aus dem 13. Jahrhundert statt. Hohe Decken, weiße
Backsteinwände und dunkle Holzbalken zauberten mit dem großen
Kamin eine warme und gemütliche Stimmung.

Drucksachen: Ein eigens kreiertes Hochzeitslogo aus den Vornamen des Paares und dem Symbol der Ringe als Zeichen der unendlichen Liebe fand sich jeweils auf der Front von Save-the-Date-Karte, Einladung und Danksagung wieder. Cremeweißes Papier, dunkel- und hellblaue Schrift zogen sich mit der geschwungenen weichen Schrift des Logos und der ursprünglich römischen Meißelschrift des Textes durch die komplette Papeterie. Das Zitat „Einen Menschen lieben heißt einzuwilligen, mit ihm alt zu werden" von Albert Camus spiegelte das Lebensgefühl und -motto des Paares wider.

Dekoration der Location: Cremeweiße Rosen und blaue Hortensien in viereckigen Gläsern mit blauem Füllwerk sowie Gläser mit blauen Dekosteinen und cremefarbenen Kerzen schmückten mit fünfarmigen silbernen Kerzenleuchtern und Rosenkränzen die Tische. Cremefarbene Spitzkerzen und große Stumpenkerzen um den Kamin sorgten für warmes Licht. Die Stoffservietten wurden von hellblauem Satinband und dunkelblauer Kordel schlicht umbunden. Eine kleine Brosche in Form zweier Ringe steckte an jeder Serviettenschleife.

© HOCHZEITSTRAUM

Styling von Braut und Bräutigam: Die Braut ließ sich ein schlichtes Korsagenkleid mit Bolero aus Wildseide anfertigen. Mehrere kleine Broschen in Form zweier Ringe wurden in die klassische Hochsteckfrisur eingearbeitet. Der Bräutigam trug einen dunkelblauen Anzug mit weißem Hemd und hellblauer Krawatte sowie einen zum Brautstrauß abgestimmten Reversstecker.

Brautstrauß: Der Brautstrauß wurde aus cremeweißen Rosen und blauen Hortensien rund gebunden.

Dresscode: Dunkler Anzug

Hochzeitsgefährt: Nach der Trauung überraschte die Braut ihren Bräutigam, einen Ente-Liebhaber und früheren Ente-Fahrer, mit einer hellblauen Ente 2CV. Geschmückt war die Ente mit Luftballons, einem Just-married-Schild und weißen Konservenbüchsen. An den hinteren Seitenfenstern befanden sich große Aufkleber mit dem Hochzeitslogo. Auf der Motorhaube ließ die Braut ein Blumengesteck aus cremeweißen Rosen und blauen Hortensien in Form der wiederkehrenden Ringe anbringen.

© Stephan Pick

Ringkissen: Eine herzförmige Ringschale aus Perlmutt und Palisander-holz diente als Auflage für die Eheringe.

Hochzeitstorte: Zwei große Ringe aus dunkler Schokoladencreme mit weißem Marzipan überzogen und einer blauen Blüte wurden am Nach-mittag angeschnitten.

Gastgeschenke: Jeder Gast fand auf seinem Platz ein weißes Schokola-dentäfelchen mit seinem Namen, daneben als Geschenk verpackte Vergissmeinnicht-Blumensamen.

Speisen und Getränke: Ein Fünfgangmenü mit korrespondierenden Weinen.

Fotostil: Reportagestil – modern farbig und nostalgisch in Schwarz-Weiß.

Ein Sommernachtstraum – Kirschrot und Cremeweiß

Das Brautpaar und seine Gäste feierten ein zweitägiges Hochzeitsfest im Freien unter spanischer Sonne und Sternenhimmel.

Locations: Auf einer großen Terrasse mit Blick aufs Meer und eine vor-gelagerte Naturschutzinsel begrüßte das Brautpaar seine Gäste am Vorabend der Hochzeit. Eine kleine alte Dorfkirche im Landesinnern war der Ort für die auf Deutsch gehaltene evangelische Trauung.

Die abendliche Hochzeitsfeier fand in einer 700 Jahre alten Finca inmit-ten spanischer Weinberge statt. Das Dinner wurde bei Sonnenunter-gang und Kerzenlicht auf der Terrasse eingenommen. Nach dem Haupt-gang wurden die Gäste in einen mit Weinranken umgebenen Innenhof geführt.

In einer dahinter liegenden ehemaligen Ölmühle erwartete sie das Des-sertbuffet. Ebenfalls von dem Innenhof gelangten die Gäste in einen kleinen ehemaligen Pferdestall: der perfekte Ort für die Hochzeits-party.

Drucksachen: Ein individuell designtes kirschrotes Monogramm aus den Vornamen des Paares, gedruckt auf cremefarbenem Papier, zog sich durch sämtliche Drucksachen. In Einladung, Antwortkarte, Kirchenprogramm, Menü-, Platz- und Tischnamenskarten sowie der Sitzordnung fand es sich bis zur Danksagung wieder. Eine umfassende Reisebroschüre, passend zur restlichen Papeterie designt, mit Informationen zu den Abläufen, Locations und der Region erhielten die Gäste drei Wochen vor der Hochzeit per Post.

Dekoration der Locations: Cremeweiße und rote Rosen zogen sich durch die Dekorationen der beiden Festtage. Am Begrüßungsabend dekorierten Luminaries (kleine Papiertüten mit Kerzen) die Wege sowie schwimmende Luminaries den angestrahlten Pool neben Rosenköpfen und Schwimmkerzen in Dekogläsern auf den Tischen. Die Kirchenbänke wurden mit Rosen sowie Schleifenblüten in den Farben Kirschrot und Cremeweiß dekoriert. Den Altar schmückten zwei große Kugelgestecke aus cremeweißen Rosen. Links und rechts des Altars standen große Bodenvasen mit weißem Füllwerk und roten Rosen. In der Finca schmückten kirschrote Läufer und weiße Rosenkränze mit Stumpenkerzen in

© Marco Bräunig

Windlichtern die runden weiß eingedeckten Tische. Stuhlhussenbänder in Kirschrot rundeten die Deko ab. Als Tischnamenskarte wurden Muscheln mit den Gästenamen beschriftet und auf die mit Schleifen versehenen Stoffservietten gelegt. Kleine weiße Tischlaternen sorgten für weiteres Kerzenlicht.

Styling von Braut und Bräutigam: Die Braut trug ein Korsagenkleid im Fishtail-Stil aus spanischer Brokatspitze und mehrlagigem Seidenorganza mit langer Schleppe. Bolero und Schleier für die Kirche wurden von dem spanischen Designer ebenfalls mit Brokatspitze angefertigt.

Die Brautfrisur, ein Dutt im Nacken, wurde mit Curlies verziert. Der Bräutigam trug in der Kirche einen Sommer-Cut mit kirschroter Krawatte und einen auf den Brautstrauß abgestimmten Reversstecker. Zum abendlichen Fest trug er Smoking.

Brautstrauß: Der Brautstrauß wurde klassisch und rund aus cremeweißen Rosen mit Perlen in den Köpfen gebunden.

Dresscode: Casual am Begrüßungsabend, Cut/dunkler Anzug in der Kirche sowie Smoking zum Festabend.

Hochzeitsgefährt: Ein dunkelgrüner Triumph aus den sechziger Jahren diente als Brautauto. Geschmückt war der Oldtimer mit cremeweißen Rosen, einem Just-married-Schild und Aufklebern versehen mit dem Monogramm.

© Marco Bräunig

Musik Kirche: Zum Einzug der Braut wurde auf der Orgel der Hochzeitsmarsch aus „Ein Sommernachtstraum" von Felix Mendelssohn-Bartholdy gespielt. „Danke" und „Herr, Deine Liebe …" in der Hochzeitsversion wurden als Gemeindelieder gesungen. Eine Sängerin überraschte die Gäste von einer Empore aus zu Beginn der Trauung mit „What the World Needs Now Is Love". Unmittelbar nach dem Jawort ertönte „Just the Two of Us" und zum Auszug des Paares „Say A Little Prayer".

Entertaining/Musik: Die Sängerin in der Kirche und bei dem Nachmittagsempfang zur Hintergrunduntermalung sowie ein DJ für das abendliche Fest sorgten für die perfekte musikalische Begleitung.

Ringkissen: Ein aus Seide und mit spanischer Spitze besticktes elfenbeinfarbenes Kissen diente für die Ringe.

Hochzeitstorte: Die dreistöckige englische Torte in den Farben Cremeweiß und Kirschrot und dem Monogramm als Topper wurde zu Mitternacht angeschnitten.

Gastgeschenke: In der Kirche fanden die Gäste zur Erfrischung mit Kirschblüten bedruckte Fächer sowie Wasserflaschen vor – beides mit einem Monogrammaufkleber versehen. Ein Weinflaschenverschluss für die Herren sowie ein Schlüsselanhänger für die Damen – jeweils mit einer Herzform und einer personalisierten Satinschleife – lag am Festabend auf den Plätzen.

Speisen und Getränke: Eine große Paellapfanne und spanische Tapas stimmten die Gäste an dem Begrüßungsabend ein. Obstspieße dienten während des Empfanges nach der Trauung zur Erfrischung. Am Festabend wurde ein Viergangmenü mit korrespondierenden Weinen des zur Finca gehörigen Weingutes serviert, anschließend gab es ein Dessertbuffet. Ein Zwischengang des Menüs war der Lieblingscocktail des Paares, ein „Sexy Elevator" in der Farbe Kirschrot mit weißer Sahnehaube.

Fotostil: Reportagestil – modern farbig und nostalgisch in Schwarz-Weiß.

Weitere Ideen für Hochzeitskonzepte können auch Farbkonzepte oder die folgenden Themen geben: Reise ins Glück, Green Wedding, Schmetterlinge, Winterhochzeit, Just the Two of Us, Berghochzeit, Edel & Weiß, Rock 'n Roll, Vintage-Hochzeit usw.

Styleguide – Stil & Etikette

Wir alle haben von Kindesbeinen an gelernt, dass Braut und Bräutigam vor den Altar treten und sich dort das Jawort geben. Die Braut trägt traditionell ein weißes Brautkleid und der Bräutigam einen festlichen Hochzeitsanzug. Alle Gäste des Paares erscheinen in schicken Roben und feiern ein rauschendes Hochzeitfest. Aber wie war das noch mal mit dem Dresscode? In diesem Kapitel geht es um die Dos und Don'ts beim Styling, die Sitzordnung und um die Aufgaben der Trauzeugen und des Brautvaters.

Traditionen

So wie die Ehe eine uralte Tradition ist, gehören zu ihr auch traditionell Sitten und Gebräuche. Diese unterscheiden sich je nach Herkunft des Brautpaares und nach Örtlichkeit der Feierlichkeit.

Die Ehe

Das Wort Ehe stammt aus dem Althochdeutschen und bedeutet Ewigkeit. Sie wird von der Kirche als Sakrament betrachtet und ist seit Generationen von Menschen die offizielle Form des Zusammenlebens von Mann und Frau. Die Ehe begründet eine Familie und kann in der klassischen Rollenverteilung auch als Institution gesehen werden. Die Ehe unterliegt je nach Kultur und Gesellschaft im Zeitablauf unterschiedlichen Entwicklungen. In ihr werden Traditionen bewahrt und Familiengebräuche gepflegt. Die Feier der Trauung begründet die

Ehe. Das Hochzeitsfest ist die „Hohe Zeit" und als das höchste Fest der Liebe zweier Menschen anzusehen.

Bräuche und Sitten

Bräuche und Sitten rund um das Brautpaar und den Hochzeitstag gehören traditionell zu jedem Hochzeitsfest. Bei allen Sitten und Bräuchen oder anderen Spielen und Späßen, die am Hochzeitstag aufleben, sollte im Vordergrund stehen, dass sie Freude bereiten und in positiver Erinnerung bleiben.

Lesen Sie mehr über Sitten und Bräuche im „humboldt PLUS"-Bereich auf www.humboldt.de.

Ausstattung der Braut

Der Stoff, aus dem die Träume sind. Das Brautkleid ist und bleibt das Kleidungsstück einer Frau, das immer von einer gewissen Magie umgeben ist. Es muss perfekt sein, kaum ein anderes Kleid im Leben einer Frau erhält jemals so viel Aufmerksamkeit wie jenes Kleid, das sie bei ihrer Hochzeit trägt.

Das perfekte Brautkleid

Ein Traum in Weiß? Wichtig für die Auswahl Ihres Traumkleides ist die Farbe. Je nachdem welcher Hauttyp Sie sind, kann es aber von Vorteil sein, wenn Sie nicht ein weißes, sondern ein leicht cremefarbenes Brautkleid auswählen. Heutzutage tendieren die meisten Bräute zu der Farbe Creme oder Elfenbein, da Weiß sehr hart wirkt und nicht jedem Typ schmeichelt.

Für welchen Stoff Ihres Kleides Sie sich entscheiden, ist letztlich Geschmackssache. Chiffon und Seide sind ideale Materialien für den Sommer, da sie sich sehr angenehm auf der Haut tragen lassen und auch bei hohen Temperaturen behaglich sind. Beide Materialien sind recht empfindlich. Chiffon ist leicht durchsichtig. Wildseide ist ein reines Naturprodukt und wirkt etwas gröber von seiner Struktur. Satin glänzt wunderschön, ist ein eher steifes und schweres Material. Taft ist ebenso wie Satin ein unkomplizierterer Stoff, zeichnet sich durch sein Knittern aus. Je nachdem, ob Sie eher der klare moderne, der extravagante oder der romantische Typ sind, werden Sie sich für oder gegen Applikationen wie Stickereien, Perlen, Steine oder Spitze entscheiden.

Die Kleiderformen

Die Silhouette bezeichnet das Gesamtprofil Ihres Kleides. Sie gibt den Schnitt und somit auch den Stil vor. Aus ihr ergeben sich die weiteren Details des Kleides.

Etui: Das Kleid ist sehr schmal geschnitten. Es steht insbesondere großen schlanken Frauen gut und unterstreicht Kurven vorteilhaft.

Meerjungfrauenkleid, auch Fishtail: Eher eng und figurbetont im oberen Bereich bis zum Knie, dort fällt es dann weit auseinander. Passend für Frauen mit schönen Rundungen, da die Kurven betont werden.

Empire: Unter der Brust hat das Kleid eine hohe Taillennaht und fällt dann weit auseinander. Passend für Frauen mit einer kleinen Oberweite sowie solche, die etwas rundlicher gebaut sind und von Ihrem Bauch ablenken möchten, da das Kleid nicht auf Taille geschnitten ist. Dieser Stil bietet sich auch in der Schwangerschaft an.

A-Linie: Das Oberteil ist eng anliegend und betont somit Ihren Oberkörper. Der Rock fällt ab der Hüfte lang und weit ausgestellt. Die A-Linie erzielt eine etwas schlankere Wirkung.

Ballkleid oder Duchesse-Kleid: Ähnlich wie bei der A-Linie sitzt das Oberteil dieses Stils meist mit einer Korsage eng, ab der Taille fällt es sehr weit und ausladend auseinander. Dieser Stil betont das Dekolleté und ist besonders für Frauen mit breiteren Oberschenkeln und Hüften geeignet, da diese wunderbar kaschiert werden.

Die unterschiedlichen Silhouetten der Brautkleider.

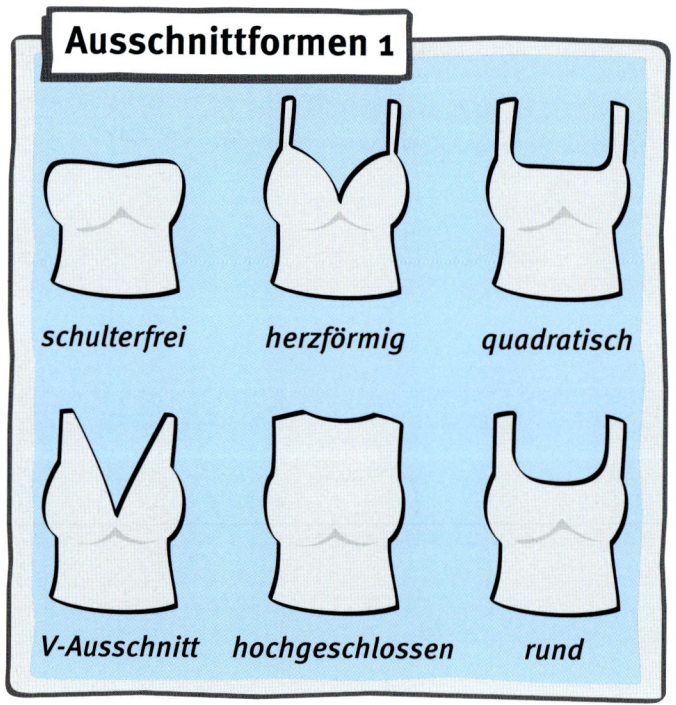

Ausschnittformen 1

schulterfrei herzförmig quadratisch

V-Ausschnitt hochgeschlossen rund

Es gibt viele verschiedene Ausschnittformen, welche zu Ihnen passt ...

Der Ausschnitt

Auch hinsichtlich des zu Ihnen passenden Ausschnittes Ihres Brautkleides haben Sie verschiedene Möglichkeiten. Welcher Ausschnitt zu
Ihnen passt, hängt von der Silhouette Ihres Kleides wie auch Ihren
Armen, Schultern und Ihrem Dekolleté ab. Wahrscheinlich wissen Sie
schon, welcher Ausschnitt Ihnen am besten steht, aber ist Ihnen auch
klar, wie er heißt? Nachfolgend gehen wir nochmals auf einige Unterschiede ein.

Schulterfrei/Korsage: Der wohl beliebteste Ausschnitt für Brautkleider.
Hier sind die Schulter und die Arme komplett trägerlos. Wichtig ist
eine gute Passform, denn sonst kann das Kleid rutschen und Sie ziehen
es immer wieder hoch.

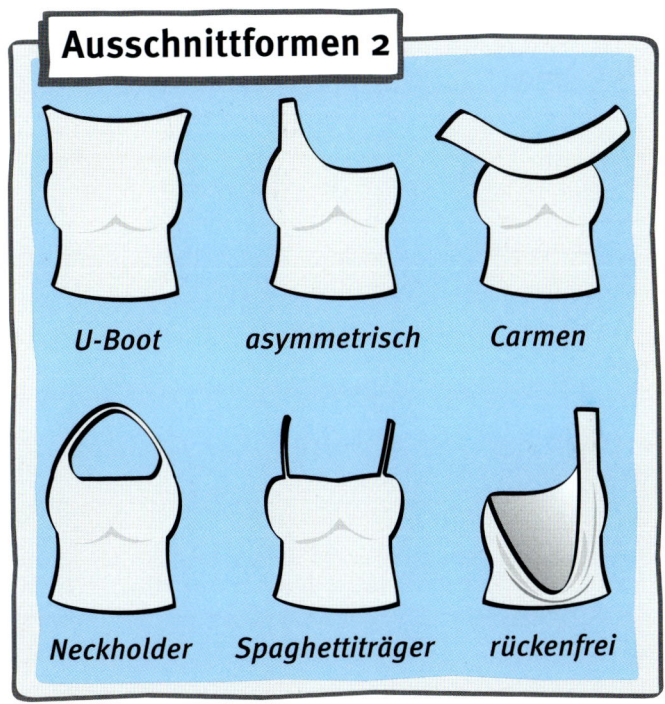

Ausschnittformen 2

U-Boot   asymmetrisch   Carmen

Neckholder   Spaghettiträger   rückenfrei

... hängt von Ihrem Typ, Ihrer Figur, aber auch der Silhouette des Kleides ab.

Herzförmig: Der herzförmige Ausschnitt bildet über jeder Brust einen Bogen, sodass er wie der obere Teil eines Herzens aussieht. Ideal ist der Ausschnitt bei Bräuten mit einem größeren Busen.

Quadratisch: Das Oberteil ist gerade geschnitten und bildet mit den Trägern ein Quadrat, da sie im rechten Winkel zum Ausschnitt angebracht sind. Durch die klare Form wirkt das Kleid mit diesem Ausschnitt elegant.

V-Ausschnitt: Zwischen den Schultern bildet sich zum Ausschnitt ein V. Hierunter fallen sowohl ein hoher V-Ausschnitt, der das Dekolleté verhüllt, als auch ein tiefer Ausschnitt, der eher offenherzig wirkt.

Hochgeschlossen: Das Dekolleté ist komplett bedeckt, die Schultern sind in der Regel frei, was optisch den Oberkörper verlängert und anmutig wirkt. Dieser Ausschnitt wird auch Mandarinkragen genannt.

U-Boot oder Carree: Der Ausschnitt verläuft in einer U-Form von der einen zur anderen Schulter, die Träger sind weit außen angesetzt. Besonders der Hals wird hier betont. Der U-Boot-Ausschnitt sollte bevorzugt von Bräuten mit breiten Schultern getragen werden.

Asymmetrisch: Bei diesem Ausschnitt ist eine Schulter mit einem Träger bedeckt, der Stoff des Kleides verläuft diagonal vom Hals zur Brust, die andere Schulter bleibt frei. Hierbei handelt es sich um einen modischeren Schnitt, der extravagant ist.

Neckholder: Die Träger des Kleides fließen im Nacken zusammen, sodass die Schultern und der Rücken freiliegen. Der Blick wird bei diesem Ausschnitt auf die Arme gezogen.

Spaghettiträger: Zwei dünne Träger halten das Kleid. Dieser Ausschnitt bietet sich an, wenn Sie nicht ganz auf Träger verzichten möchten und diese in erster Linie dezent ihren Zweck erfüllen sollen.

Rückenfrei: Ob Sie ein Kleid mit einer Korsage, einem Neckholder oder V-Ausschnitt tragen, der freie Rücken wird garantiert für Aufsehen sorgen. Insbesondere wenn er tief in den Rücken fließt.

Die Kleiderlänge

Die Länge des Kleides hat sich in den vergangenen Jahrzehnten sehr verändert. War bis zum 19. Jahrhundert das Brautkleid noch bodenlang, haben sich im 20. Jahrhundert die Schnitte so verändert, dass Sie heute von bodenlang über mittellang sogar bis kurz alles tragen können, was Ihnen gefällt und zu Ihrer Hochzeit passt.

Der Stil des Brautkleides bei einer standesamtlichen Trauung fällt in den meisten Fällen etwas dezenter aus, insbesondere wenn Braut und Bräutigam sowohl standesamtlich als auch kirchlich heiraten. Die Wahl fällt meist auf ein elegantes Kleid, ein Kostüm oder einen Hosenanzug.

||| **SPARTIPP:** Wählen Sie für Ihre standesamtliche Trauung ein Kleid, das Sie nach der Trauung auch weiterhin noch gerne tragen werden.

Die Auswahl

Dass die Auswahl des Brautkleides nicht in wenigen Minuten getan sein wird, haben wir bereits vorne im Kapitel „Das Brautkleid" beschrieben. Das Brautkleid muss zu Ihnen und zu Ihrem Typ passen. Es muss nicht unbedingt weiß sein, es sollte Ihnen schmeicheln. Sie müssen sich in dem Kleid wohlfühlen. An Ihrem großen Tag werden alle Augen auf Sie gerichtet sein. Lassen Sie sich daher besonders Zeit mit der Auswahl Ihres Kleides. Beginnen Sie ca. sechs Monate vor Ihrem Hochzeitsdatum mit der Suche.

Wenn Sie Ihr Kleid gefunden haben, wählen Sie die passenden Accessoires hierzu aus. Wählen Sie diese mit Bedacht. Hier gilt meist: Weniger ist mehr. Denn auch die Accessoires sollen Ihren Typ unterstreichen, hervorheben und aus Ihnen nicht einen funkelnden und behangenen Christbaum machen.

Accessoires

Zu einer Braut gehören natürlich auch noch Accessoires, die ihren Stil unterstreichen. So können sie einem schlichten Outfit durch Accessoires den gewünschten Glanz verleihen.

Brautschleier

Das wohl romantischste Accessoire einer Braut ist ihr Schleier. Er sollte sowohl zu Ihnen als auch zum Brautkleid passen. Hinsichtlich Farbe, Material und Stil sollten Schleier und Brautkleid eine Einheit bilden. Nicht zu jedem Kleid oder jeder Braut und auch nicht zu jeder Hochzeit passt aber jede Schleierlänge.

Kurzschleier (auch: Blusher) sind schulterlang und werden nur über dem Gesicht getragen. Entweder lüftet der Brautvater vor der Übergabe den Schleier oder der Bräutigam vor dem Kuss.

Ellenbogen- oder Taillenschleier können Sie zu fast allen Kleidern tragen. Es ist ein klassischer Schleier, den es ein- oder mehrlagig gibt.

Brautschleier

Kurzschleier/Blusher

Ellenbogenschleier

Fingerspitzenschleier

Bodenschleier

Wunderbar romantisch: der Brautschleier.

Brautschleier

Mantilla

Fingerspitzenschleier sind mittellang und berühren, wie der Name schon sagt, die Fingerspitzen.

Bodenschleier reichen bis fast zum Boden und werden eher bei förmlicheren Hochzeiten in der Kirche getragen. Sie werden gerne mit einem Kurzschleier oder einer Schleppe kombiniert. Mit einer Schleppe wirken sie besonders elegant.

Mantillas sind typisch spanische Schleier, die meist komplett aus Spitze gefertigt sind. Sie liegen eng am Körper an und werden mit einem Kamm festgesteckt.

Brautschuhe

Bei der Auswahl Ihrer Brautschuhe ist es besonders wichtig, dass Sie bequeme Schuhe aussuchen. Wenn Sie nie in hohen Schuhen laufen, vermeiden Sie das möglichst auch an Ihrem Hochzeitstag. Sie werden

den ganzen Tag und auch die Nacht darin laufen, stehen, sitzen, tanzen. Achten Sie beim Kauf der Brautschuhe auf die Farbe Ihres Kleides, da auch bei einem langen Kleid der Fuß immer mal wieder herausguckt.

Äußerst beliebt sind Brautschuhe aus Satin oder Seide. Auch wenn sie etwas anfälliger für Flecken sind, können Sie sie nach Ihrer Hochzeit einfärben und zu anderen Anlässen tragen. Lederschuhe müssen Sie noch länger eintragen, da das Leder zunächst härter ist. Laufen Sie die Schuhe unbedingt in der Wohnung ein. Kurz vor Ihrer Hochzeit ist es ratsam, wenigstens einmal über den Asphalt zu laufen, um die Sohle aufzurauen. Aufpeppen können Sie schlichte Brautschuhe oder Ihre Brauttasche mit Clips, die in Form von Schleifen, Blüten etc. angebracht werden können.

Tasche & Co.

Besonders für die Trauung in der Kirche oder in den Wintermonaten ist ein Bolero oder der Hochzeitsmantel ein beliebtes Brautaccessoire. Alternativ und etwas lockerer können Sie auch eine Stola oder einen Pashmina tragen, wenn Sie die Schultern bedecken möchten.

Eine Brauttasche oder einen Brautbeutel sollten Sie alleine schon aus praktischen Gründen bei sich tragen, da Sie dort Ihr Nachschminkset wie den Lippenstift, Deo, Taschentuch unterbringen können. Gerne wird sicher Ihre Trauzeugin hierauf achten, wenn Sie gerade freie Hände benötigen.

Handschuhe

Wenn Sie Ihr Brautkleid mit Handschuhen komplettieren möchten, haben Sie auch wieder unterschiedliche Optionen hinsichtlich der Länge und des Stoffes. Die gängigsten Stoffe sind Satin, Spitze, Organza oder Samt. Bei der Länge wird unterschieden zwischen unterschiedlichen Modellen vom kurzen Handschuh, fingerlosen Handschuh, Ellenbogenhandschuh, Stülphandschuh bis zum Opernhandschuh. Der Muff ist besonders bei Winterhochzeiten ein hübsches Accessoire.

Brautdessous

Zu Ihrem Brautoutfit gehören natürlich auch die passenden Brautdessous. Lassen Sie sich im Brautgeschäft beraten, welche am besten zu Ihrem Brautkleid passen. Sie sollten sich darin wohlfühlen und die Dessous sollten Ihrem Typ entsprechen. Probieren Sie unterschiedliche BHs oder Korsagen an. Achten Sie darauf, dass die Dessous passen und nicht zu sehen sind unter Ihrem Brautkleid. Wählen Sie daher möglichst solche in der Farbe Ihres Kleides. Wenn Sie ein paar Hilfsmittel zum Pushen oder Schlankmachen benötigen, berät Sie auch gerne das Brautmodengeschäft.

Je nachdem, wie Ihr Kleid geschnitten ist, benötigen Sie einen Reifrock. Sinnvollerweise kaufen Sie ihn gemeinsam mit Ihrem Brautkleid. Achten Sie darauf, dass er Sie in der Länge nicht beim Gehen behindert. Bei der Auswahl der Strümpfe beziehungsweise Strumpfhose sollten Sie direkt an ein Paar Ersatzstrümpfe denken. Zur Braut gehört natürlich auch ein Strumpfband. Wählen Sie eines, das ein blaues Band hat – dann haben Sie auch schon etwas „Blaues". (Lesen Sie mehr hierzu im Kapitel „Bräuche und Sitten" im „humboldt PLUS"-Bereich auf www.humboldt.de.)

Haarschmuck

Ebenfalls ein wichtiges Accessoire ist Ihr Haarschmuck. Hier haben Sie zahlreiche Optionen von Curlies, Tiara, Krone, Kamm, Haarband bis zum Kranz/Kette (siehe auch das Kapitel „Friseur & Visagist").

Schmuck

Überlegen Sie, welche Schmuckstücke Sie von Ohrringen, Halskette, Armschmuck, Brosche am Tag Ihrer Hochzeit tragen möchten. Als Schmuck eignet sich wunderbar Familienschmuck. Fragen Sie Ihre Mutter, ob Sie Ihnen ein Paar Ohrringe oder eine Kette für den Tag Ihrer Hochzeit leiht. Dann haben Sie auch schon direkt etwas „Geliehenes" (siehe Kapitel „Bräuche und Sitten" im „humboldt PLUS"-Bereich auf www.humboldt.de). Ansonsten sollten Sie darauf achten, dass der Schmuck zu Ihrem Gesamtoutfit passt. Hier ist weniger oft mehr.

Mit Accessoires wie Strass, Perlen, Broschen oder Clips können Sie Ihr Outfit vom Kleid über die Tasche bis zu den Schuhen und sogar dem Ringkissen auch dekorativ aufwerten. Befindet sich zum Beispiel an Ihrem Kleid eine Schleife, die Sie dort gar nicht behalten möchten? Dann können Sie sie auch an Ihrer Tasche annähen lassen. Oder aber Sie wählen eine schöne Brosche und kreieren Ihren eigenen Look. Ein hübsches individualisiertes Accessoire ist ein Stofftaschentuch, das Sie individuell mit einer Stickerei versehen können.

Der Bräutigam und seine Ausstattung

Der Hochzeitsanzug

Wie schon im Kapitel „Profihelfer & wichtige Elemente von A–Z" angesprochen, sind nun Sie als Bräutigam modisch gefragt. Während Ihre Verlobte das perfekte Brautkleid und die passenden Accessoires auswählt, bleibt auch Ihnen die Wahl unterschiedlicher Stylingmöglichkeiten.

Wie festlich möchten Sie selbst an Ihrem Hochzeitstag gekleidet sein? Heiraten Sie standesamtlich oder auch kirchlich? Soll Ihre Feier eher einen lockeren oder einen festlichen Charakter haben? Durch Ihren bevorzugten Kleidungsstil verleihen Sie Ihrer gesamten Hochzeit einen bestimmten Ausdruck. Sie sollten in jedem Fall den gewünschten Kleidungsstil in Ihrer Einladung bekannt geben, um auch Ihren Gästen eine Hilfestellung zu geben, wie sie sich kleiden sollten.

Möchten Sie klassisch im Hochzeitsanzug heiraten oder lieben Sie es festlicher im Cut, Frack oder Smoking?

Anzug und Smoking

Anzug   Smoking

Cut und Frack

Cut   Frack

Auch das Angebot für die Herren ist groß.

Hochzeitsanzug: Mit dem Hochzeitsanzug wählen Sie einen klassischen Stil, der sowohl zu einer standesamtlichen als auch einer kirchlichen Hochzeit passt. Der Vorteil des Anzuges liegt darin, dass Sie ihn später noch gut zu anderen Anlässen tragen können. Kombiniert wird er als Einreiher wunschweise mit einer passenden Weste, einem weißen Hemd sowie einer Krawatte oder Fliege. Der Zweireiher bleibt stets geschlossen. Schwarze Schuhe und ein passender schwarzer Gürtel verpassen Ihnen einen guten Gesamteindruck.

||| **TIPP:** Wenn Sie den roten Faden aufnehmen möchten, könnten Sie Ihre Hochzeitsfarbe für die Krawatte wählen. Oder stimmen Sie die Farbe auf den Brautstrauß oder ein anderes Accessoire Ihrer Braut ab.

Smoking: Der Smoking, auch kleiner Gesellschaftsanzug genannt, ist die klassische Wahl für festliche gesellschaftliche Anlässe ab 18 Uhr. Die Smokinghose verfügt außen an den beiden Seiten der Beine jeweils über den Galon, einen schwarzen Seidenstreifen, als Ziernaht. Farblich aufeinander abgestimmt werden zum Smoking Kummerbund (eine Schärpe bzw. ein breites Taillenband) und Fliege. Das ebenfalls farblich zur Fliege oder zum Hemd passende Einstecktuch darf nicht fehlen. Zum Smoking sollten Sie schwarze, elegante Schnürschuhe, je nach Festlichkeit sogar Lackschuhe tragen.

Cut: Der Cut, auch Cutaway, ist der Morgenanzug des Fracks oder auch Frack des Tages. Es ist ein anthrazitfarbener oder hellgrauer Gehrock, dessen abgeschnittene Ecken über einen runden Abstich verfügen und auch Schwalbenschwänze genannt werden. Der Cut wird tagsüber bis spätestens 18 Uhr getragen. Zu ihm trägt man eine schwarzgrau gestreifte Stresemannhose, schwarze Schuhe, eine graue Weste und Krawatte sowie ein weißes Hemd. Alternativ können Sie auch ein Hemd mit Kläppchenkragen und einen Plastron tragen. Festlich abgerundet wird dieses Outfit mit einem grauen Zylinder. Am Abend können Sie den Cut entweder gegen Smoking oder Frack auswechseln.

Frack: Der Frack ist als großer Gesellschaftsanzug der festlichste Herrenanzug und das abendliche Pendant zum Cut. Er wird ab 18 Uhr bei hochformellen Anlässen getragen. Der Frack ist schwarz und hat am Rückenteil wie der Cut Schwalbenschwänze. Er wird immer offen getragen. Die Frackhose hat an den beiden Beinen außen jeweils zwei Galons. Dazugehörige Accessoires sind ein weißes Frackhemd mit Umschlagsmanschette, eine weiße Weste sowie eine weiße Fliege und der Zylinder. Der Frack wird nie mit einem Gürtel, sondern mit Hosenträgern getragen. Das Schuhwerk besteht aus schwarzen Lackschuhen. Weiße Glacéhandschuhe verleihen dem Frackträger dann ein sehr festliches Gesamtbild.

||| **TIPP:** Verzichten Sie zum Smoking oder Frack auf die Armbanduhr.

Das Einstecktuch (auch Pochette) wird farblich auf Ihre Kleidung abgestimmt. In jedem Fall sollten Sie dunkle Kniestrümpfe unter Ihrer Hose tragen. Zum Hochzeitsanzug können Sie einen Gürtel tragen, zu allen festlicheren Herrenanzügen keinesfalls einen Gürtel, sondern Hosenträger.

Die Mode entwickelt sich auch für Sie als Bräutigam immer weiter. Bei den modernen Abwandlungen von Smoking & Co. mit farbigem Futter, Applikationen oder Mustern sind auch Ihrer Fantasie keine Grenzen gesetzt. Inzwischen werden auch aktuellere Formen des Gehrockes gerne gewählt. Von der klassischen Farbwahl der Weste und Krawatte könnten Sie bei dem Cut abweichen und beides in einer einheitlich anderen Farbe tragen. Den klassischen schwarzen Smoking gibt es inzwischen auch in Weiß. Etwas dezenter können Sie Ihr Outfit mit weiteren Accessoires aufwerten, zum Beispiel mit besonderen Manschettenknöpfen.

Wenn Sie einen Begrüßungsabend oder einen Hochzeitsbrunch planen, bietet sich der aufgelockerte Kleidungsstil Casual (siehe Kapitel „Dresscode und Hilfestellung für die Gäste") an.

Hilfestellungen für den Bräutigam

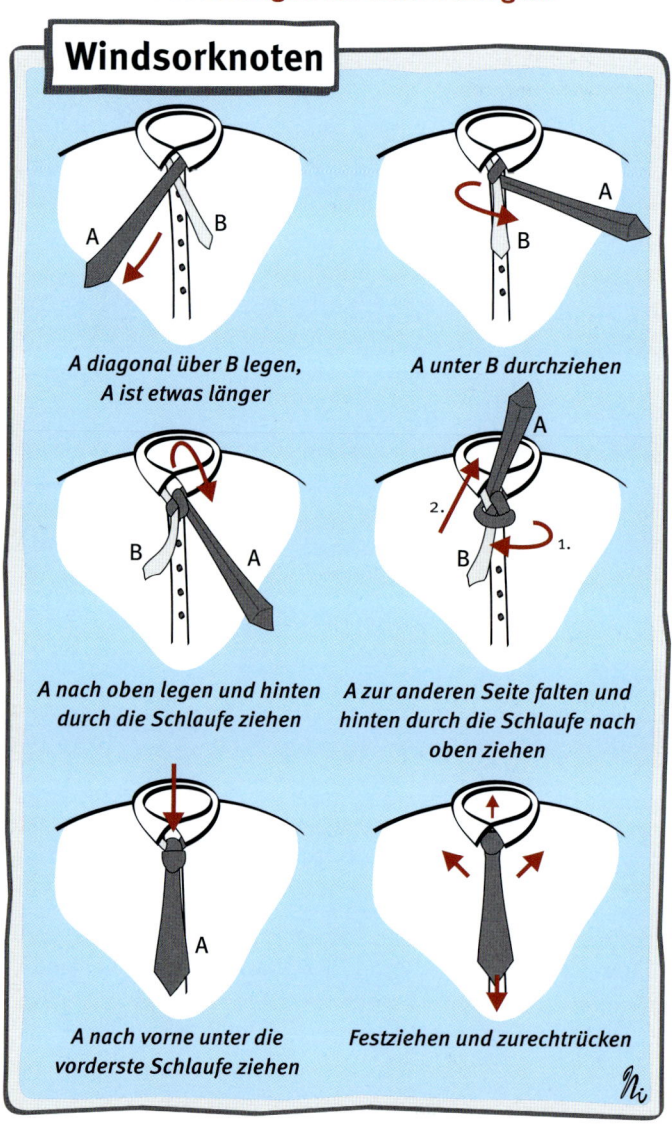

Windsorknoten

*A diagonal über B legen,
A ist etwas länger*

A unter B durchziehen

*A nach oben legen und hinten
durch die Schlaufe ziehen*

*A zur anderen Seite falten und
hinten durch die Schlaufe nach
oben ziehen*

*A nach vorne unter die
vorderste Schlaufe ziehen*

Festziehen und zurechtrücken

Hilfestellung für das Binden eines Windsorknotens.

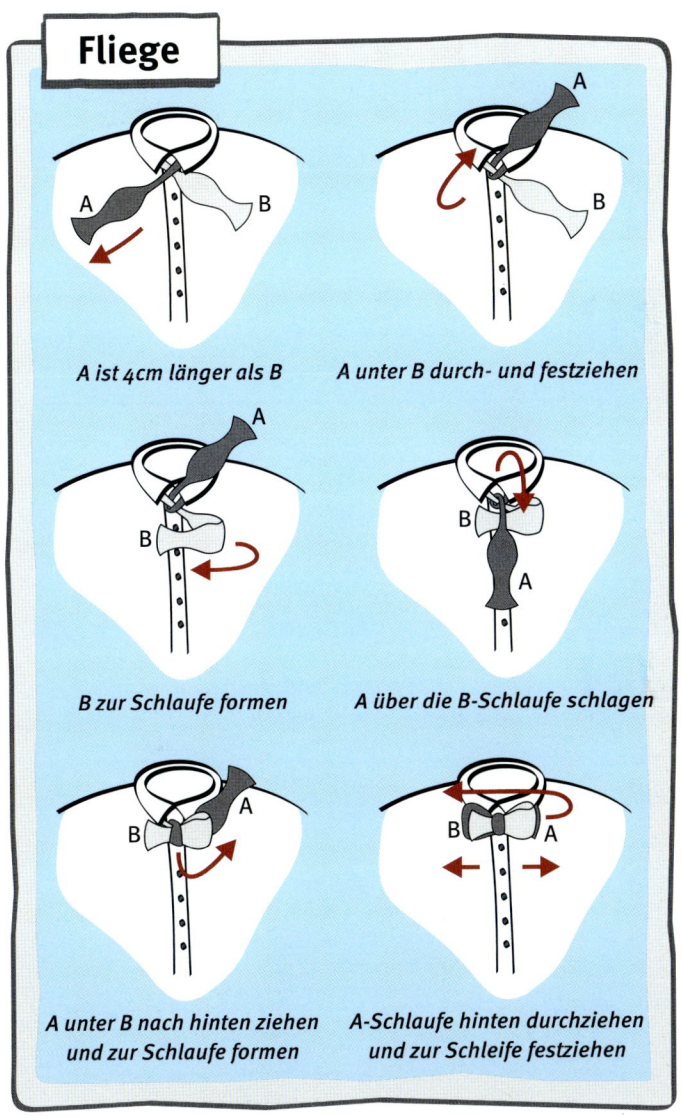

Fliege

A ist 4cm länger als B

A unter B durch- und festziehen

B zur Schlaufe formen

A über die B-Schlaufe schlagen

A unter B nach hinten ziehen
und zur Schlaufe formen

A-Schlaufe hinten durchziehen
und zur Schleife festziehen

Hilfestellung für das Binden einer Fliege.

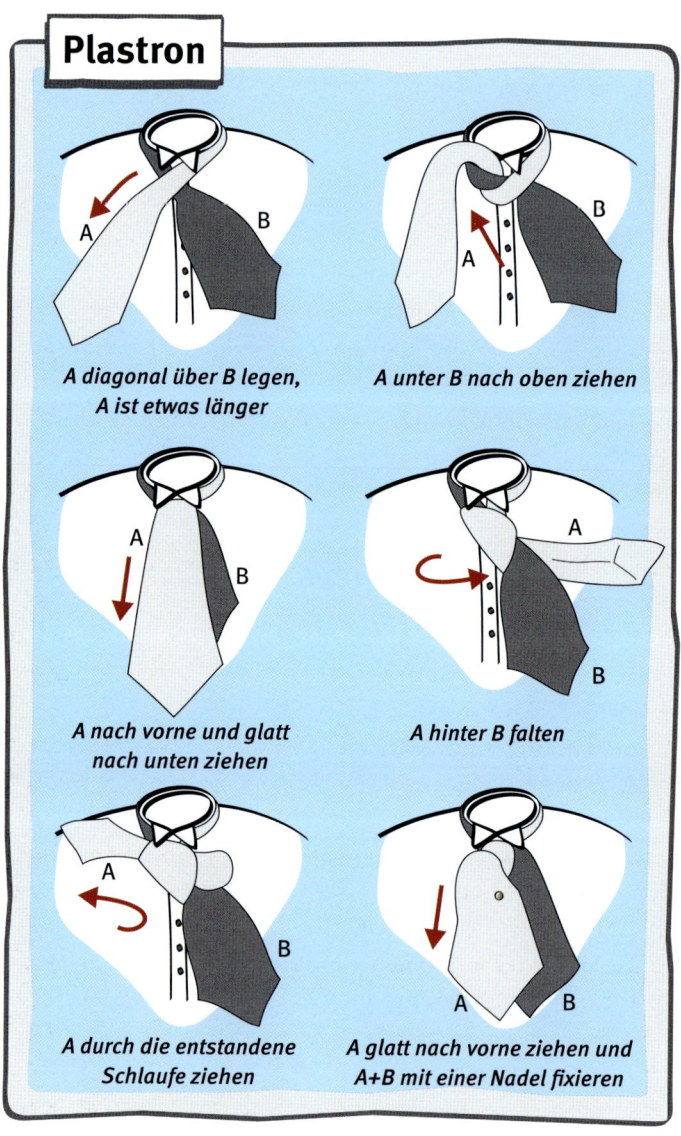

Plastron

A diagonal über B legen,
A ist etwas länger

A unter B nach oben ziehen

A nach vorne und glatt
nach unten ziehen

A hinter B falten

A durch die entstandene
Schlaufe ziehen

A glatt nach vorne ziehen und
A+B mit einer Nadel fixieren

Hilfestellung für das Binden eines Plastrons.

Brautjungfern und Blumenkinder

Brautjungfern sollen traditionell die bösen Geister verwirren und somit von der Braut vertreiben. Früher schon zogen Brautjungfern vor der Braut in die Kirche ein, hieran hat sich bis heute nichts geändert. Allerdings waren Brautjungfern ursprünglich auch in Weiß gekleidet wie die Braut. Heutzutage tragen Brautjungfern keinesfalls die Farbe Weiß. Sie sind möglichst einheitlich in einer anderen Farbe angezogen, idealerweise in der Farbe Ihres Hochzeitskonzeptes.

Sie sollten mit Ihren Brautjungfern vorab besprechen, wie die Möglichkeiten der einheitlichen Kleidung sind, da nicht immer die finanziellen Gegebenheiten so sind, dass sie etwas Neues anschaffen können. Da das Kleid oftmals speziell für den Anlass Ihrer Hochzeit gekauft wird, könnten Sie auch überlegen, die Bezahlung der Kleider teilweise oder ganz zu übernehmen. Alternativ können Sie Ihre Brautjungfern auch mit einem einheitlichen Accessoire ausstatten, zum Beispiel einer Blüte im Haar oder anderem Kopfschmuck, einer Stola oder einem Pashmina usw. Die Anzahl Ihrer Brautjungfern entscheiden Sie selber, nutzen Sie die Gelegenheit, dieses Ehrenamt Ihren engsten Freundinnen anzuvertrauen.

Die Aufgabe von Brautjungfern besteht darin, Sie im Rahmen Ihrer Hochzeitsplanung und am Hochzeitstag zu unterstützen – ähnlich wie Ihre Trauzeugin (siehe auch das Kapitel „Die Trauung").

Als Blumenkinder werden meist Patenkinder, Kinder von Geschwistern, Freunden oder Bekannten auserkoren, solange sie noch in einem jüngeren Alter sind, möglichst unter sechs Jahren. Ältere Kinder empfinden das Streuen von Blumen eher als eine Qual, da sie sich zu alt hierfür fühlen. Statten Sie Ihre Blumenkinder mit einheitlichen Kleidern aus. Hübsch sind helle Farben, zum Beispiel Pastelltöne oder geschmackvolle verspielte Blümchenkleider. Die Blumenkörbe können Sie mit farbigen Satinschleifen in Ihren Hochzeitsfarben ausstatten. So runden Sie wieder das Hochzeitskonzept ab.

Dresscode und Hilfestellung für die Gäste

Kleider machen Leute. Ein Dresscode gehört zu einer Hochzeit dazu. Geben Sie Ihren Gästen eine Hilfestellung zu dem Kleiderstil Ihrer Hochzeit. Je klarer Sie sich ausdrücken, um so größer ist der Gefallen, den Sie Ihren Gästen tun. Im Folgenden gehen wir daher auf die gängigen Definitionen der Dresscodes ein. Die Sortierung erfolgt dem Kleidungsstil aufsteigend von Casual bis Frack. Selbstverständlich sind Sie völlig frei, auch hiervon abzuweichen und auf Ihre Einladung „sommerlich festlich" zu schreiben. Wundern Sie sich dann aber nicht, wenn viele Fragen Ihrer Gäste auf Sie zukommen, weil dies ein sehr schwammiger Begriff ist.

Die unterschiedlichen Dresscodes

Casual: Casual steht für eine elegante Freizeitkleidung. Die Herren tragen eine Hose mit Jackett und Hemd oder Polo-Shirt, die Damen tragen beispielsweise Rock mit Blazer und T-Shirt.

Dunkler Anzug: Die Herren tragen einen dunklen Anzug, die Damen ein Cocktailkleid oder elegantes Kostüm.

Dinnerjackett: Die Herren tragen ein weißes Jackett zu Smokinghemd und Smokinghose, die Damen ein Cocktailkleid.

Cut/Cutaway: Die Herren tragen Cut, die Damen ein knielanges Kleid oder Kostüm.

Smoking (auch Black Tie): Die Herren tragen Smoking, die Damen ein langes Abendkleid.

Frack (auch White Tie): Die Herren tragen Frack, die Damen ein langes Abendkleid.

Die Kommunikation des Dresscodes

Vielleicht empfinden Sie es als spießig, Ihren Gästen aber werden Sie einen großen Gefallen tun, je konkreter und klarer Sie den von Ihnen gewünschten Dresscode in der Einladung formulieren. Auch wenn es fälschlicherweise immer wieder passiert, dass jemand aus „Black Tie" den Dresscode „Schwarze Krawatte" macht und so dem einen oder anderen ein Schmunzeln über die Lippen kommen lässt. Im Allgemeinen haben sich die offiziellen Definitionen durchgesetzt und sind nach wie vor den meisten Gästen geläufig. Mit der Formulierung „sommerlich festlich" wissen wie erwähnt viele Gäste nicht unbedingt etwas anzufangen. Wünschen Sie für die Damen ein langes Abendkleid oder ist auch ein knielanges Cocktailkleid erlaubt? Sollen die Herren abends im Smoking kommen? Oder sind sie hiermit overdressed? Die klassischen Begriffe von „Dunkler Anzug" und „Cut" über „Smoking" bis zum „Frack" machen es Ihren Gästen einfacher, das passende Outfit zu wählen.

Tisch- und Sitzordnung

Die Tisch- und Sitzordnung sollten Sie mit Bedacht angehen. Werden Sie sich im Klaren, welche Bestuhlungsvariante Ihnen am Besten gefällt und wo Sie als Brautpaar den Abend in Ihrem Festsaal sitzen möchten. Wer Ihrer Gäste harmoniert am besten neben wem? Wen wollten Sie schon immer näher miteinander bekannt machen?

Tischordnung

In Absprache mit der Location sollten Sie die für Ihre Hochzeitsgesellschaft optimale Bestuhlung und Tischordnung auswählen. Lassen Sie sich einen Raum- oder Bestuhlungsplan geben, anhand dessen Sie die Sitzordnung festlegen können. Die auf Hochzeiten wohl beliebteste Bestuhlung ist die Bankettbestuhlung mit runden Tischen. Diese Form gehört zu den kommunikativeren Varianten. Je nachdem ist aber auch eine U-Form oder T-Form sinnvoll, gerade wenn Sie eine kleinere Gesellschaft sind. Die Reihenbestuhlung ist insbesondere dann anzuraten, wenn die Raumgröße bis auf den letzten Stuhl ausgenutzt werden muss. Die gängigen Anordnungen der Tische im Raum stellen wir Ihnen nachfolgend vor:

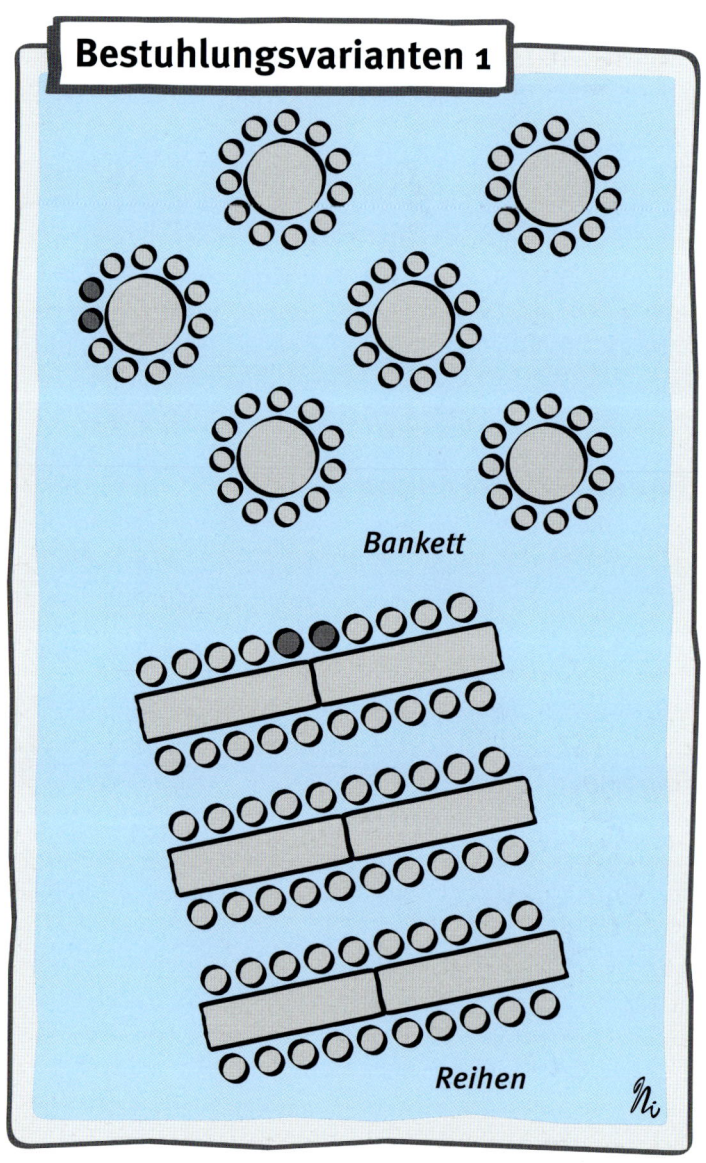

Verschiedene Tisch- und Bestuhlungsvarianten.

Bestuhlungsvarianten 2

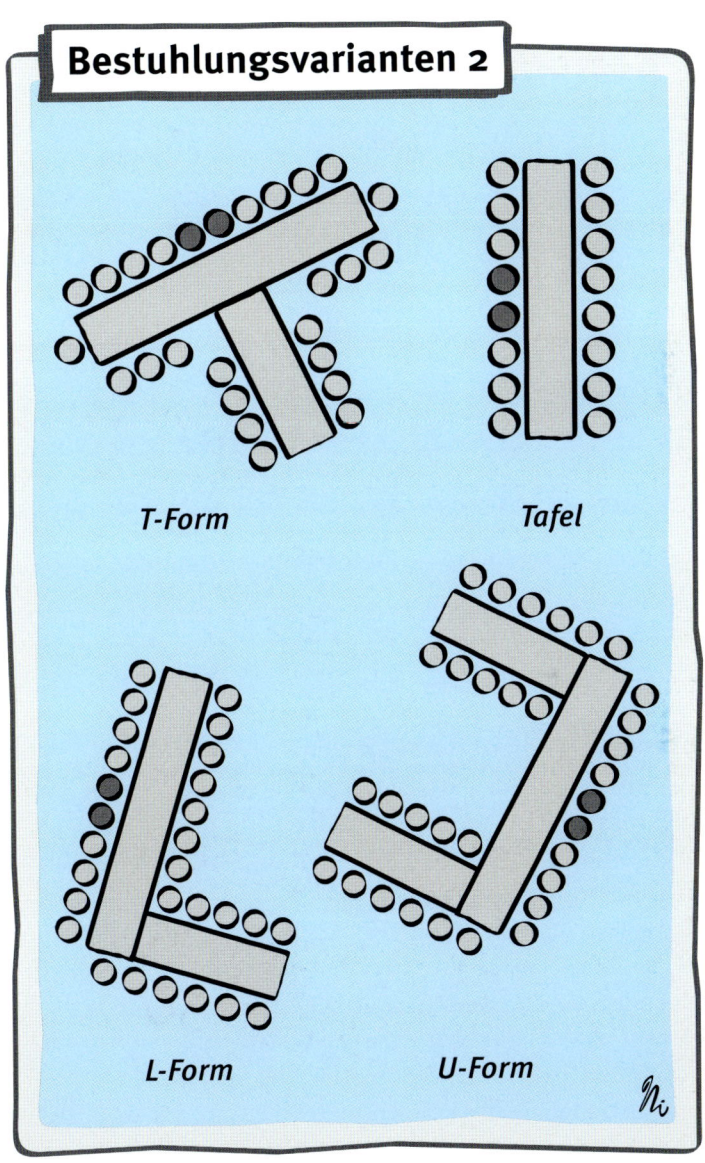

T-Form

Tafel

L-Form

U-Form

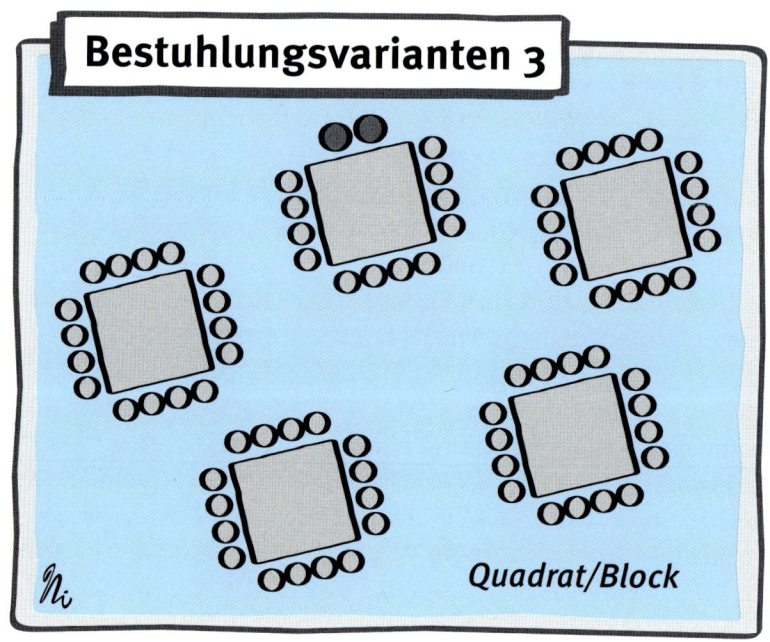

Bestuhlungsvarianten 3

Quadrat/Block

Sitzordnung – wer sitzt neben wem?

Die Sitzordnung gehört zu den Aufgaben, die Sie sich als Brautpaar möglichst gemeinsam vornehmen sollten. Wer könnte am Hochzeitsabend gut mit wem harmonieren, wen sollten Sie sinnvollerweise voneinander fernhalten?

Am Brauttisch sitzt die Braut zur Rechten des Bräutigams. Rechts neben der Braut sitzen der Vater des Bräutigams und daneben die Bräutigammutter. Zur linken des Bräutigams sitzen die Brautmutter und der Brautvater. An runden Tischen sitzen zwischen Brautvater und Bräutigammutter dann die Trauzeugen. Geschwister, Großeltern und weitere Verwandte können Sie entweder auch an den Brauttisch oder an einen Familientisch setzen, damit sich niemand auf den Schlips getreten fühlt.

Grundsätzlich sollten Sie überlegen, ob Sie Paare getrennt oder zusammen an die Tische und ob Sie sie nebeneinander setzen. Der jeweilige Tischherr sitzt immer links von der Dame.

Überlegen Sie im Vorfeld, ob Sie die Gesellschaft mischen wollen und so eventuell neue Gesprächspartner zusammenbringen oder ob Sie die Freundeskreise zusammensetzen, die sich besonders gut kennen.

Eltern mit ihren Kindern sollten Sie zusammen an einen Tisch setzen, natürlich je nach Alter der Kinder. Eltern, die einen Säugling am Tag der Hochzeit mitbringen, sollten Sie zusammen an einen Tisch und auch nebeneinander setzen. So können sie sich gegenseitig unterstützen.

Tisch- und Sitzordnung: wie und wann geht man sie an?

Beginnen Sie mit dem Brauttisch. Dieser Tisch wird wohl am wenigsten ins Wanken geraten. Da Ihnen unter Umständen noch kurz vor Ihrer Hochzeit Gäste absagen könnten, sollten Sie sich zwar schon Wochen vor Ihrem großen Tag Gedanken und bestenfalls auch Notizen zur Sitzordnung machen. Ans Eingemachte sollten Sie in den letzten drei bis vier Wochen gehen und dann auch festlegen, wer wo sitzt. Überlegen Sie, welche Freunde gut zueinander passen. Seien Sie mutig und bringen Sie Gäste zusammen, die sich vorher noch nicht bekannt waren. Welches Thema, Hobby oder welche Gemeinsamkeit könnte zu einem guten Gesprächsklima am Tisch führen? Neben wen setzen Sie Singles? Vermeiden Sie einen Single-Katzentisch ebenso wie einen Single an einem Tisch voller junger Eltern. Suchen Sie viel lieber einen guten Gesprächspartner – wenn der ebenfalls ein Single ist, umso besser. Platzieren Sie Eltern mit ihren Kindern möglichst in der Nähe des Ausganges. So können Sie rausgehen, sollte eines der Kinder mal quengelig werden.

In der Woche vor Ihrer Hochzeit sollten Sie sich dann möglichst eine Deadline setzen und die Sitzordnung an die Druckerei oder den Copyshop geben (sofern Sie sie nicht selbst ausdrucken können), damit Sie sich nicht noch am Abend vor Ihrer Trauung mit diesem Thema befassen. Denn auch hier sollten Sie zeitliche Puffer einplanen, falls die

Druckerei Wartezeiten vorgibt. Wenn Sie Pech haben, werden eventuell noch Gäste kurzfristig absagen müssen, weshalb sich ein leerer Platz unter Umständen nur schwer vermeiden lässt.

Möglich ist auch eine freie Sitzordnung, bei der Sie Ihren Gästen nur jeweils einen Tisch zuordnen und Ihre Gäste sich an diesem Tisch frei setzen können, wo sie möchten. Bei dieser Variante können Sie auf Tischnamenskarten verzichten.

Kleiner Knigge

Hier noch ein paar Tipps, die wir Ihnen, Ihren Eltern, Ihren Trauzeugen und Ihren Gästen mit auf den Weg geben möchten, damit Sie Ihren Tag so richtig genießen können – und wissen, was Sie besser vermeiden sollten.

Dos
Braut
- Konzentrieren Sie sich bei Ihrer Hochzeitsplanung auf die wesentlichen Themen und genießen Sie die Vorbereitungszeit.
- Bedenken Sie bei den Aufgaben, die Sie selbst übernehmen möchten, wie zum Beispiel Bastelarbeiten, an den Zeitrahmen, der Ihnen zur Verfügung steht.
- Entspannen Sie. Sie haben sich viele Gedanken gemacht und wahrscheinlich auch so einige schlaflose Nächte verbracht. Kurz vor Ihrem großen Tag sollten Sie sich zurücklehnen und durchatmen. Freuen Sie sich auf die magischen Momente und das Flattern in Ihrem Bauch.
- Lächeln Sie, wenn Sie die Kirche betreten.
- Versuchen Sie, mit jedem Ihrer Gäste ein wenig Zeit an Ihrem Hochzeitstag zu verbringen.
- Genießen Sie Ihr Hochzeitsfest.

Bräutigam

- Bringen Sie Ihre Wünsche in die Hochzeitsplanung ein.
- Haben Sie auch bei Themen wie Dekorationen usw. ein offenes Ohr für Ihre Zukünftige.
- Kümmern Sie sich um die Organisation der Hochzeitsreise.
- Schenken Sie Ihrer Braut eine Morgengabe (siehe Kapitel „Bräuche und Sitten" im „humboldt PLUS"-Bereich auf www.humboldt.de).
- Holen Sie den Brautstrauß ab.
- Machen Sie Ihrer Braut Komplimente – auch bezüglich ihres Brautkleides. Sie hat sich so viele Gedanken gemacht, um Ihnen am Tag der Hochzeit zu gefallen. Sie freut sich über ein paar nette Worte von Ihnen.
- Achten Sie darauf, dass Sie nicht auf das Brautkleid oder die Schleppe treten.
- Halten Sie eine Begrüßungsrede. Bereiten Sie sich möglichst darauf vor. Es muss keine lange Rede sein, einige gut durchdachte Worte reichen schon aus. Anregungen finden Sie im Kapitel „Die Hochzeitsrede und andere Reden".
- Schneiden Sie mit Ihrer Braut gemeinsam die Torte an.
- Versuchen Sie, nicht allzu tief ins Glas zu schauen. Dies ist auch Ihrer Frau gegenüber respektvoll.
- Der erste Tanz gehört Ihrer Braut. Auch wenn Sie ein Tanzmuffel sind, Sie beide eröffnen den Tanz. Es muss nicht immer ein Walzer sein. Wie wäre es mit einem Rock 'n Roll oder einem langsamen Blues?
- Versuchen Sie, mit jedem Ihrer Gäste ein wenig Zeit an Ihrem Hochzeitstag zu verbringen.
- Genießen Sie Ihr Hochzeitsfest.

Braut- und Bräutigammutter

- Helfen Sie bei der Zusammenstellung der Gästeliste.
- Unterstützen Sie das Paar bei der Auswahl der Location.

- Bei der Auswahl des Brautkleides und des Hochzeitsanzuges können Sie Braut und Bräutigam ebenfalls unterstützen.
- Sprechen Sie Ihr eigenes Outfit untereinander ab.
- Helfen Sie der Braut am Hochzeitstag beim Anziehen des Brautkleides.
- Leisten Sie seelischen Beistand.
- Begrüßen Sie die Gäste vor der Kirche.
- Bitten Sie die Gäste in die Kirche, bevor die Braut kommt.
- Begrüßen Sie während des Hochzeitsfestes die Gäste und integrieren Sie sie.
- Am Hochzeitstag dürfen Sie Braut und Bräutigam nach Strich und Faden verwöhnen. Bringen Sie ein Glas zum Anstoßen auf diesen wunderbaren Tag, reichen Sie ein paar Snacks (Kekse, Fingerfood, damit das Brautpaar etwas in den Magen bekommt).

Braut- und Bräutigamvater

- Beteiligen Sie sich mit finanzieller Hilfe am Budget der Hochzeit.
- Helfen Sie beim Aufbau in der Location.
- Holen Sie Gäste vom Flughafen oder Bahnhof ab.
- Als Brautvater bringen Sie Ihre Tochter zur Kirche.
- Wenn Ihre Tochter möchte, führen Sie als Brautvater sie zum Altar.
- Wenn Sie Ihrem zukünftigen Schwiegersohn Ihre Tochter am Altar „übergeben", richten Sie leise ein paar nette und persönliche Worte an den Bräutigam.
- Halten Sie eine Rede.
- Helfen Sie nach der Hochzeit, Geschenke für das Brautpaar zu transportieren.

Trauzeugen

- Unterstützen Sie das Brautpaar. Besprechen Sie mit dem Brautpaar frühzeitig, wie und wie weitgehend Sie sich die Unterstützung vorstellen und welche Wünsche diesbezüglich das Brautpaar hat.

- Begleiten und beraten Sie Braut und Bräutigam beim Kauf von Brautkleid und Bräutigamausstattung. Sie kennen die beiden mit am Besten und können beurteilen, in welchem Outfit sie die beste Figur machen.
- Seien Sie ehrlich bei obigem Punkt.
- Organisieren Sie den Junggesellenabschied.
- Halten Sie sich am Abend vor der Hochzeit für das Brautpaar bereit, vielleicht können Sie mit etwas Beistand Nervosität beheben.
- Verwahren Sie die Trauringe.
- Verteilen Sie die Kirchenprogramme, halten Sie Streublumen o. Ä. bereit.
- Haben Sie als Trauzeugin am Hochzeitstag ein Auge auf die Braut. Schauen Sie, ob Frisur und Schminke sitzen, richten Sie das Kleid und den Schleier. Bieten Sie der Braut Hilfe bei der Toilette an.
- Stellen Sie ein Notfallkit zusammen (hilfreiche Utensilien finden Sie im Kapitel „Notfallkoffer").
- Begleiten Sie das Brautpaar-Shooting, achten Sie auf die Frisur, die Lage des Kleides etc.
- Kümmern Sie sich um die Gäste. Integrieren Sie Gäste, die alleine zur Hochzeit kommen oder niemanden kennen.
- Helfen Sie, die Hochzeitsparty in Schwung zu bringen und zu halten.

Gäste

- Bieten Sie dem Brautpaar Ihre Hilfe an.
- Sagen Sie dem Brautpaar rechtzeitig zu oder ab, damit es besser planen kann.
- Richten Sie sich nach dem in der Einladung gewünschten Dresscode.
- Sprechen Sie mit dem Festtagsbetreuer im Vorfeld, wenn Sie eine Rede halten, Spiele veranstalten oder andere Überraschungen im Rahmen eines Programmpunktes für das Brautpaar bereithalten möchten.
- Kommen Sie pünktlich zur Trauung und zum Hochzeitsfest.
- Wenn Sie eine Rede halten, dann niemals länger als zehn Minuten.

Don'ts

Braut

- Nur nicht nervös werden.
- Lassen Sie sich nicht von der Flut der Möglichkeiten überwältigen und von anderen verrückt machen. Sie müssen nicht alles umsetzen, was an Ihrem Hochzeitstag möglich wäre.
- Kaufen Sie nicht das erstbeste Brautkleid, das Ihnen gefällt. Schlafen Sie über Ihre Entscheidung und gehen Sie das Thema in Ruhe an.
- Verzichten Sie bei Tragen des Brautkleides auf eine Armbanduhr.

Bräutigam

- Wenn Sie am Abend vor Ihrer Hochzeit mit Ihren Jungs noch ein paar Drinks zu sich nehmen, sollten Sie nicht zu tief ins Glas schauen. Am nächsten Tag müssen Sie fit sein.
- Tragen Sie zum Smoking keine Armbanduhr.
- Drücken Sie Ihrer Braut keinesfalls ein Stück Hochzeitstorte ins Gesicht.
- Treten Sie Ihrer Braut nicht auf die Schleppe oder das Kleid.

Trauzeugen

- Bei der Organisation des Junggesellenabschiedes geht es nicht darum, den Bräutigam vorzuführen. Achten Sie bei der Planung darauf, dass Sie ein Programm zusammenstellen, mit dem er sich auch wohlfühlt. Dies gilt natürlich entsprechend auch für den Junggesellinnenabschied.
- Halten Sie Abstand von der Brautentführung, wenn Sie wissen, dass Braut und Bräutigam dies auf gar keinen Fall möchten.
- Gleiches gilt für Spiele am Hochzeitstag.

Gäste

- Tragen Sie kein weißes oder cremefarbenes Kleid – dieses Privileg genießt nur die Braut.

- Ebenso sollten Sie möglichst kein Schwarz tragen, da dies die Farbe der Trauer ist. Möchten Sie dennoch gerne das „kleine Schwarze" anziehen, empfehlen wir Ihnen, es mit einem farbigen Schal oder Pashmina zu ergänzen.
- Halten Sie die vom Brautpaar vorgegebene Sitzordnung ein, zumindest für die Zeit des offiziellen Teils des Abends.
- Kleiden Sie sich nicht zu aufreizend.
- Tragen Sie als männlicher Gast keinen Plastron. Dies ist am Tag der Hochzeit das Privileg des Bräutigams.

Die Hochzeitsrede und andere Reden

Reden gehören unbedingt zu einer Hochzeitsfeier dazu. In jedem Fall sollten Sie als Bräutigam die Gelegenheit wahrnehmen, Ihre Gäste zu begrüßen und sich für ihr zahlreiches Erscheinen bedanken. Dem Vater der Braut gebührt die Ehre, als Erster nach dem Bräutigam das Wort zu ergreifen. Üblicherweise melden sich Bräutigamvater sowie Trauzeugen und Geschwister gerne in die Reihe der Redner.

An dieser Aufzählung sehen Sie bereits, dass bei so vielen Rednern die Reden koordiniert werden sollten (siehe hierzu auch das Kapitel „Hochzeits- & Ablaufplanung: die ersten Schritte"). Sinnvoll ist die Nennung eines Ansprechpartners bereits in der Einladung für die Koordination der Redner. Idealerweise halten alle Redner eine Redezeit von circa fünf bis sieben Minuten ein. Reden sollten maximal auf eine Dauer von zehn Minuten begrenzt werden, da sonst die Aufmerksamkeit der Zuhörer schwindet und sich besonders bei mehreren Reden Unbehagen und Müdigkeit breitmachen.

Rede des Bräutigams bzw. des Brautpaares

Als Bräutigam ist eine Ihrer Aufgaben, die Hochzeitsrede zu halten. Die Rede muss nicht lang sein, aber begrüßen Sie Ihre Gäste unbedingt offiziell.

Überlegen Sie sich im Vorfeld genau, was Sie sagen möchten, und schreiben Sie dies auch vorher auf. Ob Sie nachher auf Ihre Notizen schauen oder frei reden – es wird Sie in jedem Fall ruhiger werden lassen, auch wenn Sie ein gekonnter Redner sind und normalerweise die Ruhe selbst. An Ihrem Hochzeitstag werden Sie voller Emotionen sein und im Moment Ihrer eigenen Hochzeitsrede vielleicht sogar von Gefühlen überwältigt.

Den Anfang einer Rede kann man ideal mit einem Zitat machen. Das zieht die Aufmerksamkeit der Zuhörer auf Sie und daran anknüpfend können Sie einen inhaltlichen Bogen spannen.

Danken Sie Ihren Gästen für ihr Kommen. Danken Sie Ihren Eltern, Trauzeugen, wichtigen Wegbegleitern und den Helfern, die Ihren Hochzeitstag so haben werden lassen, wie Sie ihn sich gewünscht haben. Danken Sie den Eltern der Braut für die Tochter. Danken Sie Ihren eigenen Eltern für alles, was Sie für Sie getan haben. Machen Sie Ihrer Braut ein Kompliment oder eine Liebeserklärung. Vermeiden Sie ausschweifende Anekdoten und Insider, die der Großteil Ihrer Gäste nicht versteht. Damit Sie am Ende Ihrer Rede den Abschluss finden, könnten Sie mit einem Trinkspruch schließen. Dann erheben Sie Ihr Glas und prosten gemeinsam mit Ihrer Braut Ihren Gästen zu.

Traditionell ist es zwar Aufgabe des Bräutigams, die Rede zu halten. Selbstverständlich können Sie auch gemeinsam als Braut und Bräutigam eine Rede halten. Eine für Ihre Zuhörer angenehme Art der Rede ist ein Dialog. Wechseln Sie sich ab und zeigen Sie Ihren Gästen, dass Sie auch auf diesem Feld ein gutes Team sind.

Üben Sie Ihre Hochzeitsrede vorab, und zwar im Stehen – in einem sicheren Stand mit Ihrem Gewicht auf beiden Beinen. Es macht einen Unterschied für Ihr inneres Empfinden und somit auch für den Klang Ihrer Stimme, ob Sie sitzen oder stehen. Stellen Sie sich also in Ihr Wohnzimmer und malen Sie sich aus, Ihre Gäste stünden oder säßen Ihnen alle gegenüber. Sprechen Sie Ihre Worte und stoppen Sie hierbei auch die Zeit. So können Sie überprüfen, ob Sie Ihre Rede eventuell noch kürzen müssen. Durch das Üben werden Ihnen die Worte am

Abend Ihrer Hochzeit leichter über die Lippen gehen. Achten Sie darauf, ob Sie oft „em" oder „äh" sagen, und versuchen Sie, dies zu vermeiden. Denken Sie daran, dass noch kein Meister vom Himmel gefallen ist und Sie nur zu Menschen sprechen, die Ihnen wohlgesonnen sind und Ihretwegen bei Ihnen sind.

Vorstellungsrunden aller Gäste im Rahmen Ihrer Rede sind eine schöne Idee. Hierdurch können Sie Ihre Gäste untereinander bekannt machen und aufklären, woher Sie sich eigentlich kennen. Am Abend Ihres Hochzeitsessens kann dies aber extrem langwierig werden, je nach Anzahl Ihrer Gäste. Dies sollten Sie daher möglichst auf den Begrüßungsabend verlegen. Dann haben Ihre Gäste auch tatsächlich noch über den kompletten nächsten Tag die Möglichkeit, aus den gewonnenen Informationen an ein Gespräch anzuknüpfen.

Rede der Braut- und Bräutigameltern

Als Eltern fallen Ihnen sicher die schönsten Geschichten aus der Kindheit Ihrer Tochter oder Ihres Sohnes ein. Von den ersten Schritten und Wörtern über den ersten Schultag, die Tanzschule, über das Abitur bis hin zum Studienabschluss waren alle Stationen Ihres Zöglings ein wichtiger und nennenswerter Entwicklungsschritt – nur bloß nicht in Ihrer Rede anlässlich der Hochzeit ihres Kindes. Sicher können Sie die eine oder andere Anekdote aufnehmen, aber fassen Sie sich kurz hinsichtlich Lobeshymnen über Ihr Kind.

Begrüßen Sie Ihren Schwiegersohn beziehungsweise Ihre Schwiegertochter als neues Mitglied Ihrer Familie. Gratulieren Sie den beiden Kindern zur Hochzeit und wünschen Sie ihnen alles Gute für den gemeinsamen Lebensweg und die Ehe. Geben Sie ihnen Rückhalt und bringen Sie zum Ausdruck, dass Sie immer hinter den beiden stehen und für sie da sind.

Achten Sie unbedingt darauf, dass Ihre Rede nicht den zeitlichen Rahmen sprengt. Üben auch Sie Ihre Rede im Vorfeld und stoppen Sie die Zeit.

Rede der Trauzeugen

Als Trauzeuge stehen Ihnen ebenfalls Recht und Ehre zu, eine Rede zu halten. Stellen Sie sich im Rahmen Ihrer Rede der Hochzeitsgesellschaft vor, wenn Sie noch nicht bereits alle Gäste kennen. Berichten Sie von Ihrer Freundschaft zu Braut beziehungsweise Bräutigam und bringen Sie ruhig eine kurze nette Anekdote. Es gibt aber auch einige Tabus wie frühere Partner des Brautpaares, so einige Geschichten aus Ihrer gemeinsamen Studienzeit oder Insiderwitze von Vereinsfahrten etc. Vermeiden Sie Fettnäpfchen. Geben Sie dem Brautpaar Ihre guten Wünsche mit auf den Weg und zeigen auch Sie die Verbundenheit und Rückendeckung, die Sie dem frisch vermählten Paar für die Ehe auf oder für den Weg geben möchten.

Tanz & Unterhaltung

Eine Hochzeit ohne Tanz? Zu einer gelungenen Hochzeits-feier gehört das Tanzen auf jeden Fall dazu. Braut und Bräu-tigam sollten gut vorbereitet sein, denn traditionellerweise eröffnen sie den Tanz. Sie können nicht tanzen? Keine Angst, mit unseren Tipps ist es gar nicht so schwierig.

Tanz

Der Eröffnungstanz

Der Eröffnungstanz ist für viele einer der Momente des Tages. Alle Augen sind beim Eröffnungstanz auf das Brautpaar gerichtet. Dies kann ein ganz besonderer, auch persönlicher Moment für das Paar sein. Es kann aber auch ein unangenehmer Zeitpunkt sein, vor dem es dem Brautpaar den ganzen Abend graut und der ihm ein wenig die Entspanntheit nimmt, die es an diesem Tag haben könnte und sollte.

Gerade bei den Männern erleben wir oft, dass sie am liebsten den Eröffnungstanz ganz weglassen würden. Die Bräute hingegen wün-schen sich diesen besonderen Tanz eher.

Meistens liegt die Angst vor dem Eröffnungstanz vor allem daran, dass man sich nicht so sicher ist. Je geübter man auf die Tanzfläche geht, desto mehr Spaß kann es machen.

Daher empfehlen wir jedem Brautpaar, das nicht gerade zu den Profi-tänzern zählt, einen Tanzkurs vor der Hochzeit zu besuchen. Sinn-voll ist es dabei, diesen nicht erst auf die letzten Wochen zu verschie-ben. Oftmals reicht nicht nur ein Kurs am Wochenende von ein bis zwei Stunden Dauer. Manche Tanzschulen und Tanzlehrer sind an den Wochenenden ausgebucht, wenn man zu kurzfristig anfragt.

Selbst geübte Tänzer können ihr Können noch perfektionieren, indem sie vielleicht auch eine kleine Performance einstudieren. Und unge-übte Tänzer können mit ausreichend Übung einen schönen Eröff-nungstanz hinlegen, der ihnen und den Gästen Spaß macht.

Es muss nicht immer der klassische Wiener Walzer sein: Was vielen nicht bewusst ist, der Wiener Walzer ist, um ihn wirklich kunstvoll vorzutanzen, sehr schwierig. Es bedarf auch einer recht großen Tanz-fläche. Etwas einfacher ist der Langsame Walzer. Alternativ kann es aber auch jeder andere Tanz vom Discofox über einen peppigen Cha-Cha-Cha bis hin zum Schmuseblues oder Diskogezappel sein. Solange es einigermaßen gut gemacht wird und möglichst ein wenig geübt ist, kann es sehr gut aussehen.

Warum ein Eröffnungstanz?

Der Eröffnungstanz eröffnet, wie der Name schon sagt, den Tanz des Abends. Das heißt, er ist der Beginn des Tanzteils und startet in der Regel nach dem Essen. Er hilft, alle Gäste auf die Tanzfläche zu ziehen und ein deutliches Zeichen zu setzen: „Jetzt ist es Zeit, nicht mehr am Tisch zu sitzen, sondern das Tanzbein zu schwingen!"

||| Tipps und Ideen für den Eröffnungstanz

Wählen Sie nichts zu Kompliziertes – lieber etwas Schwungvolles als schwierige Schrittfolgen, die man unter einem Brautkleid kaum sieht und die in Beinverknotungen enden.

Wählen Sie die Musik für den Eröffnungstanz genau aus und üben Sie, dazu zu tanzen.

Machen Sie eine kleine Performance: Studieren Sie eine Choreografie mit einem Tanzlehrer ein. Wenn Sie es ganz besonders machen möch-ten, können Sie sich auch für den Eröffnungstanz umziehen.

Aus den USA wird ein neuer Stil immer beliebter: Man beginnt mit dem Walzer und schneidet dann einen Bruch mit anschließender Party-musik.

Traditionell tanzt das Brautpaar zunächst gemeinsam, während die Gäste um die Tanzfläche herumstehen. Zum Ende eines Stückes – oder auch schon bei der Hälfte – fordert der Bräutigam die Brautmutter und die Braut den Brautvater auf. Wie in einem Schneeballsystem fordert jeder Tänzer nach einer gewissen Zeit einen neuen Tanzpartner aus dem Publikum auf, bis am Ende alle auf der Tanzfläche sind. Ab einem gewissen Zeitpunkt kann der DJ oder die Band dann auch sagen, dass jetzt alle gerne auf die Tanzfläche kommen können.

Auch den Zeitpunkt zum Auffordern der jeweilig nächsten Tanzpartner kann der DJ oder die Band ankündigen.

Musikauswahl

Natürlich sollte die Musik für den Abend gut gewählt sein. Hierzu hilft natürlich die Wahl einer guten Band bzw. eines guten DJs (siehe hierzu auch das Kapitel „Musik") bzw. natürlich eine gute Absprache mit diesen. Wichtig ist, dass die Musik zumindest am Anfang auch den verschiedenen Geschmäckern und den unterschiedlichen Generationen einer solchen Feier gerecht wird. Gutes Fingerspitzengefühl einer Band bzw. eines DJs besteht darin, die Musikwünsche der Gäste herauszufinden und die passende Musik für das Gros der Gäste zu spielen. Daher wird vielleicht manchmal nicht jeder Musikwunsch sofort gespielt oder vielleicht auch gar nicht beachtet, weil er einfach nicht zum Großteil der Gäste passt. Was aber natürlich nicht heißt, dass man nicht auch mal ein paar ungewöhnliche Dinge ausprobieren kann.

Seien Sie sich dessen bewusst, dass das Niveau, das Sie mit dem Eröffnungstanz vorgeben, oftmals ausschlaggebend für den Mut der Gäste ist, selbst mit dem Tanzen zu beginnen.

Selbst wenn einige der Gäste den Paartanz bevorzugen: Fangen Sie ruhig mit lockeren Liedern an, sodass sich alle einfinden können.

Tanzen Sie als Brautpaar viel, wenn Sie sich eine volle Tanzfläche wünschen. Das animiert Ihre Gäste, Selbiges zu tun.

Ein paar Tanzschritte und Tanzanleitungen: Bus Stop

Sie finden eine Vielzahl von Anleitungen in diversen Büchern und im Internet. Oftmals sind sie schwer verständlich und in der Praxis doch leichter zu erlernen. Wir haben uns entschlossen, hier nicht den üblichen Walzer oder Cha-Cha-Cha zu erklären. Wir haben uns für einen schönen Partytanz entschieden, der relativ leicht zu erlernen ist und hervorragend auch als kleiner Programmpunkt von allen Gästen erlernt und anschließend mit viel Spaß gemeinsam getanzt werden kann.

Bus Stop

Der Bus Stop ist ein einfacher Partytanz, den man mit beliebig vielen Gästen in der Gruppe und ohne Partner tanzen kann. Er kann auf jede Musik getanzt werden, deren Rhythmus gut zu hören ist. Die Bewegungsabläufe des Bus Stop basieren auf einem Viervierteltakt und sind leicht und vor allem schnell zu erlernen. Wie bei vielen Partytänzen tanzen Damen und Herren die gleichen Schritte gemeinsam nebeneinander in der Gruppe. Zum Verständnis des Bus Stop finden Sie sowohl nachfolgend einen beschreibenden Text als auch ergänzende Illustrationen. Erschrecken Sie nicht, wie bei allen Tänzen wirkt es zunächst etwas kompliziert. Versuchen Sie sich aber einmal kurz zu konzentrieren und Sie werden bald sehen: Es ist gar nicht so schwierig!
Die jeweiligen Buchstaben stehen für jeden Tanzabschnitt und finden sich sowohl für den beschreibenden Text als auch in den Illustrationen.

Schrittfolge A: Man beginnt mit dem rechten Fuß und geht im Rhythmus der Musik drei Schritte rückwärts (rechts – links – rechts). Auf den vierten Schlag erfolgt ein sogenannter Tap mit dem linken Fuß: Er wird einmal kurz neben dem rechten Fuß aufgesetzt, d. h. die Füße werden kurzzeitig geschlossen. Zusammen mit dem Tap auf den vierten Schlag der Musik wird in die Hände geklatscht.

Schrittfolge B: Jetzt erfolgt die gleiche Sequenz, allerdings vorwärts beginnend mit dem linken Fuß. Es geht drei Schritte vorwärts (links –

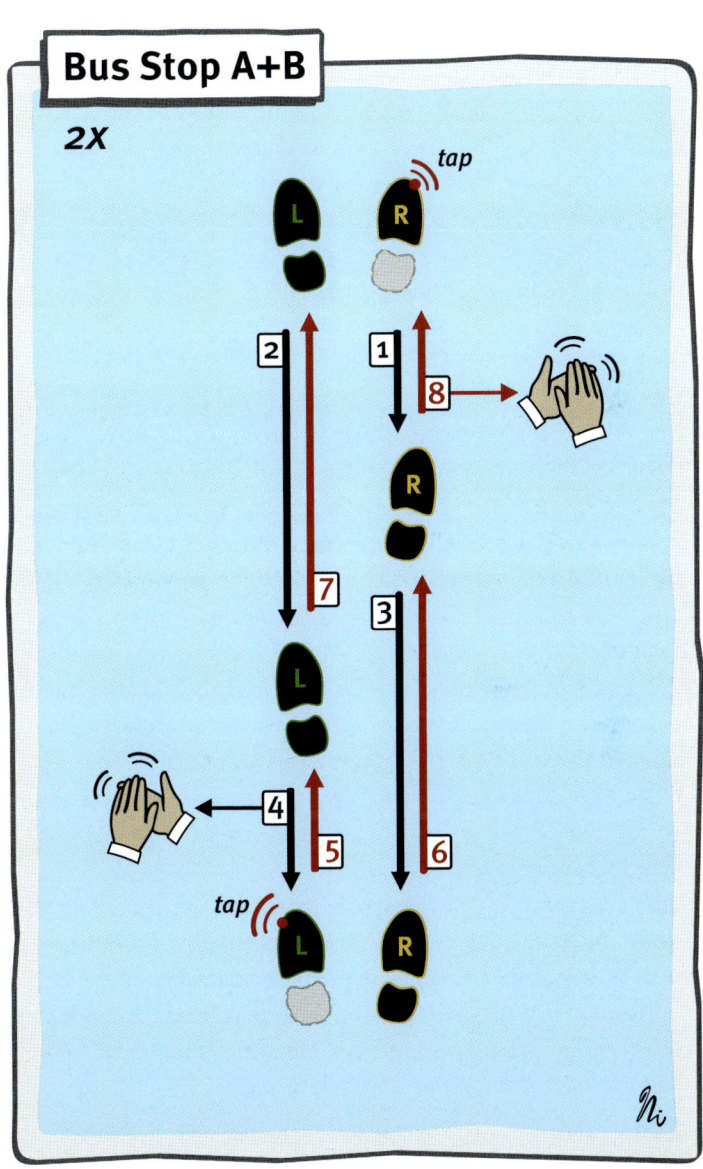

Der Bus Stop ist ein Tanz für alle: rechts, links, rechts, tap – links, rechts, links, tap.

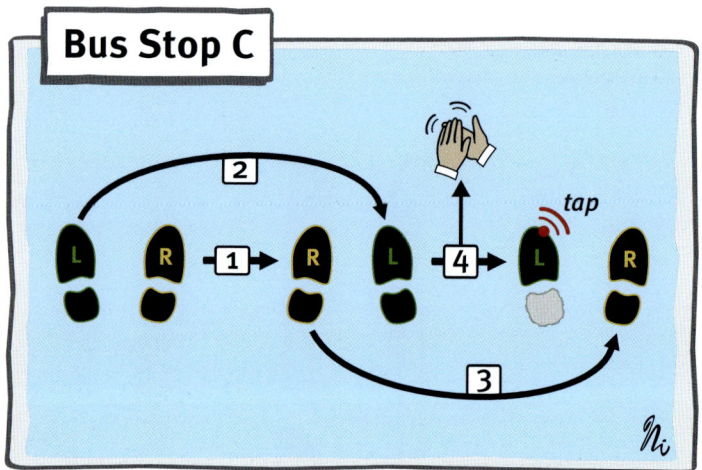

rechts – links) und auf den vierten Schlag wird geklatscht und ein Tap mit dem rechten Fuß ausgeführt.

Schrittfolge C: Nun erfolgt eine Seitwärtsbewegung nach rechts, beginnend mit dem rechten Fuß. Es werden drei Schritte nach rechts getanzt (rechts – links – rechts). Dabei werden die Beine bei der Seitwärtsbewegung (linkes Bein über rechtes Bein) gekreuzt – ob vorne oder hinten bleibt jedem Tänzer selbst überlassen. Auf den vierten Schlag der Musik erfolgt erneut ein Tap (mit dem linken Fuß) und man klatscht in die Hände.

Schrittfolge D: Das Gleiche wird im Anschluss wieder in die entgegengesetzte Richtung, also nach links, beginnend mit dem linken Fuß (links – rechts – links) getanzt. Sie haben jetzt einmal drei Schritte zurück und wieder vor und einmal drei Schritte nach rechts und wieder zurück getanzt. Also gar nicht so schwer!

Schrittfolge E: Die folgende Sequenz wird auf dem linken Fuß stehend ausgeführt. Dafür wird das rechte Bein nach vorne gestreckt, mit der

Bus Stop D

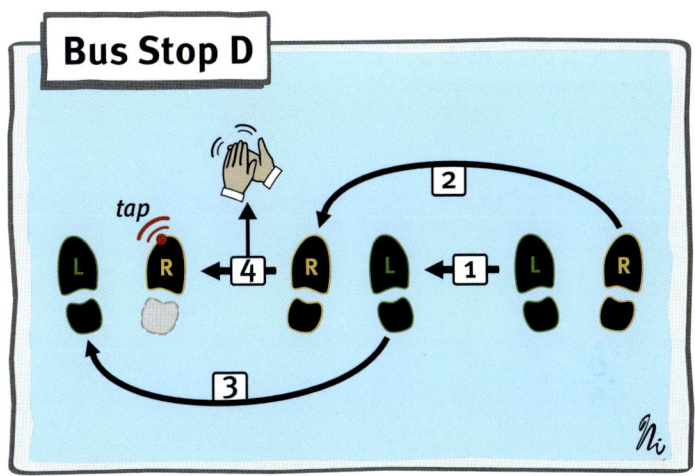

Bus Stop E

Auch die Drehung ist nicht so kompliziert, wie sie aussieht.

Ferse werden zwei Taps ausgeführt (Schlag eins und zwei) und der Oberkörper leicht nach hinten gelehnt. Anschließend wird das rechte Bein nach hinten gestreckt und mit einem leicht nach vorne gebeugten Oberkörper werden mit den Zehenspitzen zwei Taps (Schlag drei und vier) ausgeführt.

Schrittfolge F: Der letzte Teil des Bus Stop ist am schwierigsten. Weiterhin auf dem linken Bein stehend, wird ein Tap nach vorne (Schlag eins), einer nach hinten (Schlag 2) und einer zur rechten Seite (Schlag drei) ausgeführt. Auf den vierten Schlag wird das rechte Bein angewinkelt und an den Körper gezogen. Während man das Bein anzieht, nutzt man den Schwung für eine Vierteldrehung nach links.

Nun beginnt man den Bus Stop von vorne. Der gleiche Bewegungsablauf wird nun so oft Sie bzw. Ihre Gäste es wünschen wiederholt.

Erweiterung

Wenn die Gäste sich im Bus Stop gut zurechtfinden, kann man die Schwierigkeit erhöhen, indem man die Gäste in zwei Gruppen aufteilt, sodass sie sich gegenüberstehen. Nun wird der Bus Stop erneut getanzt. Die Schwierigkeit besteht hierbei darin, dass man sich von seinem Gegenüber nicht aus dem Konzept bringen lassen darf, da es spiegel- und seitenverkehrt tanzt. Zwar gehen beispielsweise alle rückwärts, weil sie sich jedoch gegenüberstehen, gehen sie auseinander. Geht die eine Gruppe nach rechts, geht die andere Gruppe nach links. Besonders spannend und lustig wird es, wenn die Drehung hinzukommt.

Gönnen Sie sich und Ihren Gästen diesen Spaß. Ihre Gäste werden viel Freude daran haben, gemeinsam zu tanzen.

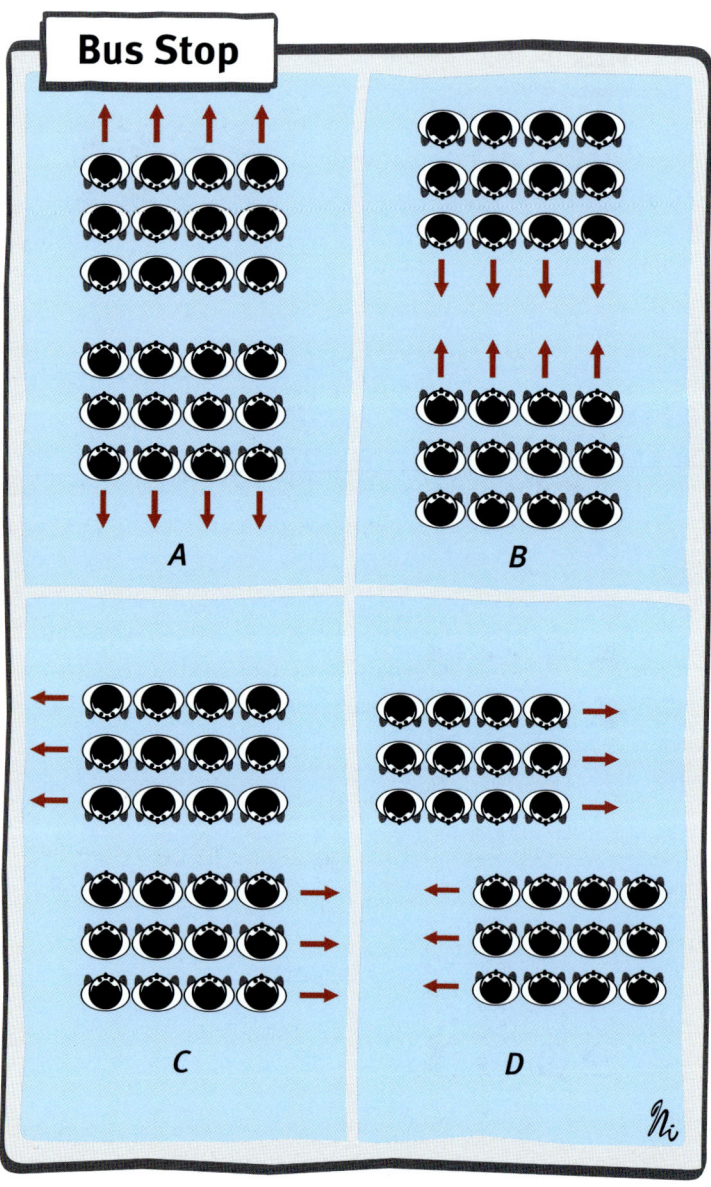

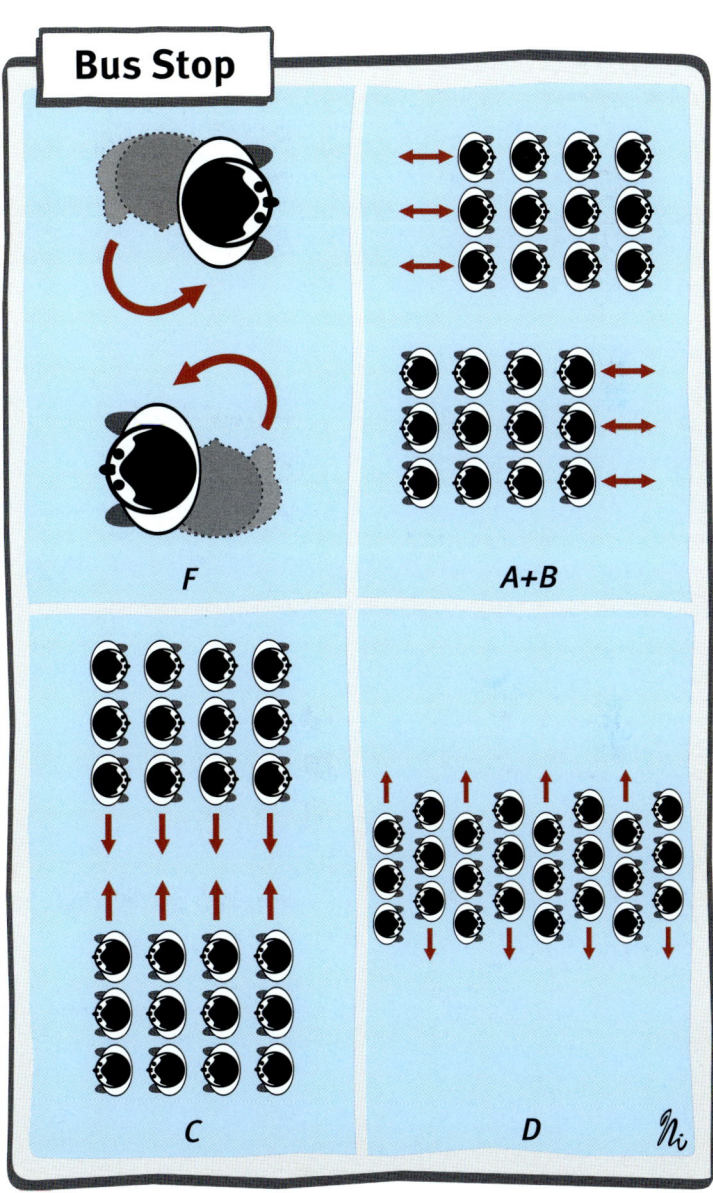

Unterhaltung und Aktionen der Gäste

Die Frage ist, wie das Brautpaar Aktionen der Gäste in den Abend einbauen kann, ohne von den Überraschungen der Gäste zu wissen.

Es ist ratsam, schon in der Einladung eine Person des Vertrauens zu nennen. Das kann ein Freund oder Freundin oder auch ein Hochzeitsplaner sein. Die Gäste können diesen Zeremonienmeister dann vorab kontaktieren. Er weiß, wie viele oder wie wenige Aktionen im Laufe des Tages stattfinden werden. Er kann diese zum passenden Zeitpunkt einbauen. Diesen Zeitpunkt finden kann nur jemand, der alle Aktionen und den Ablauf des Tages im Blick hat.

Es gibt eine Vielzahl an Spielen zur Unterhaltung der Gäste. Es würde hier zu weit führen, auf alle einzugehen. Meistens organisieren die Gäste die Spiele. Manchmal versucht es aber auch das Brautpaar selbst, etwas auf die Beine zu stellen.

Auf vielen Hochzeiten sind Spiele nicht notwendig, um die Gäste zu animieren. Manchmal reichen schon gute Musik und Leute, die sich freuen, sich wiederzusehen und sich gut zu unterhalten, um Spaß zu haben.

Manchmal sind etwas persönlichere Dinge wie gut gemachte Diashows mit Bildern des Brautpaares oder lustige und persönliche Vorträge von Freunden besser als zahlreiche Animationsspiele. Wenn Sie als Brautpaar den Wunsch haben, dass gar keine Spiele auf Ihrer Hochzeit stattfinden, scheuen Sie sich nicht, dies zu äußern – unter Umständen über Ihre Trauzeugen oder Ihren Hochzeitsplaner. Es ist Ihr Tag und es sollte ein Fest nach Ihren Wünschen sein.

Bitte lesen Sie zum Thema „Unterhaltungen und Aktionen" auch unsere Ausführungen im „humboldt PLUS"-Bereich auf www.humboldt.de.

Hochzeit mit einem Ausländer

Die Hochzeit mit einem Ausländer bietet diverse Herausforderungen, aber auch die Möglichkeit, die Feier mit unterschiedlichen kulturellen Einflüssen zu bereichern.

Wir möchten hier nicht auf das Thema der Papiere für die Trauung mit einem Ausländer eingehen. Da sind die Unterschiede je nach Herkunft zu groß. Fragen Sie hier am besten Ihr Standesamt bzw. das zuständige Konsulat.

Andere Traditionen und Sprachen einbinden

Es ist schön, aber auch manchmal eine Herausforderung, wenn bei einer Hochzeit unterschiedliche Sprachen, Kulturen oder einfach nur Familientraditionen aufeinanderstoßen. Es ist eine Bereicherung, wenn man diese Traditionen auch in gewisser Form einbringt.

Sprechen Sie ruhig mit Ihrer Familie frühzeitig, welche Traditionen es gibt (seien es familiäre Traditionen oder Traditionen Ihrer Kultur, Religion oder Ihres Landes). Vielleicht ist ja das eine oder andere dabei, was Sie gar nicht wussten und was Sie gerne für Ihre Hochzeit übernehmen möchten.

Was die Sprachen anbelangt, so hängt es ein wenig davon ab, wie viele Gäste kommen, die jeweils eine andere Sprache sprechen. Wenn es ein größerer Teil ist, empfiehlt es sich, Drucksachen wie Einladungskarten, Menükarten und Trauungsprogramme entweder mit beiden Sprachen zu bedrucken oder auch separate Drucksachen in der jeweiligen Sprache anzufertigen. Jeder bekommt dann den Text in seiner Sprache. Bei der Trauung und bei Reden hilft es, wenn man entweder sogar alles direkt übersetzen lässt – manchmal reicht ein zweisprachiger

Verwandter, manchmal ist es besser, einen Dolmetscher zu engagieren. Bei langen Reden und Predigten ist es für den jeweiligen Übersetzer – ob professionell oder nicht – hilfreich, wenn er den jeweiligen Text vorher bekommt.

Möglich ist auch, wenn nur ein paar fremdsprachige Gäste anwesend sind, diesen den Trauungstext bzw. den Redentext jeweils ausgedruckt in ihrer eigenen Sprache auszuhändigen und/oder ihnen einen zweisprachigen Gast an die Seite zu setzen.

Je nachdem ist auch ein mehrsprachiger Gottesdienst möglich. Sprechen Sie mit Ihrem Pfarrer oder Theologen, beziehen Sie unter Umständen Ihre Trauzeugen oder Ihre Verwandten mit ein. Das Kirchenheft sollten Sie in diesem Fall ebenfalls mehrsprachig abdrucken lassen. Eine schöne Idee ist auch, die Kirchenlieder in unterschiedlichen Sprachen zu singen – je Strophe eine Sprache.

Auch bei Ihren Menükarten und später bei den Danksagungen sollten Sie die Sprachen berücksichtigen.

||| Hinweis

Wenn Braut oder Bräutigam der Sprache, in der die Trauung vorgenommen wird, nicht perfekt mächtig sind, ist es oftmals auch Pflicht, einen offiziellen Dolmetscher zu nutzen. Dann darf der jeweilige Partner oder auch ein Freund der Familie nicht übersetzen.

Letzte Vorbereitungen vor der Hochzeit

Nun ist es bald so weit. Sie haben wochen- und monatelang organisiert und geplant. Jetzt ist der beste Moment, noch einmal die letzten Tage vor Ihrer Hochzeit zu genießen und zu entspannen. Prüfen Sie, ob Sie auch nichts Wichtiges vergessen haben und an was Sie noch denken könnten.

Erledigungen kurz vor der Hochzeit

Nehmen Sie sich jetzt nicht mehr zu viel vor. Planen Sie nicht erst am Abend vor Ihrer Trauung das Ausdrucken der Kirchenprogramme und auch nicht mehr das Binden der Satinschleifen um die Kirchenhefte oder Menükarten. Rechnen Sie damit, dass der eine oder andere Gast sich bei Ihnen melden wird und Sie mit Fragen oder Wünschen aufsucht. Gehen Sie noch einmal die Checkliste zu Beginn dieses Ratgebers im Kapitel „Hochzeits- & Ablaufplanung: die ersten Schritte" durch und prüfen Sie, ob Sie an alles gedacht haben. Lassen Sie Ihren Hochzeitstag vor Ihrem inneren Auge wie einen Film ablaufen. Genießen Sie die Tage und Abende vor Ihrem großen Tag, sofern dies beruflich machbar ist.

Letzte Absprachen mit Dienstleistern und Helfern

In den letzten zehn bis 14 Tagen vor Ihrer Hochzeit sollten Sie sich noch einmal bei allen Dienstleistern in Erinnerung rufen, die in Ihre Hochzeit eingebunden sind. Oftmals vergehen zwischen Buchung und Hochzeitstag einige Wochen und Monate, sodass es ratsam sein kann, den Termin nochmals zu bestätigen. Mailen oder rufen Sie besser persönlich die einzelnen Beteiligten an, gehen Sie mit ihnen nochmals kurz ihre Aufgabe durch und besprechen Sie die letzten offenen Fragen. Am Tag Ihrer Hochzeit sollten Sie den Tag nur noch genießen und nicht etwa bangen, ob der DJ sich wohl noch an die Buchung erinnern kann, die Sie vor zehn Monaten getätigt haben. Geben Sie in der Location Bescheid, wie viele Gäste final beim Essen dabei sein werden. So vermeiden Sie etwaige Extrakosten. Finalisieren Sie den Ablaufplan und erstellen Sie gegebenenfalls einen Personaleinsatzplan mit Start- und Endzeiten sowie den wichtigsten Aufgaben. Versenden Sie in der Woche vor Ihrer Hochzeit die Ablaufpläne an alle Beteiligten. Erstellen Sie eine Liste der Kontaktdaten aller Dienstleister und Lieferanten und übergeben Sie diese dem Festtagsbetreuer sowie Ihren Trauzeugen.

Letzte Anproben

Probieren Sie Ihr Outfit noch einmal in Ruhe an. Sitzt alles, passt alles noch wie bei der letzten Anprobe? Fühlen Sie sich gut? Können Sie sich in Ihrem Kleid setzen? Haben Sie Ihre Brautschuhe rechtzeitig und gut eingelaufen, zum Beispiel in der Wohnung beim Bügeln oder Aufräumen? Passen Ihre Ringe noch? Zur Not hilft hier auch, sie leicht mit Vaseline einzureiben.

||| **TIPPS:** Rauen Sie die Sohle Ihrer Lederschuhe auf, damit Sie nicht ausrutschen.
Am Tag Ihrer Hochzeit sollte sich die Braut nicht mit Bodylotion eincremen. Wenn Sie nämlich eine Korsage oder einen halterlosen BH tragen, könnten diese rutschen, was recht unangenehm ist. Auch halterlose Strümpfe halten viel besser, wenn Sie an den Beinen keine Lotion verwendet haben.

Notfallkoffer

Prüfen Sie, ob Sie bestimmte Hilfsmittel sowie für Sie wichtige Dinge in einer Notfalltasche oder einem -koffer am Hochzeitstag mitführen bzw. in die Location legen möchten. Nützliche Dinge könnten zum Beispiel sein: Deo, Haarspray, Haarnadeln, Regenschirm, Kleiderbürste, Taschentücher, Klebeband, Feuerzeug etc. Diese Inhalte und noch viel mehr wie zum Beispiel Werkzeuge enthält üblicherweise der Notfallkoffer Ihres Hochzeitsplaners. Bitte denken Sie an für Sie notwendige Medikamente wie Antiallergika, Migränemittel etc. selbst. Wenn Sie ein Hochzeitsplaner begleitet, sollten Sie ihm vorab die unter Umständen von Ihnen benötigten Mittel überreichen, da er nicht befugt ist, Arzneimittel auszugeben.

Eine detaillierte Übersicht zu möglichen Inhalten des Notfallkoffers finden Sie im „humboldt PLUS"-Bereich auf www.humboldt.de.

2 Wochen vorher

- Checken Sie die aktuelle Gästeliste anhand der Rückantworten. Rufen Sie evtl. an, wenn sich jemand noch nicht gemeldet hat.
- Beginnen Sie mit der Tischordnung. Besprechen Sie mit dem Restaurant/Partyservice final, wie die Tische stehen sollen.
- Überlegen Sie sich, ob Sie eine Anzeige in der Tageszeitung möchten, und geben Sie diese auf.
- Laufen Sie die Hochzeitsschuhe ein und tragen Sie auch Ihr Brautkleid für kurze Zeit (prüfen Sie, ob Sie sich darin gut bewegen können: sitzen, aufstehen, tanzen, zur Toilette gehen etc.).
- Haben Sie an die Strumpfhosen gedacht, haben Sie auch ein Ersatzpaar?
- Probieren Sie die Hochzeitskleidung an und prüfen Sie, ob noch kleine Änderungen gemacht werden müssen.
- Fahren Sie die Route vom Standesamt/von der Kirche zum Festort ab. Gibt es evtl. Parkplatzprobleme oder Baustellen auf dem Weg?
- Treffen Sie die letzten Reisevorbereitungen für die Flitterwochen: Denken Sie an zum Beispiel Sonnencreme, Reiseversicherung, Kreditkarten, Travellerschecks, ausländische Währung etc.
- Besorgen Sie kleine Aufmerksamkeiten für die Blumenkinder.
- Rufen Sie noch einmal alle gebuchten Dienstleister an und prüfen Sie, ob alles o. k. ist (Fotograf, Videograf, Musiker, DJ, Fahrzeug, Blumen, Restaurant, Hochzeitstorte etc.). Wissen alle, wo die Lokalität ist, wie sie dorthin kommen und wann sie da sein müssen?
- Bringen Sie regelmäßig Ihren Kostenplan auf den aktuellen Stand.

1 Woche vorher

- Vereinbaren Sie einen Friseurtermin für den Bräutigam und evtl. einen Termin im Nagelstudio für beide oder nur die Braut.
- Informieren Sie Nachbarn über Polterabend oder Festabend wegen evtl. Lärmbelästigung.
- Gehen Sie die Gästeliste genau durch und informieren Sie das Restaurant/die Location über die genaue Personenzahl.
- Packen Sie die Koffer für die Hochzeitsreise.

1 Tag vorher

- Bereiten Sie Umschläge mit Geld vor für alle, die direkt vor Ort bezahlt werden: Blumen- und Geschenkboten, Kollekte, Musiker/DJ, Trinkgelder für das Restaurant, den Kutscher/Chauffeur etc.
- Packen Sie Ihre Brauthandtasche (Ersatzstrumpfhosen, Make-up, Kopfschmerztabletten, Pflaster, Deo, Kamm etc.).
- Legen Sie Ihre Kleidung bereit.
- Legen Sie die Ringe und die Papiere bereit.
- Machen Sie eine Endkontrolle.
- Schlafen Sie gut!

Am großen Tag

Genießen Sie Ihren großen Tag, er geht schneller vorbei, als Sie denken. Sie haben alles gut geplant, kleine Fehler gehören dazu.

Nach der Hochzeit

Wenn Ihr Hochzeitsfest hinter Ihnen liegt, sind allerdings noch nicht alle mit der Hochzeit verbundenen Aufgaben erledigt.

Danksagungen und andere Aufgaben

An dieser Stelle erinnern wir Sie an Ihre Danksagungen. Diese sollten Sie in den ersten sechs bis acht Wochen nach Ihrer Hochzeit versenden (lesen Sie hierzu auch das Kapitel „Drucksachen – von der Einladung bis zur Danksagung").

Außerdem sollten Sie an die folgenden Aufgaben denken, die nach Ihrer Hochzeitsfeier erledigt werden wollen:

- Hochzeitsgarderobe reinigen lassen und sorgfältig aufbewahren
- Namensschilder an Klingel und Briefkasten ändern
- Fotos beim Fotografen aussuchen
- alle offenen Rechnungen bezahlen
- E-Mail-Adresse ändern
- Mailbox und Anrufbeantworter ändern
- in Erinnerungen schwelgen

Schließlich sollten Sie prüfen, wer über Ihre Hochzeit (und die eventuell damit verbundene Namensänderung) informiert werden muss, geben Sie Ihre Adressdaten an die wichtigen Stellen weiter:

- Arbeitgeber
- Geldinstitute
- Kreditkartengesellschaften
- Telefongesellschaft

- Versicherungen und Krankenkasse
- Finanzamt
- Verlage von Zeitungen und Zeitschriften
- Gas- und Elektrizitätswerk usw.

Versicherungen

Versicherungen und Verträge sollten Sie überprüfen und doppelte kündigen:
- Unfallversicherung
- Hausratversicherung
- Privat-, Haftpflichtversicherung
- Rechtsschutz etc.

Dokumente & Papiere

Welche Papiere müssen aktualisiert werden:
- Pass und Personalausweis
- Lohnsteuerkarte
- Änderung der Steuerklasse
- Führerschein (nicht obligatorisch)
- Fahrzeugpapiere
- laufende Verträge etc.

Flittern

Entspannt reist es sich in die Flitterwochen, wenn Sie noch ein bis zwei Tage zu Hause Zeit haben, um Rechnungen zu begleichen, Ihre Koffer zu packen, Geschenke auszupacken, geliehene Dekorationen zurückzugeben usw.

In jedem Fall sollten Sie für den unerfreulichen Fall eine Reiserücktrittsversicherung abgeschlossen haben.

||| **SPARTIPP:** Bei Buchung Ihrer Flitterwochen sollten Sie unbedingt mitteilen, dass es sich um Ihre Hochzeitsreise handelt. Innerhalb eines Jahres nach Ihrer Eheschließung erhalten Sie bei den meisten Reiseanbietern Sonderrabatte oder Ermäßigungen, Upgrades usw. Beachten Sie, dass Sie den Nachweis Ihrer Eheschließung erbringen müssen.

Genießen Sie Ihre Zeit zu zweit, schwelgen Sie in Erinnerungen und lassen Sie Ihre Hochzeit nachwirken. Sicher geht es Ihnen so, dass einige Details Ihres Hochzeitstages erst in Ihren Flitterwochen wieder hochkommen, dann ist es schön, die Zeit und Muße zu haben, daran zu denken und sich auch als Paar gegenseitig auszutauschen.

Nachwort

Vielleicht ist auch Ihnen beim Lesen dieses Ratgebers aufgefallen: Wir leben und lieben Hochzeiten. Täglich befassen wir uns mit den vielen großen und kleinen wundervollen Details und begleiten Brautpaare auf dem Weg zu ihrem „Ja" zueinander.

Einen großen Dank sprechen wir daher an dieser Stelle unseren Brautpaaren aus, die wir im Laufe der vielen Jahre oftmals über viele Monate hinweg sehr nah begleiten und unterstützen durften. Dank ihnen hatten wir die Gelegenheit, unsere vielen Ideen entstehen lassen, entwickeln und weiterverfolgen zu können. Jede von uns organisierte Hochzeit hat unseren Erfahrungsschatz erweitert und somit im Kleinen zum Gelingen dieses Hochzeitsratgebers beigetragen.

Wir hoffen, auch Ihnen, liebes Brautpaar, mit diesem Hochzeitsratgeber die gewünschte Hilfestellung gegeben zu haben und dass Sie viel Freude beim Lesen und vor allem Umsetzen unserer Vorschläge sowie Ideen auf dem Weg zu Ihrem „Ja" haben werden bzw. hatten. Lassen Sie uns wissen, ob dieser Ratgeber Ihre Erwartungen erfüllt hat. Über Kritik jeder Art freuen wir uns per E-Mail an mauritz@celebrations-events.de oder stiefelhagen@hochzeitstraum.de.

Auf weiterhin viele Jaworte, glückliche Brautpaare und schönste Tage sowie deren Planung, Organisation und Umsetzung freuen wir uns. Ihnen wünschen wir alles erdenklich Gute.

Ihre
Friederike Mauritz und Nikola Stiefelhagen

Anhang

Autorenteam

Friederike Mauritz

Friederike Mauritz, Hochzeits- und Eventpla-
nerin aus Frankfurt am Main und geschäfts-
führende Inhaberin von Celebrations e. K.
Schon zu Schulzeiten hat Friederike Mauritz
ihre Ambitionen für die Eventplanung ent-
deckt und Themenfeste, wie zum Beispiel ein
Tomatenfest organisiert. Später war sie Leite-
rin des sogenannten Clubhauses, der Disco
bzw. abendlichen Kneipe ihres Internates, wo

sie als „Chefin" von zehn Schülern unter anderem diverse Feste plante.
Nach dem Abitur besuchte Friederike Mauritz die renommierte Hotel-
fachschule Lausanne in der Schweiz und schloss diese erfolgreich mit
dem Diplom in Hotel Management ab. Darauf folgten diverse Anstel-
lungen in Vier- bis Fünfsternehotels im In- und Ausland – immer
fokussiert auf den Veranstaltungsbereich. So arbeitete sie unter anderem in London in einer der größten Fünfsternehotel-Bankettabteilun-
gen Europas. Zuletzt war Friederike Mauritz F&B Managerin und Ban-
kettleiterin in einem Hotel der Steigenberger-Gruppe in Deutschland.
Aus ihrer fundierten Ausbildung in Kombination mit ihrer umfangrei-
chen Berufserfahrung ergibt sich folglich ein Know-how aller Abläufe
und Vorgehensweisen im Veranstaltungsbereich. Dementsprechend ist
Friederike Mauritz in der Lage, Brautpaare in allen Verhandlungen, allgemeinen Abläufen, Essens- und Getränkeauswahl, bei Bestuhlungen
etc. besonders gut und sicher, aber vor allem umfassend beraten zu
können.

1999 machte sich Friederike Mauritz selbstständig und gründete die Agentur Celebrations in Frankfurt. Seitdem haben zahlreiche Brautpaare sie mit der Planung der unterschiedlichsten Hochzeiten beauftragt.

Seit 2001 hat sie eines der größten deutschsprachigen Hochzeitsforen aufgebaut und betreut, welches inzwischen zu www.hochzeitsplaza.de gehört. Hier ist sie nach wie vor in beratender Tätigkeit u. a. mit einem eigenen Blog aktiv.

Außerdem hat sie den Bund deutscher Hochzeitsplaner ins Leben gerufen. Seit der Gründung 2007 ist sie 1. Vorsitzende des Bundes deutscher Hochzeitsplaner e.V.

Friederike Mauritz liegen die persönliche Beratung sowie die individuelle und auf die Wünsche der Brautpaare abgestimmte professionelle Organisation von Hochzeiten am Herzen. Hierbei stehen für sie vor allem das professionelle Arbeiten, die enge Kommunikation sowohl mit den Kunden als auch mit den diversen Dienstleistern sowie die sichere Budgetführung im Vordergrund. Dabei wird sie von den Brautpaaren und ihren Dienstleistern gleichermaßen für ihre ruhige und sichere Art nicht nur in der Planungszeit, sondern auch in kritischen Situationen geschätzt.

Celebrations

www.celebrations-weddings.de

Nikola Stiefelhagen

Nikola Stiefelhagen, Hochzeitsplanerin und ge-
schäftsführende Inhaberin der von ihr gegrün-
deten Firma HOCHZEITSTRAUM Agentur für
Hochzeitsplanung e.K. mit Sitz in Köln.

Nikola Stiefelhagen ist als Hochzeitsplanerin und Eventmanagerin in Köln, ganz Nord-
rhein-Westfalen sowie bundesweit tätig und
betreibt zudem in der Kölner Innenstadt ein
Fachgeschäft, in dem Kunden Brautacces-
soires, Dekorationen und Artikel rund um die Hochzeit finden können.

Nach dem Abitur studierte sie Betriebswirtschaftslehre in Köln und
Düsseldorf mit den Schwerpunkten Kommunikationswirtschaft und
Personalmanagement.

Schon während ihres Studiums organisierte die gebürtige Kölnerin
erste Hochzeitsfeiern, Familienfeste und Firmenveranstaltungen.

Durch ein berufsbegleitendes zusätzliches Abendstudium an der West-
deutschen Akademie für Kommunikation in Köln erwarb Nikola Stiefelhagen die Qualifikation „Fachwirtin für Messe- und Eventmanagement".

Nikola Stiefelhagen ist seit 1996 im Event- und Messemanagement
tätig und konnte ihre langjährigen Erfahrungen bei verschiedenen
Projekten und Veranstaltungen für namhafte Agenturen und Unternehmen im Event- und Messebereich einbringen.

Selbst hat Nikola Stiefelhagen eine besondere Affinität zur individuellen und persönlichen Gestaltung mit und für ihre Brautpaare und
setzt mit Kreativität und Liebe zum Detail besonders gerne das Thema
Dekorationen für ihre Kunden um. Zusatzausbildungen in den Bereichen Floristik und grafische Gestaltung kommen ihr unter anderem
bei der Erstellung individueller Hochzeitskonzepte zugute. Ebenso ist

die Zusammenstellung des für die jeweiligen Brautpaare optimalen Teams aus Mitarbeitern und Dienstleistern und deren professionelles Zusammenspiel am Tag der Hochzeit eines ihrer Steckenpferde. Ihre Erfahrungen und ihr Einfühlungsvermögen runden ihr kompetentes wie auch kreatives Profil und herzliches Auftreten ab. Dabei sind ihre absolute Zuverlässigkeit, Motivation und ihr stetiges Gespür für Trends ihre ständigen Begleiter.

Ihren eigenen Herzenswunsch erfüllte sich die diplomierte Betriebswirtin im Jahr 2005 durch Gründung der Agentur HOCHZEITS-TRAUM und unterstützte seitdem zahlreiche Brautpaare bei ihrer Hochzeitsplanung – Nikola Stiefelhagen lebt das Thema Hochzeit mit Leidenschaft jeden Tag aufs Neue.

Nikola Stiefelhagen ist Mitglied im Bund deutscher Hochzeitsplaner e.V. und wurde zum Januar 2012 als 2. Vorsitzende in den Vorstand gewählt.

www.hochzeitstraum.de

Der Bund deutscher Hochzeitsplaner und seine Mitglieder

Den Bund deutscher Hochzeitsplaner gründeten sieben professionelle Hochzeitsplaner aus ganz Deutschland am 10. November 2007 in Frankfurt a.M. Know-how, Erfahrung, Ideenreichtum und persönliches Engagement zeichnen die Mitglieder aus. Momentan sind ca. ein Dutzend professionelle Wedding Planner aus unterschiedlichen Regionen Deutschlands, Italiens und auf Mallorca im Bund organisiert.

Die Hochzeitsplaner des Bundes deutscher Hochzeitsplaner haben sich zum Ziel gesetzt, Brautpaaren mit dem Gütesiegel der „Mitgliedschaft im Bund" die Sicherheit zu geben, dass sie mit ihrem Hochzeitsservice einen kompetenten, zuverlässigen und vertrauenswürdigen Partner für die Planung der Hochzeit an der Seite haben. Denn nichts ist für Brautpaare und Hochzeitsgäste unangenehmer, als am großen Tag eine böse Überraschung nach der anderen erleben zu müssen.

Steht ein Mitglied des Bundes deutscher Hochzeitsplaner einem Brautpaar bei der Planung der Hochzeit und am Hochzeitstag selbst zur Seite, sind Pannen jeglicher Art vermeidbar. Mit einem professionellen Wedding Planner hat man einen Partner an der Seite, der auch mit schwierigen Situationen umzugehen weiß und für jedes Problem eine Lösung findet, ohne dass Brautpaar und Gäste etwas davon mitbekommen.

Alle Mitglieder des Bundes sind unabhängig agierende Hochzeitsplaner. Sie verfügen über fundierte Ausbildungen, jahrelange Erfahrungen in der Eventbranche und haben sich in dieser Zeit ein Netzwerk von unterschiedlichen, exzellenten Servicepartnern aufgebaut. Allen Hochzeitsplanern eigen ist ein umfangreiches Portfolio an wunderschönen Hochzeitslocations, kreativen Caterern, vielfältigen Musik- und Unterhaltungskünstlern und vielem mehr. Dadurch ist eine gut strukturierte Planung der Hochzeit gewährleistet und die individuellen Wünsche eines jeden Brautpaares lassen sich jederzeit erfüllen.

Das Gütesiegel „Mitglied im Bund deutscher Hochzeitsplaner" tragen ausschließlich Hochzeitsplaner, die hauptberuflich tätig sind. Agenturen, die eine Mitgliedschaft beantragen, müssen mindestens fünf Jahre erfolgreiche Arbeit nachweisen. Die Wedding Planner werden von einem kompetenten Gremium ausgewählt und stellen sich diesem in einem Interview, in dem sie auf Herz und Nieren geprüft werden. Durch regelmäßige Weiterbildung in Schulungen und Seminaren wird die absolute Qualität der im Bund organisierten Hochzeitsplaner gewährleistet und erhöht.

Jedes Brautpaar, das ein Mitglied aus dem Bund deutscher Hochzeitsplaner beauftragt, kann sicher sein, den perfekten Partner für die Planung seiner Hochzeit an der Seite zu haben.

Die aktuellen Mitglieder finden Sie auf der Webseite unter www.bund-deutscher-hochzeitsplaner.de

Register

... bringt es auf den Punkt.

Yvonne Joosten

Die schönsten Reden für Hochzeiten und Hochzeitstage

Musterreden, Sprüche
und Zitate

160 Seiten, Broschur
ISBN 978-3-86910-017-3
€ 9,95

„Ein hilfreicher Ratgeber für alle, die reden müssen, aber nicht wissen
wie." *Neuß-Grevenbroicher Zeitung*

„Von der Verlobung bis zur goldenen Hochzeit, eine kleine Ansprache
zu Ehren des glücklichen Paares gehört zu jeder Feier. Bei der Vorbereitung einer Rede hilft dieser kleine Ratgeber mit einer Sammlung von
zeitgemäßen Musterreden, stimmigen Zitaten und passenden Sprich-
wörtern." *ekz.bibliothekenservice*

Änderungen vorbehalten.
www.humboldt.de

humboldt

... bringt es auf den Punkt.

Yvonne Joosten

Die schönsten Sprüche und Zitate für Hochzeiten und Hochzeitstage

Für Reden, Glückwünsche, E-Mails, Briefe, Videos und vieles mehr

236 Seiten, Broschur
ISBN 978-3-86910-008-1
€ 12,95

Sie suchen einen passenden Spruch für eine Rede oder eine Glückwunschkarte? Ihnen fehlt ein Zitat für einen Eintrag ins Gästebuch oder eine Hochzeitszeitung? In diesem interessanten Ratgeber werden Sie garantiert fündig!

„350 Berühmtheiten liefern die Grundlage für die richtigen Worte. Die Sammlung bietet Geistvolles, Witziges und Tiefsinniges."

kaufen + sparen

Änderungen vorbehalten.
www.humboldt.de

Dieter J. Zittlau

Small Talk

Was kann ich sagen?

Wie vermeide ich
peinliche Situationen?

Wie überzeuge ich
im Gespräch?

2010. 180 Seiten, Broschur
ISBN 978-3-86910-012-8
€ 9,95

- Vom Kommunikationsguru Dieter J. Zittlau
- Das Trainingsprogramm für guten Small Talk!
- Konkrete Übungen, die Blockaden und Ängste abbauen

Dieter J. Zittlau erweist sich als Kommunikationsprofi. In heiterem Plau-
derton entwirft er alle möglichen Szenarien und knifflige Situationen, in
denen Small Talk die Situation retten muss. Und liefert gleich alltags-
taugliche Vorschläge, wie man sich erhobenen Hauptes aus der Affäre
ziehen kann.   *Thüringer Allgemeine*

Änderungen vorbehalten.
www.humboldt.de

humboldt

...bringt es auf den Punkt.

Nandine Meyden

Tisch-Manieren

Im Restaurant.
Beim Geschäftsessen.
Zu Hause

192 Seiten, Broschur
ISBN 978-3-86910-018-0
€ 9,95

- Die besten Tipps von Etikette-Star Nandine Meyden
- Alle brenzligen Situationen und wie man sie meistert
- Für alle, die gerne stilvoll essen

Welche Hürden sollte ich beim Geschäftsessen meistern können? Was muss ich bei privaten Einladungen beachten? Wie esse ich schwierige Speisen? Etikette-Expertin Nandine Meyden verrät, wie Sie rund ums Essen eine gute Figur machen.

Änderungen vorbehalten.
www.humboldt.de